Gerhard Gamm / Gerd Kimmerle (Hg.)
Vorschrift und Autonomie
Zur Zivilisationsgeschichte der Moral

TÜBINGER BEITRÄGE ZU PHILOSOPHIE
UND GESELLSCHAFTSKRITIK

herausgegeben von
Gerhard Gamm und Gerd Kimmerle

Band 1

Vorschrift und Autonomie

Zur Zivilisationsgeschichte der Moral

Herausgegeben von
Gerhard Gamm und Gerd Kimmerle

edition diskord

CIP-Titelaufnahme der Deutschen Bibliothek

Vorschrift und Autonomie: zur Zivilisationsgeschichte der Moral / hrsg. von Gerhard Gamm u. Gerd Kimmerle. – Tübingen : Ed. Diskord, 1989
(Tübinger Beiträge zu Philosophie und Gesellschaftskritik; Bd. 1)
ISBN 3-89295-536-0
NE: Gamm, Gerhard [Hrsg.]; GT

Satz: Helga Lindow, Lichtenau
Druck: Fuldaer Verlagsanstalt

ISBN 3-89295-536-0

Inhalt

Vorwort

Es ist nicht unsere Absicht, in der Auseinandersetzung mit der Ethik der Gegenwart dieser in einer neuerlichen systematischen Grundlagenreflexion ein biologisch oder argumentationslogisch verbessertes Fundament zu verschaffen, um ihr damit zu jener zeitlos gültigen Begründung zu verhelfen, die ihr angeblich noch immer fehlt. Solche Versuche gibt es bereits im Überfluß. Wir möchten vielmehr wissen, was die Ethik in die gegenwärtige Situation gebracht hat, wo sie einerseits zur Wirkungslosigkeit verdammt ist, andererseits aber eine Nachfragekonjunktur erlebt, die zur Illusion verleitet, durch sie sei doch noch etwas zu bewegen. Darüber hinaus wollen wir ein Gespür dafür entwickeln, daß die ethische Beurteilung der menschlichen Lebenswirklichkeit nach imperativischen Maßstäben nicht aus der Legitimationskrise herausführen kann, in welche die auf wissenschaftliche und technische Rationalität gegründete Zivilisation geraten ist, weil sie selbst jener zivilisatorischen Logik der Bemächtigung zugehört, deren destruktive Folgen sie zu beheben verspricht.

Unsere Ausgangslage läßt sich am besten durch die „Dialektik der Aufklärung" kennzeichnen. Es mehren sich die Anzeichen dafür, daß unsere Zivilisationsform die Gefahr, sich selbst abzuschaffen, in sich birgt. Einer der Gründe dafür liegt sicher in der komplexen Eigengesetzlichkeit des wissenschaftlich-industriellen Systems, das mit dem Versprechen auf gesteigerte Lebensqualität, Selbstverwirklichung und allgemeine Rechtssicherheit angetreten, im Namen der Humanität immer riskantere Ideen und Techniken eingeführt und so die Wahrscheinlichkeit für Katastrophen mit unabsehbaren Nebenfolgen drastisch erhöht. Auf diese Weise werden Bedrohungspotentiale zum institutionellen Bestandteil unserer Kultur.

Nietzsches These, daß Wissenschaft letzten Endes Weltvernichtung bedeutet, gewinnt immer mehr an Gewicht. Sie wird für immer größere Gruppen der Bevölkerung plausibel. In dieser Situation kann es kaum verwundern, daß alles, was sich als Gegenbewegung zu Wissenschaft und Technik gibt oder auch nur eine Hoffnung erweckt, die führerlose Fahrt der technisch-wissenschaftlichen Fortschrittsmaschine zu verlangsamen, begierig aufgegriffen wird. Neben den neuen sozialen Bewegungen und einer wohlinformierten Öffentlichkeit scheint vor allem die (staatlich) dienstverpflichtete Ethik eine der Bremsvorrichtungen zu sein, den unaufhaltsamen Aufstieg des Fortschritts zu hemmen.

Während die einen auf die entwicklungshemmenden Effekte der Ethik vertrauen, scheint es den anderen tunlicher, sie links liegen zu lassen oder gar zu verabschieden. Auch deren Gründe sind zu bedenken. Es heißt, ihre Unwirksamkeit liege vor allem darin begründet, daß sie in den Grundsätzen, nach denen sie die Vorentwürfe einer besseren und humaneren Welt gestalte, der gleichen Anthropologie einer zweckrational sich selbsterhaltenden, naturbeherrschenden Vernunft folge, welche doch der Gegenstand der Kritik sei; sie habe, ohne es sich einzugestehen, an der Unmoral teil, die sie anderweitig bekämpft. Darüber hinaus – freilich auf einer anderen Ebene – sei sie gezwungen, die ethischen Maximen lebensdienlichen Verhaltens *von außen* an den kognitiv-instrumentell ausdifferenzierten Bereich wissenschaftlich-technischer Rationalität heranzutragen. Desweiteren ist es nicht abwegig zu vermuten, daß der eine, gleichsam apriori in (göttlicher) Weltordnung gegründete Zweck, der das allgemeine Handeln verbindlich zu orientieren vermochte, einer Pluralität von Zwecken gewichen ist. Anders gesagt, die Selbstentmachtung der Ethik hatte bereits in dem Augenblick eingesetzt, als Kant, in Antwort auf die Herausforderung des wissenschaftlich-mechanischen Denkens der Neuzeit, glaubte, sie über eine Halbierung der Vernunft und die Einsetzung eines Formalismus retten zu können. Was sich heute an der Konjunktur der Partialethiken (medizinische Ethik, ökologische Ethik, Wirtschaftsethik, Umweltethik usf.) reflektiert, dafür hat Kant den Grundstein gelegt. Die Zerteilung der Vernunft in die wertneutral-beschreibende der Wissenschaft, die von jeder Verantwortung entlastet, sich ausschließlich um die den Zwecken gleichgültigen Mittel und Instrumente (der Weltverbesserung) sorgt, und eine praktische, die versucht, Zwecke zu setzen, ohne zu wissen, ob nicht die Mittel die Zwecke pervertieren, ist das Vorspiel für die angesprochene Regionalisierung der Ethik, welche die Kraftlosigkeit der ethischen Vernunft in aller Deutlichkeit demonstriert.

Die Konsequenzen, die die Kantische Aufspaltung der Vernunft heraufgeführt hat, bilden einen Teil der Zwangslagen, in denen sich die Gegenwart befindet: auf der einen Seite die verselbständigte Sachgesetzlichkeit von Wissenschaft und Technik, die Gigantomanie der Mittel und Instrumente; auf der anderen eine ausufernde Ethikproduktion, die von außen die zweckfrei gewordenen Mittel soll orientieren können, wozu sie aber weder über die geringste Macht verfügt, noch eine Eingriffskompetenz definieren kann, die sie in die Lage versetzte, Wirksamkeit zu entfalten.

Diese Buchreihe, die mit einem Band über die Zivilisationsgeschichte der Moral beginnt, bietet ein Forum, in einer Reihe von Bestandsaufnahmen die Situation der ethischen Vernunft im Verhältnis zu Politik, Gesellschaft, Wissenschaft, Technik und Kunst zu klären. Sie will an die (fast schon vergessenen) moralkritischen Positionen des 19. Jahrhunderts von Hegel bis Freud anknüpfen und der verengten Ausrichtung der Ethik, die sie heute nur als Gegenkraft zur eigendynamischen Wissenschafts- und Technikentwicklung betrachtet, veränderte Perspektiven anbieten. Es ist zu prüfen, ob die traditionelle, von Kant entworfene Topologie der Vernunft nicht doch umwälzender Korrekturen bedarf.

Bei aller Verschiedenheiten haben die in diesem Band zusammengestellten Aufsätze eines gemeinsam: Sie sind nicht dem trügerischen Glauben entsprungen, im Besitz der Wahrheit zu sein, sondern verstehen sich als Versuche einer Ortsbestimmung im Widersprüchlichen. Dabei verbinden sie das Interesse an der ethischen Dimension des Menschlichen mit der Absage an eine doktrinäre Prinzipienmoral, die nur abstrakt verurteilt, was sich ihren bedingungslosen Unterwerfungsforderungen nicht beugt.

Die Herausgeber

GERNOT BÖHME

Zivilisation und Humanität*

Zur zivilisatorischen Bedeutung von Technik

> „Der Mensch ist durch seine Vernunft bestimmt, in einer Gesellschaft mit Menschen zu sein, und in ihr sich durch Kunst und Wissenschaft zu kultivieren, zu zivilisieren und zu moralisieren; wie groß auch sein tierischer Hang sein mag, sich den Anreizen der Gemächlichkeit und des Wohllebens, die er Glückseligkeit nennt, passiv zu überlassen, sondern vielmehr tätig, im Kampf mit den Hindernissen, die ihm von der Rohigkeit seiner Natur anhängen, sich der Menschheit würdig zu machen. Der Mensch muß also zum Guten erzogen werden."[1]

Diese Sätze entstammen Kants „Anthropologie in pragmatischer Hinsicht". Sie sind charakteristisch für ein Selbstverständnis des Menschen, wie es durch die Philosophie und Pädagogik der Aufklärung geprägt wurde und auch heute noch in Europa weitgehend Gültigkeit hat. Nach diesem Selbstverständnis ist das eigentlich Menschliche am Menschen nicht einfach gegeben, sondern es muß mühsam errungen werden, beim Einzelnen durch Erziehung und Selbstdisziplinierung, bei der Gattung durch die Schaffung vernünftiger Institutionen. Kant bezeichnet an unserer Stelle diese Entwicklung des Menschen zum Besseren durch die Dreiheit: kultivieren, zivilisieren, moralisieren. Doch ohne danach zu fragen, wie sich diese drei Weisen der Melioration zueinander verhalten, ist klar: Es handelt sich um eine Entwicklung, bei der der Mensch seine eigene Natürlichkeit überwindet und hinter sich läßt und erst dadurch eigentlich zum Menschen wird. Der Mensch muß die „Rohigkeit seiner Natur" – wie es an unserer Stelle heißt – überwinden, um sich erst dadurch „der Menschheit würdig zu machen". „Der Mensch kann nur Mensch werden durch Erziehung",[2] sagt Kant in seiner Schrift über „Pädagogik".

Wir entnehmen dieser einleitenden Diskussion einer Kantstelle, daß „Zivilisation" einen Schritt innerhalb des Programms der Humanisierung des Menschen bezeichnet oder gar – wie wir noch sehen werden – manchmal für dieses Programm im ganzen steht. Der Ausdruck „technische Zivilisation“ dagegen scheint heute ganz neutral und deskriptiv die Umstände zu bezeichnen, in denen wir leben. Wenn wir aber die Implikationen von Wendungen, wie „zivilisiertes Verhalten“ oder „zivilisierte Verhältnisse“, beachten, dann wird deutlich, daß auch unser Verständnis von Zivilisation noch jenen aufklärerischen Impuls einer Verbesserung des Menschengeschlechts enthält: Zivilisiertes Verhalten ist ein Verhalten, das durch Distanz, Rücksichtnahme und Regelbeachtung gekennzeichnet ist, das den eigenen Impulsen und Affekten gewisse Schranken auferlegt. Zivilisierte Verhältnisse sind solche, in denen eine allgemeine Ordnung anerkannt wird und die von der Hygiene bis zur Rechtspraxis von vernünftigen Prinzipien bestimmt werden. Dieser Sinn von Zivilisation, nach dem zivilisiertes Verhalten humanes Verhalten und zivilisierte Verhältnisse menschenwürdige Verhältnisse sind, scheint im Ausdruck ‚technische Zivilisation‘ eigentümlich neutralisiert. Es wird die Aufgabe dieses Kolloquiums sein zu fragen, welche Bedeutung die Technik für das Programm Kultivierung, Zivilisierung und Moralisierung des Menschen gehabt hat. In welcher Beziehung steht die Technisierung des Verhaltens und der Verhältnisse zum klassischen Programm der Selbstverbesserung des Menschen? Wird dieses Programm dadurch gesteigert oder gerade in sein Gegenteil verkehrt? Wird das Programm der Humanisierung des Menschen vielleicht von der Technisierung der Welt gar nicht tangiert? Oder ist nun Humanität, wie seinerzeit in Abkehr von der Natur, heute in der kritischen Auseinandersetzung mit der technischen Welt zu suchen?

Bevor wir diese Fragen aufnehmen, führen wir uns zunächst vor Augen, was eigentlich als Errungenschaften der Zivilisation angesehen wurde. Dabei ist besondere Rücksicht darauf zu nehmen, daß im deutschen Sprachgebrauch die Ausdrücke ‚Kultur‘ und ‚Zivilisation‘ in einem gewissen Spannungsverhältnis von Verwandtschaft und Gegensatz stehen. Dieser Gegensatz hat nach den Untersuchungen, die sich in Norbert Elias' bedeutendem Werk „Der Prozeß der Zivilisation“[3] von 1936 finden, seinen Ursprung in der gegenüber dem europäischen Umkreis relativ zurückgebliebenen Situation Deutschlands im 18. Jahrhundert, insbesondere in der Sonderentwicklung der deutschen Bourgeoisie. Die höfischen Kreise in Deutschland waren im 18. Jahrhundert international,

d. h. sie orientierten sich wesentlich an dem Vorbild des französischen Hofes. Dessen Sprache und Gesittung bestimmten Denkweisen, Geschmack und Gesittung der deutschen Feudalklasse. Im Gegenzug gegen diese als Zivilisation verstandene Lebensweise entwickelt sich nun innerhalb des deutschen Bürgertums, zentriert um den Ausdruck ‚Kultur', ein eigenes Selbstverständnis. Dies Selbstverständnis wird, weil die Bürger als Klasse gänzlich außerhalb der Möglichkeit politischer Wirksamkeit standen, von der kulturschaffenden Intelligenz getragen. ‚Kultur' bezeichnet als Banner bürgerlichen Selbstverständnisses deshalb nicht wie ‚Zivilisation' primär bestimmte Gesittungsweisen, d. h. die Form von Verhalten und sozialen Verhältnissen, sondern Produkte: Kunst und Wissenschaft. Erst im Gegensatz gegen Zivilisation, die als fremd, aufgesetzt und äußerlich gesehen wird, entwickeln sich dann Ideen von Echtheit, Aufrichtigkeit und Innerlichkeit als Merkmale des kultivierten Menschen. Elias findet diese Entgegensetzung von Kultur und Zivilisation auch bei Kant. In dessen Ideen zu einer allgemeinen Geschichte in weltbürgerlicher Absicht von 1784 lesen wir: "Wir sind in hohem Grade durch Kunst und Wissenschaft kultiviert, wir sind zivilisiert, bis zum Überlästigen, zu allerlei gesellschaftlicher Artigkeit und Anständigkeit."[4]

Elias zeigt dann weiter, daß der Gegensatz von Kultur und Zivilisation, der zunächst einen Klassengegensatz oder ständischen Gegensatz in Deutschland artikulierte, sich in dem Moment zu einem nationalen Gegensatz weiterentwickelte, in dem das Bürgertum in Deutschland das nationale Selbstbewußtsein repräsentierte. ‚Kultur' wurde dann mit deutsch und ‚Zivilisation' mit westlich, insbesondere mit französisch identifiziert. Die implizierten Gegensätze von Werk und Innerlichkeit auf der einen Seite, von bloßem Verhalten und Äußerlichkeit auf der anderen Seite wurden so als Momente von Nationalcharakteren fortgeschrieben. Wir können wohl sagen, daß durch die Überwindung des Nationalismus in Deutschland und spezieller durch die Westorientierung der Bundesrepublik der Gegensatz von Kultur und Zivilisation obsolet geworden ist. Zwar mögen die ererbten Gegensätze auch heute noch in der einen oder anderen Wendung mitschwingen, doch glaube ich, daß es für unsere Absicht zulässig ist, unter dem Begriff der Zivilisation das, was bei Kant als Kultivierung und als Moralisierung daneben genannt wird, mitzubefassen.

Als Zivilisierung ist im allgemeinsten Verstande eine gewisse

Selbststilisierung des Menschen zu verstehen, die teils eine Unabhängigkeit von seiner Naturbasis bereits voraussetzt, teils diese erst ermöglicht. Die Kunst ist in diesem Sinne ein Stück Zivilisation, sobald sie zur autonomen Kunst wird. Nach europäischem Verständnis erreicht die Kunst ihr wahres Wesen erst dort, wo sie sich aus der Eingebundenheit in Lebensverhältnisse, insbesondere aus der Sphäre der Macht und der Religion emanzipiert. Sie wird dann zu dem Bereich, in dem der Mensch das freie Spiel seiner Kräfte genießen kann, anstatt sie zur bloßen Realitätsbewältigung zu verbrauchen. So sagt Schiller in seinen Briefen über die ästhetische Erziehung des Menschen, daß der Schein das Phänomen sei, „durch welches sich bei den Wilden der Eintritt in die Menschheit verkündet".[5] Diesem Verständnis folgend ist in Europa ein Zustand als zivilisiert angesehen worden, in dem ein ausdifferenzierter und selbständiger Bereich von „Kultur" existiert. Eine Wiedereinbindung dieses Bereiches in gesellschaftliche und politische Zusammenhänge, wie sie im Sozialismus und Faschismus geschehen sind, wurden als Rückfälle in die Barbarei bezeichnet.

In einem ähnlichen Sinne wird die Wissenschaft als ein Bestandteil von Zivilisation angesehen. Dabei ist für den zivilisatorischen Wert der Wissenschaft auch in erster Linie wieder ihre Autonomie maßgebend. Die Unabhängigkeit der Wissenschaft von weltanschaulichen Voraussetzungen, von den Interessen einzelner Gruppen und von der Person des Wissenschaftlers, seiner Sichtweise und seiner Autorität sind charakteristisch für neuzeitliche Wissenschaft. Sie konnte gerade wegen ihrer Sachlichkeit als wesentlicher Bestandteil von Zivilisation verstanden werden. Als solche stellte sie eine Ebene von Einigungsmöglichkeiten bereit, die Menschen in ihrem Zusammenleben von Vorurteilen, Interessen und sozialen Zugehörigkeiten unabhängig machte.

Das eigentliche Kernstück der Zivilisation macht nun die Zivilisierung des Verhaltens und der menschlichen Verhältnisse selbst aus. Norbert Elias arbeitet in seinem genannten Buch „Über den Prozeß der Zivilisation" einen engen Zusammenhang zwischen der Zivilisierung des Verhaltens und der Zivilisierung der Verhältnisse heraus, nämlich in dem Sinne, daß der Entwicklung der Affektkontrolle und der Verhaltensmodifikation auf der Seite der menschlichen Verhältnisse die Herausbildung des modernen Staates entspricht – ich werde darauf noch einmal zurückkommen. Unter zivilisiertem Verhalten könnte man ein solches Verhalten verstehen, das überhaupt in geregelten und erwartbaren Bahnen verläuft. Es ist aber charakteristisch für das europäische Selbstverständnis, daß ein solches Verhalten zugleich eine gewisse Unabhängigkeit von der Naturbasis darstellt und zum Ausdruck bringt. So wird als zivilisiert ein Verhalten angesehen, wenn seine Ordnung durch eine innere Distanz des Menschen gegenüber seinen affektiven Antrieben und durch ein hohes Maß an Selbstkontrolle zustande kommt. Zugleich wird in solchem Verhalten die eigene Unabhängigkeit gewissermaßen zelebriert. Das Verhalten verselbständigt sich partiell gegenüber seinem Handlungszweck. Norbert Elias hat durch seine Untersuchungen das besonders an den Tisch-, Schlaf- und Badesitten dargestellt und an dem Verhalten des europäischen Menschen gegenüber seinen leiblichen Funktionen. Dabei ist an die Entwicklung von Höflichkeitsformen zu denken, ebenso an Tischsitten, die Benutzung von Eßbesteck, von Serviette und Tischtuch, es ist an die Unterdrückung von Vorgängen des Gähnens, Rülpsens, Furzens, des Schneuzens und Spuckens zu denken bzw. an ihre Verdrängung an den heimlichen Ort. Es ist an die Intimisierung von Liebe und Schlaf zu denken, d. h. an die Verpönung leiblicher Vorgänge im öffentlichen Raum und ihrer Abdrängung ins Private. Wir müssen dies alles heute als eine spezifische Form der Errichtung und Ausgestaltung von Scham und Peinlichkeitsschranken ansehen. Charakteristisch für das europäische Selbstverständnis von Zivilisation ist dabei wieder die in dieser Verhaltensstilisierung implizierte Tendenz zur Distanzierung von der Natur. Zweitens könnte man versuchsweise hinzufügen: die Universalisierungstendenz. Insofern es in Europa jedenfalls gelungen ist, Zivilisierung aus der Ausgestaltung von Klassen- und Standesgegensätzen zu befreien, wurde zivilisiertes Verhalten zu einer Weise, im eigenen Verhalten den anderen Menschen als Menschen anzuerkennen. D.h. also, daß in den höflichen Umgangsformen Reziprozität und Gleichheit der Partner unterstellt wird. Das bedeutet, daß in der Beachtung von Scham und Peinlichkeitsschranken sowohl dem anderen Menschen Raum für Privatheit und Intimität gelassen wird als auch umgekehrt, ihm nicht Beliebiges zugemutet wird, was seinen Geschmack oder sein Gefühl beleidigen könnte. Zivilisiertes Verhalten enthält so, gerade indem es distanziert und „äußerlich" ist, das Potential der Anerkennung einer allgemeinen Menschenwürde.

Für die Zivilisierung der menschlichen Verhältnisse nennt Elias vor allem die Herausbildung des modernen Staates. Durch die Errichtung eines Monopols auf körperliche Gewalt sei eine Befriedung im Inneren der Staaten erreicht worden. Diese Monopolisierung von körperlicher Gewalt ist natürlich nur ein erster Schritt, insofern die monopolisierte Gewalt auch willkürlich und zum Nutzen von Einzelpersonen verwendet werden kann. Insofern gehören als weitere Schritte zur Zivilisierung der Verhältnisse die Gewaltenteilung und die Verrechtlichung der Exekutive, d.h. daß auch für die Anwendung staatlicher Gewalt die Legitimität nachgewiesen werden muß. Auch andere gewaltförmige Verhältnisse wurden gemildert bzw. mit Vernunft durchdrungen. So wurde die Strafe zivilisiert, indem sie von Momenten der Rache und Vergeltung befreit wurde und die körperliche Züchtigung abgeschafft wurde. Entsprechende Versuche, den Krieg zu zivilisieren, bestanden darin, die Kampfhandlungen auf die Kombattanten zu beschränken, Kriegsgefangenen Rechte zu geben und gewisse Waffen zu ächten. Dieses letzte Beispiel führt uns schon an die Grenze dessen, was man als Errungenschaft der Zivilisation aufführen kann. Wenn von der Zivilisierung des Krieges die Rede ist, dann legt sich sogleich die Frage nahe, ob sie nicht, etwa mit der Hager Landkriegsordnung und der Genfer Konvention, zu einem Zeitpunkt versucht wurde, als der Krieg als moderner gerade dabei war, alle Schranken der Gesittung zu sprengen. Bevor ich auf solche Zweifel eingehe, aber noch zu einem letzten Bereich, nämlich dem, der nach der kantischen Ordnung unter ‚Moralisierung' zu verstehen wäre.

Unter Moralisierung ist ja nach Kant nicht schon zu verstehen, daß man sich an die gute Sitte hält und überhaupt das Gute sucht, sondern daß das Handeln nach vernünftigen Prinzipien geschieht. Die Moralisierung, die nach Kant die Vollendung der Humanisierung des Menschen darstellt, gehört insofern in das allgemeine Programm der Zivilisierung, als der Mensch im Handeln nach Moralprinzipien sich ebenfalls von seiner Natur löst, und zwar wohlgemerkt nicht nur von seiner bösen, sondern auch von seiner guten Natur. Das moralische Handeln soll weder den Begierden noch dem positiven Affekt, wie beispielsweise der Liebe, entspringen, sondern der Achtung vor dem Gesetz, und es soll die Gesetzesartigkeit zum allgemeinen Maßstab des Handelns machen. Das moralische Handeln setzt also auf der einen Seite eine strenge Affektkontrolle voraus und besteht auf der anderen Seite in einer Stilisierung des Verhaltens. Die Verhaltensstilisierung, die ohnehin zur

Zivilisierung gehört, wird hier nur auf die Spitze getrieben, insofern nicht mehr ein spezifischer Codex, beispielsweise der der feinen Leute oder des Gentleman den Maßstab abgibt, sondern die Vernunftgemäßheit als solche.

Diese Darstellung der Errungenschaften der Zivilisierung des Menschen kam bereits nicht ohne Kautelen aus. Immer wieder mußte ich bei der Darstellung Formen der Vergangenheit wählen bzw. „nach dem europäischen Selbstverständnis" hinzusetzen. Diese Einschränkungen spiegeln die Tiefen der Erschütterungen, die das Selbstverständnis der zivilisierten Völker in unserem Jahrhundert erfahren hat, und sie spiegeln die Erschütterungen, denen auch Zivilisation als Theorie langfristiger Gesellschafts- und Menschheitsentwicklung inzwischen ausgesetzt war. Beides hängt miteinander zusammen, jedenfalls insofern als diese Erschütterungen ein Verständnis von Zivilisation betreffen, nach dem Zivilisation ein Fortschritt, einen Progreß in der Menschheitsentwicklung darstellte. War Zivilisation an seinem Ursprung ein bestimmter Codex der Selbststilisierung von Oberschichten, so wurde Zivilisierung bereits im 18. Jahrhundert durch die Verbindung mit der Aufklärung ein Programm, das zunächst die europäischen Nationen durchdringen sollte und dann die Kolonialvölker schrittweise an das europäische Niveau heranholen sollte. Zivilisierung wurde damit als ein Prozeß der Menschheitsentwicklung überhaupt angesehen und die Menschheit nach dem Grad der Zivilisiertheit in höher und nieder eingeteilt. War der ursprüngliche Gegensatz zu der zivilisierten Gesellschaft das Volk, so waren es nun die Barbaren, die primitiven Völker. Wenn Norbert Elias mit Recht feststellt, daß Zivilisiertheit ein Ausdruck des Selbstbewußtseins europäischer Völker war, so enthielt dieses Selbstverständnis zugleich den Eurozentrismus und die Arroganz Europas, sich an der Spitze der Menschheitsentwicklung einzuordnen. Norbert Elias hat dieses europäische Selbstverständnis durch sein Buch gewissermaßen auf den Begriff gebracht, indem er im *Prozeß* der Zivilisation einen epochalen Entwicklungstrend gesellschaftlicher Entwicklung überhaupt zu identifizieren glaubte.

Nach Norbert Elias hat der Prozeß der Zivilisation bereits an seinem Ursprung aufs engste mit der Herausbildung moderner Staaten zu tun, insofern die Monopolisierung von Gewalt zur „Verhöflichung der Krieger" geführt habe. Die Konkurrenz der Kriegerkaste um Ehre und Ansehen fand nach ihrer kriegerischen

Entmachtung *am Hofe* statt und führte so zur Steigerung der guten Sitten und des zeremoniellen Verhaltens. Den Motor der Ausbreitung zivilisierten Verhaltens sieht Elias sodann in dem Drang der unteren Klassen, sich in ihrem Verhalten den oberen anzupassen, so daß diese wiederum zu einer schärferen Verhaltenskontrolle und Verfeinerung ihrer Sitten gezwungen gewesen seien. Der Prozeß der Zivilisation hat somit nach Elias auf der einen Seite die Tendenz, die Gesamtbevölkerung zu erfassen, auf der anderen Seite die Tendenz, Affektkontrolle und Verhaltensmodifikation zu intensivieren. Elias hat letzteres auf die Formel des „Vorrükkens der Scham- und Peinlichkeitsschwelle" gebracht.

Norbert Elias hat sein Buch „Über den Prozeß der Zivilisation" keineswegs als ein bloß historisches Buch verstanden, sondern vielmehr als eine theoretische Bestimmung eines Prozesses, der auch weiterhin die Geschicke der Menschheit bestimme. Er glaubte sich zu der Zeit, als er es veröffentlichte, d. h. 1936, vor einem weiteren Zivilisationsschub. Schon damals ist ihm entgegengehalten worden, daß sich Anzeichen von Lockerung der Verhaltenskontrolle und ein Zurückweichen der Schamgrenze zeigten. Heute können wir wohl mit Sicherheit feststellen, daß der Prozeß der Zivilisation nicht in dem Sinne fortgesetzt wurde, den ihm Elias seinerzeit gab. Es könnte sein, daß auch in diesem Fall sich die Eule der Minerva erst in der Dämmerung auf ihren Flug machte. Seit kurzem wird nun in einem großangelegten Gegenentwurf von Hans Peter Dürr, dessen erster Band 1988 erschienen ist,[6] versucht zu zeigen, daß Elias' Buch nicht nur in seiner Prognostik, sondern auch als ein Stück Mentalitätsgeschichte verfehlt sei. Hans Peter Dürr zeigt in seinem Buch „Über Nacktheit und Scham" einerseits an vielen Beispielen, daß Scham- und Peinlichkeitsschwellen sowohl vor Einsetzen des Zivilisationsprozesses, d. h. im Mittelalter, als auch außerhalb seiner Reichweite, d. h. in der Antike und in den sogenannten primitiven, barbarischen und unterentwickelten Völkern vorhanden seien. Ferner zeigte er, daß ein großer Teil der von Elias vorgelegten Zeugnisse einer anderen Interpretation zugänglich sind. Die Erschütterung, die damit eine Theorie erfahren hat, die noch bis vor kurzem als kanonisierter Bestand soziologischen Wissens galt, mag vielleicht nur für den Fachmann relevant sein. Eins ist aber klar: Hans Peter Dürr, der ja Ethnologe ist, greift mit seiner Widerlegung Elias' nicht nur diesen an, sondern das europäische Selbstverständnis, das Elias nur auf den Begriff gebracht hat. Er trägt damit ein weiteres zur Zerstörung des Eurozentrismus bei, für den ja seine eigene Zunft zu einem Gutteil mitverantwortlich ist. Es gibt keinen Vorrang Europas vor anderen Kulturen, und es gibt insbesondere keine Menschheitsentwicklung, innerhalb derer die Europäer auf einer höheren Sprosse stehen könnten als andere Völker – das ist der Kern des Dürrschen Angriffs.

Das Selbstbewußtsein der „zivilisierten" Völker, dem Dürr hier auf der Theorieebene noch einen Stoß versetzt, ist aber längst zutiefst erschüttert, und zwar durch die Erfahrungen, die sie mit sich selbst gemacht haben. Die Kriege in Europa, die Zerstörung der Rechtssicherheit, die Erfahrung, daß Errungenschaften wie Pressefreiheit, Meinungsfreiheit, Freiheit von Kunst und Wissenschaft leicht wieder verloren gehen können, und schließlich Folter, Konzentrationslager und Massenvernichtung haben zu der Frage geführt, die bis heute nicht zur Ruhe gekommen ist: Wie konnte das unter zivilisierten Völkern geschehen? Die Frage selbst noch enthält die Unterstellung, daß man mit Zivilisiertheit einen bestimmten Grad an Humanität erreicht hatte, der alle diese Dinge hätte unmöglich machen sollen. Adorno hat den Schock, den dieses Selbstverständnis erfahren hat, wohl am klarsten formuliert, indem er in seiner „Negativen Dialektik" schreibt: „Auschwitz (hat) das Mißlingen der Kultur unwiderleglich bewiesen."[7]

Wir stehen, wenn wir heute nach der zivilisatorischen Bedeutung von Technik fragen, vor keiner leichten Aufgabe. Das Programm einer Zivilisierung der Menschheit liegt in Trümmern, nicht nur hat es sich als europäische Hybris erwiesen, sondern selbst für Europa hat es nicht gehalten, was es versprach. Wieviel einfacher wäre es, an einem erwartungsgemäß verlaufenden Prozeß der Zivilisation zu prüfen, welche Modifikationen er durch die Existenz von Technik erfährt. Heute müssen wir uns statt dessen schon fragen, warum wir unsere Situation überhaupt noch als ‚Zivilisation' begreifen. Dagegenzuhalten ist allerdings, daß, was ich als „Errungenschaften der Zivilisation" bezeichnete, ja keineswegs an Attraktivität verloren hat und nach wie vor als Charakteristika humanen Lebens wünschenswert erscheint. Ferner ist festzustellen, daß gerade in dem historischen Augenblick, in dem Europa von seinem menschheitsbeglückenden Eurozentrismus befreit wird, faktisch die Zivilisation als technische Zivilisation jene kolonisierenden Wirkungen zeitigt, die man auf politischer Ebene überwunden zu haben glaubte.

Die Fragen, die sich in dieser unübersichtlichen und in gewisser Weise paradoxen Situation stellen, sind vielfältig. Ist der gegenwärtige, eigentümlich neutrale, gewissermaßen utopiefreie Gebrauch des Ausdrucks ‚Zivilisation' dem Einfluß der Technik auf die Zivilisation zuzuschreiben? Hat die Technik das Projekt der Zivilisierung so neutralisiert, daß Humanität nun nicht in diesem Projekt, sondern eher unter den von der Technik gesetzten Bedingungen und teilweise sogar gegen sie zu suchen ist? Ist die Entwicklung der Technik in unserem Jahrhundert mitverantwortlich für – um noch einmal Adornos Wendung zu zitieren – „das Scheitern der Kultur"? Hat die Technik, wie Elias offenbar annahm, zu einer weiteren Steigerung der Disziplinierung und Kontrolle menschlichen Verhaltens geführt, oder hat sie die Richtung zivilisatorischer Entwicklung entweder umgekehrt oder doch zumindest verändert? Warum bezeichnen wir unseren zivilisatorischen Zustand überhaupt als technische Zivilisation, obgleich doch Technik seit Beginn der Neuzeit die Lebensverhältnisse des Menschen mitbestimmt hat? Bevor wir uns an solche Fragen heranwagen, sollten wir uns eines Begriffs von Technik versichern, der schon als solcher eine mögliche zivilisatorische Bedeutung von Technik impliziert.

Der deutsche Ausdruck ‚Technik' macht eine Unterscheidung schwer, die man im Englischen etwa durch die Trennung von technology und technic machen kann. Der Ausdruck Technik kann durchaus soviel wie Verfahren oder Methode bedeuten, und wird dann spezieller im Sinne von zweckrationalem Handeln, rationellem oder auf Effektivität bedachtem Handeln gefaßt. Diese Bedeutung von Technik, die etwa die Arbeiten von Jacques Ellul[8] über die technische Zivilisation beherrscht, scheint mir für unsere Fragestellung nicht passend zu sein. Auf der einen Seite greift dieser Begriff auch dort noch, wo in einem gewissen anderen Sinne gar nichts Technisches vorkommt, etwa wenn man von der Technik der Meditation redet. Auf der anderen Seite ist Technik im Sinne von auf Effizienz bedachtem methodischem Verhalten etwas, was die Neuzeit im ganzen bestimmt und nicht die Bedingungen menschlichen Lebens im 20. Jahrhundert speziell. Unter Technik wird seit Aristoteles und bis heute auch eine besondere Wissensform verstanden, nämlich dasjenige Wissen, was sich auf das Herstellen bezieht. Schon diese lange Tradition macht es unwahrscheinlich, daß man mit dieser Auffassung von Technik etwas Spezifisches für unser Jahrhundert identifizieren kann. Technik in diesem Sinne, als know-how nämlich, dürfte zur Grundausstattung des historischen Menschen gehören. Trotzdem ist gerade dieser Sinn von Technik benutzt worden, um zu begreifen, was es heißt, daß wir im technologischen Zeitalter leben. Es ist der Philosoph Heidegger,[9] der versucht hat zu zeigen, daß diese Wissensform gewissermaßen alle anderen dominiert, ja den neuzeitlichen Entwurf von Sein überhaupt bestimmt. Auch Habermas liegt auf dieser Linie, wenn er in seinem Buch „Technik und Wissenschaft als ‚Ideologie'"[10] ein Dominantwerden von zweckrationalem Handeln gegenüber interaktiver Praxis und damit – aristotelisch gesprochen – von techne gegenüber phronesis feststellt und kritisiert. Diese Untersuchungen scheinen mir aber nicht das zu treffen, was uns veranlaßt, unsere condition humaine jetzt als technische Zivilisation zu begreifen. Denn es geht dabei ja nicht primär um die Denkformen, sondern vielmehr um die Verhaltensformen und ihre Normierung. Und es geht um die konkreten menschlichen Verhältnisse, d.h. also die sozialen Institutionen. Wenn wir hier eine bedeutende Modifikation durch Technik in unserem Jahrhundert erkennen wollen, dann wird uns ein Begriff von Technik als Methode oder Technik als Wissensform nicht helfen. Denn das Charakteristische für die Lebensbedingungen in der technischen Zivilisation ist ja gerade, daß die Menschen keineswegs Techniker zu sein brauchen, um in ihrem Verhalten durch Technik bestimmt zu sein: sie brauchen weder von Technik etwas zu verstehen, noch in irgendeinem Sinne technisch zu denken. Natürlich kann es sein, daß das technische Gerät zu einer sachgemäßen Bedienung seinen Benutzer mit technischen Denkformen infiziert.[11] Und sicherlich ist die Personengruppe, die in dieser Weise in technische Denkformen einsozialisiert wird, in unserer Gesellschaft im Wachsen. Aber der Spieler am Flipper beispielsweise braucht in keinster Weise technisch oder auch nur rational zu denken und doch ist sein Verhalten zutiefst durch die Existenz der Spielgeräte bestimmt. Dasselbe trifft auch für Autofahrer, Benutzer von Telefonen oder Schreibmaschinen und dergleichen zu. Deshalb scheint mir der Begriff von Technik, nach dem ‚Technik' die Geräte oder allgemeiner das System materieller Mittel meint, geeigneter zu sein, um den Sinn von technischer Zivilisation zu erschließen.[12] Nun kann man natürlich einwenden, daß mein Argument gegen den Begriff von Technik als Methode oder Technik als Wissensform hier ebenso anzuwenden ist: Die Existenz materieller Mittel gehört zur Ausstattung des

Menschen seit seinem Eintritt in die Geschichte und vielleicht sogar seit seiner Ausdifferenzierung aus dem Tierreich. Was wird man also mit Hilfe dieses Begriffes für das 20. Jahrhundert Spezifisches herausfinden? Mir scheint aber charakteristisch zu sein, daß technisches und methodisches Denken gegenüber den materiellen Mitteln quasi einen jahrtausendelangen Vorsprung haben. Der Mensch hat zweckrational gehandelt und sein Handeln an Effizienzmaßstäben gemessen, lange bevor für die einzelnen Handlungsformen materielle Mittel zu ihrer Realisierung zur Verfügung standen. Diese Mittel sind erst im Rahmen dieses Vorlaufes geschaffen worden. Um den Unterschied an einem Beispiel deutlich zu machen: Es macht einen großen Unterschied, ob man eine Technik des Einschlafens beherrscht oder aber das Einschlafen durch ein materielles Mittel, sprich eine Droge, herbeiführen kann. Dieses Beispiel zeigt zugleich, daß die Existenz des materiellen Mittels Technik im Sinne von Methode und know-how am einzelnen Menschen erübrigen kann. Die Bedeutung von Technik für unseren zivilisatorischen Zustand oder schärfer noch, der Eingang der Technik in die conditio humana scheint mir nun in unserem Jahrhundert dadurch bestimmt zu sein, daß praktisch für jeden Zusammenhang möglichen zweckrationalen Verhaltens die materiellen Mittel existieren oder sogar, daß sie einem möglichen zweckrationalen Verhalten präexistieren, so daß sich mögliche Zwecksetzungen erst in einer Welt schon vorhandener Mittel entfalten können.

Wenn wir nun die zivilisatorische Bedeutung von Technik aus der Existenz materieller Mittel ableiten wollen, so ist wichtig, daß wir einen weiteren Unterschied beachten. Man hat traditionell, d. h. in der Technikphilosophie von Kapp bis Gehlen,[13] Technik als Organsubstitution oder als Mittel der Steigerung einer Organleistung verstanden. Hier wurde Technik im wesentlichen als Apparat verstanden, d. h. als Werkzeug oder Gerät, das in einen vorher schon bestimmten Funktionszusammenhang eingefügt wird. Auch dieser Begriff greift für die zivilisatorische Bedeutung von Technik zu kurz. Wir müssen dafür anstelle des einzelnen technischen Gerätes an die Technik als System, d. h. als den Zusammenhang der materiellen Mittel denken. Technik erlangt die zivilisatorische Bedeutung, indem sie gewissermaßen selbst zur Welt wird, d. h. also den Horizont und Rahmen für unser Leben und Verhalten abgibt. Der Gedanke, daß die instrumentelle Auffassung der Technik im

20. Jahrhundert zu kurz greift, ist von verschiedenen Autoren vertreten worden.[14] Leider hat das dazu geführt, die Technik zu hypostasieren und zu einer metaphysischen Daseinsmacht hochzustilisieren. So erscheint sie bei Heidegger als Seinsgeschichte, als geistige Macht bei Freyer, bei Max Dessauer als viertes Reich. Man darf aber nicht aus den Augen verlieren, daß die Technik, wie sehr sie auch für den einzelnen übermächtig den Rahmen seiner Lebensmöglichkeiten bestimmt, doch menschengemacht ist. Deshalb scheint es mir sinnvoller, die Technik neben Staat, Markt und Arbeitsteilung als eines jener verselbständigten menschlichen Produkte zu sehen, die für den einzelnen weltsetzend sind. So bleibt die Technik trotz ihrer Verflechtung in alle zwischenmenschlichen Verhältnisse und konkrete Weltbeziehungen des Menschen doch ein jeweils identifizierbares System, mit dem man sich im Einzelfall auseinandersetzen kann: Das System des Verkehrs, der Kommunikation, der gesellschaftlichen Produktion, der Reproduktion der Gattung, der Versorgung und Entsorgung.

Ich möchte nun zum Abschluß ein paar Beispiele diskutieren, aus denen zu entnehmen ist, welche Fragen wir stellen müssen, um die zivilisatorische Bedeutung von Technik zu diskutieren. Als erstes wähle ich ein Beispiel aus Norbert Elias' Buch „Der Prozeß der Zivilisation".[15]

> Man denke an die holprigen, ungepflasterten, von Regen und Wind verwüstbaren Landstraßen einer einfachen, natural wirtschaftenden Krieger-Gesellschaft. Der Verkehr ist, von wenigen Ausnahmen abgesehen, ganz gering; die Hauptgefahr, die hier der Mensch für den Menschen darstellt, hat die Form des kriegerischen oder räuberischen Überfalls. Wenn die Menschen um sich blicken, wenn sie mit dem Auge Bäume und Hügel absuchen oder auf der Straße selbst entlang sehen, dann geschieht es in erster Linie, weil sie immer gewärtig sein müssen, mit der Waffe in der Hand angegriffen zu werden, und erst in zweiter oder dritter Linie, weil sie irgend jemandem auszuweichen haben. Das Leben auf den großen Straßen dieser Gesellschaft verlangt eine ständige Bereitschaft zu kämpfen und die Leidenschaften in Verteidigung seines Lebens oder seines Besitzes gegen einen körperlichen Angriff spielen zu lassen. Der Verkehr auf den Hauptstraßen einer großen Stadt in der differenzierten Gesellschaft unserer Zeit verlangt eine ganz andere Modellierung des psychischen Apparats. Hier ist die Gefahr eines räuberischen oder kriegerischen Überfalls auf ein Minimum beschränkt. Automobile fahren in Eile hierhin und dorthin; Fußgänger und Radfahrer suchen sich durch das Gewühl

> der Wagen hindurchzuwinden; Schutzleute stehen an den großen Straßenkreuzungen, um es mit mehr oder weniger Glück zu regulieren. Aber diese äußere Regulierung ist von Grund auf darauf abgestimmt, daß jeder Einzelne sein Verhalten entsprechend den Notwendigkeiten dieser Verflechtung aufs genaueste selbst reguliert. Die Hauptgefahr, die hier der Mensch für den Menschen bedeutet, entsteht dadurch, daß irgend jemand inmitten dieses Getriebes seine Selbstkontrolle verliert. Eine beständige Selbstüberwachung, eine höchst differenzierte Selbstregelung des Verhaltens ist notwendig, damit der Einzelne sich durch dieses Gewühl hindurchzusteuern vermag. Es genügt, daß die Anspannung, die diese stete Selbstregulierung erfordert, für einen Einzelnen zu groß wird, um ihn selbst und Andere in Todesgefahr zu bringen.

Aus dieser Stelle ist sehr gut zu entnehmen, daß Elias durchaus eine zivilisatorische Bedeutung von Technik ins Auge gefaßt hat und warum er meinte, daß sie eine weitere Verschärfung der Verhaltenskontrolle mit sich bringen würde. Tatsächlich ist ja mit dem Anwachsen der Verkehrsdichte, der Geschwindigkeiten und der automatischen Regelung die Notwendigkeit strikten Wohlverhaltens des einzelnen, sprich maschinengemäßes bzw. maschinenmäßiges Verhalten des Verkehrsteilnehmers, seit den 30er Jahren erheblich verschärft worden. Die Frage ist nur, ob dieses Wohlverhalten durch eine weitere Steigerung innerer Selbstzwänge erreicht worden ist. Ich halte das für sehr zweifelhaft, glaube auch nicht, daß irgendjemand die Forderung verkehrsgemäßen Verhaltens noch als eine sittliche Forderung, noch als Anspruch an Selbstbeherrschung und Mäßigung der Affekte erfährt. Diese aufs ganze gesehen doch erstaunlichen Leistungen präzisen und berechenbaren Verhaltens, die ja heute nicht mehr von zivilisatorischen Eliten, sondern von jedermann erbracht werden, sind, wie mir scheint, auch eher durch eine Art Abspaltung von Verhalten, d. h. durch eine Auflösung der Einheit der Person ermöglicht worden, denn als Leistung einer integralen, selbstbeherrschten Person. Die psychische, die affektive Lage des einzelnen und sein pünktliches Verkehrsverhalten laufen heute im Normalfall einfach nebeneinander her. Wenn das der Fall ist, dann müssen wir feststellen: obgleich heute gegenüber der Zeit, in der Elias sein Buch schrieb, in der Tat die Verhaltenskontrolle des einzelnen noch erheblich gesteigert worden ist, hat sich der Prozeß der Zivilisation im Sinne von Elias doch umgekehrt, und zwar in Richtung einer Lockerung der Selbstzwänge zugunsten einer Verschärfung der Fremdzwänge. Nur werden diese erneuten Fremdzwänge heute nicht mehr durch politische Exekutiven repräsentiert, sondern durch das technische System selbst: Die negative Sanktion bei Fehlverhalten erfolgt unmittelbar und sofort als Unfall.

Ich wähle als Beispiel für die Rolle der Technik in der Zivilisierung der menschlichen Verhältnisse den Krieg. Nun muß man sagen, daß der Krieg ganz sicher keinen Bereich darstellt, in dem menschheitsgeschichtlich oder auch nur in der Geschichte Europas ein kontinuierlicher Fortschritt der Zivilisierung zu konstatieren ist. Immer wieder hat es Formen gegeben, dem Krieg Regeln aufzuerlegen, den möglichen Kriegshandlungen Schranken, und immer wieder ist versucht worden, im Gegner den Menschen zu achten. Immer wieder aber hat es auch Kriege gegeben, die keine Beschränkung der Kampfformen und -mittel akzeptierten und auf die Vernichtung der Bevölkerung gerichtet waren. Die Versuche, in unserem Jahrhundert den Krieg zu zivilisieren, scheinen nun, wie ich schon erwähnte, gerade darauf zurückzuführen zu sein, daß die Technisierung des Krieges jede noch vielleicht vorhandene Gesittung der Kriegsführung zu zerstören droht. Der moderne technische Krieg hat alle Formen kriegerischer Tugend, die der traditionale verlangte und herausforderte, obsolet werden lassen. Weder Mut, Tapferkeit noch Selbstbeherrschung sind erforderlich, um ein effizienter „Krieger" zu sein. Das hat natürlich weitreichende Konsequenzen für die Ethik überhaupt, insofern in unserer Kultur seit den Griechen der Tugendkanon sehr weitgehend aus den Anforderungen möglicher kriegerischer Auseinandersetzungen sich herleitete. Die moderne Kriegsführung enthält als technische ferner auch keinerlei immanente Schranken für die Entwicklung und Anwendung von Tötungsmitteln. Schließlich ist durch die technische Überwindung von Raum und Zeit im Kriege die Unterscheidung von Kombattanten und Nichtkombattanten obsolet geworden. Wir stehen also bei dem Beispiel ‚Krieg' vor der paradoxen Situation, daß der moderne Krieg auf der einen Seite alles, was bisher als Zivilisation galt, zu vernichten droht oder, besser gesagt, in mehreren Kriegen in unserem Jahrhundert bereits außer Kraft gesetzt hat, und daß auf der anderen Seite der moderne Krieg eine Herausforderung darstellt, die Verhältnisse zwischen den Nationen und Völkern zu zivilisieren. Diese Aufgabe wurde seinerzeit von Elias als der letzte noch ausstehende Schritt zur Vollendung des Prozesses der Zivilisierung bezeichnet.[16]

Ich wähle als weitere Beispiele die Beziehung zum eigenen Leib und die Kunst. Sie müssen notwendig skizzenhaft bleiben, handelt es sich doch hier um sehr komplexe Bereiche. Zunächst das Verhältnis zum eigenen Leib: Die vorhandene Technik, die das Verhalten hier modifiziert, besteht im engeren Sinne aus Pharmaka und Drogen, im weiteren Sinne aus dem ganzen komplizierten Geflecht der Krankenverwaltung und des Gesundheitsmanagements. Wichtig ist für uns hier vor allem die Benutzung von Pharmaka im Gesundheitszustand, d. h. zur Einregelung des eigenen Leibes auf die jeweils verlangten Leistungen. Hier werden Dispositionen erzeugt oder abgebaut, hier werden Funktionen geregelt und Zustände initiiert, je nachdem es der jeweilige Handlungskontext von Alltag, Verkehr und Arbeit erfordert. Ich denke an die Einnahme von Drogen zur Leistungssteigerung, zum Wachwerden und zum Einschlafen, zur Verdauungsregulierung und die Antikonzeptiva. Die zivilisatorische Funktion dieser Mittel besteht darin, daß der Mensch seinen eigenen Leib mit ihnen kontrollieren kann – und entsprechend die traditionalen Kompetenzen, die dafür nötig waren, nicht mehr braucht und verliert. Wir können also auch hier von einer verschärften Kontrolle des Leibes und einer ausgeprägten Modifikation seines Verhaltens reden, aber eben von einer solchen, die nicht mehr als eine Leistung des Willens und der Selbstbeherrschung anzusehen ist. Als zivilisatorische Wirkung der sicheren Antikonzeptiva können wir von einer Entmoralisierung des sexuellen Bereichs sprechen. Auf der anderen Seite wird dieser Bereich gerade einer stärkeren Kontrolle unterworfen, es kommt gerade nicht zu einem „spontanen" Sichausleben. Der sexuelle Bereich wird zu einem planbaren und versachlichten Handlungszusammenhang.

Schließlich als viertes und letztes Beispiel die Kunst. Kunst hat nach Walter Benjamin im Zeitalter ihrer technischen Reproduzierbarkeit ihre Aura verloren,[17] d. h. ihren Heiligenschein, das, was sie durch Originalität, Einmaligkeit, Esoterik von den Niederungen der Realität abhob. Diese Momente waren es gerade, die Kunst nach jenem Schiller-Zitat zum Bestandteil der Zivilisation gemacht hatten. Auf der anderen Seite haben aber gerade jene „Künste", die von der technischen Reproduzierbarkeit leben – was ebenfalls Walter Benjamin bereits für den Film darstellte – die Kunst erst in ihre zivilisatorische Bedeutung eingesetzt: was nämlich vorher nur für die Elite des Bildungsbürgertums möglich war, sich durch „Kunstgenuß" am bloßen Schein zu erfreuen, das wurde dank der Technik erst den Massen möglich. Ob damit aber der ästhetischen Erziehung des Menschen gedient wurde, bleibt fraglich. Die Kunst erhielt ferner am Anfang unseres Jahrhunderts durch die Technik eine Konkurrenz. Ein klassisches Beispiel dafür ist das Verhältnis von Malerei und Fotografie. Die negative Konsequenz davon war zunächst eine Flucht vor den Bereichen, in denen diese Konkurrenz hätte ausgetragen werden müssen. Diese Situation hat sich aber inzwischen grundlegend geändert. Die Technik wird von der Kunst nicht mehr als etwas Äußeres, als bloßes Reproduktionsmittel, als Konkurrenz, als Bedrohung erfahren, sie gehört inzwischen zu den inneren Mitteln der Kunst selbst und hat sie gerade in ihren avantgardistischen Richtungen nach ihren eigenen Werten, nämlich Freiheit und Immaterialität erheblich gesteigert.

Wenn wir auf diese Beispiele zurückblicken, so verdichtet sich der Eindruck, daß die Technik das, was in unserem Jahrhundert unter Zivilisation verstanden werden kann, aufs tiefste beeinflußt hat. Nur erscheint dieser Einfluß, wenn man Zivilisation in den Bahnen weiterdenkt, die maßgeblich waren, bevor dieser Entschluß spürbar wurde, d.h. in den Bahnen von Neuzeit und Aufklärung, dann erscheint dieser Einfluß als widersprüchlich oder zumindest ambivalent. Zivilisation war gedacht als ein Fortschreiten in der Humanität, als eine Humanisierung des Menschen. Das Eindringen von Technik in die Zivilisation macht dieses Projekt nicht obsolet, sondern nur um so dringlicher. Gleichzeitig aber sprengt oder zerreißt die Technik durch ihre widersprüchlichen Wirkungen das, was einmal Zivilisation war. Es stellt sich deshalb die Frage, ob Humanität noch länger in der Zivilisation und ihrer Entwicklung gesehen werden kann, ob sie nicht vielmehr einen Standpunkt erfordert, der eine Unabhängigkeit von der technischen Zivilisation enthält und eine Auseinandersetzung mit ihr ermöglicht.

Anmerkungen

* Einleitungsvortrag des vom Vf. an der TH Darmstadt im SS 88 organisierten Kolloquiums über „Technische Zivilisation".

1 Kant, Anthropologie in pragmatischer Hinsicht. Kants Werke, Ausgabe Weischedel, Darmstadt: WB 1968, Bd. VI, 678.
2 Kant, Pädagogik, Werke, a.a.O., Bd. VI, 699.
3 N. Elias, Über den Prozeß der Zivilisation. Soziogenetische und psychogenetische Untersuchungen (1936), Frankfurt: Suhrkamp 1976, 2 Bde.
4 Kant, Ideen zu einer allgemeinen Geschichte in weltbürgerlicher Absicht, Werke, a.a.O. Bd VI, S. 44.
5 Fr. Schiller, Briefe über die ästhetische Erziehung des Menschen (1795), 26. Brief.
6 H.P. Dürr, Der Mythos vom Zivilisationsprozeß, Bd. I, Nacktheit und Scham, Frankfurt: Suhrkamp 1988.
7 Th. W. Adorno, Negative Dialektik, Frankfurt: Suhrkamp 1967, S. 357.
8 J. Ellul, La Technique ou l'enjeu du siècle, 1954.
9 M. Heidegger, Die Technik und die Kehre, Pfullingen: Neske 1962.
10 J. Habermas, Technik und Wissenschaft als ‚Ideologie', Frankfurt: Suhrkamp 1968.
11 J. Pflüger, R. Schurz, Der maschinelle Charakter, Opladen: Westdeutscher Verlag 1987.
12 Entsprechend bin ich schon in meinem Buch ‚Anthropologie in pragmatischer Hinsicht', Frankfurt: Suhrkamp 1985, vorgegangen. Siehe das Kapitel 11, Technische Zivilisation.
13 E. Kapp, Grundlinien einer Philosophie der Technik. Zur Entstehungsgeschichte der Cultur aus neuen Gesichtspunkten. Braunschweig: Westermann 1877, A. Gehlen, Der Mensch, Frankfurt: Athenäum, 1962 und andere Werke.
14 Eine Übersicht dazu findet sich in: J.H.J. v.d. Pot, Die Bewertung des Technischen Fortschritts. Eine systematische Übersicht der Theorien, 2 Bde., Maestrich: v. Gorcum 1985, §§ 166–171.
15 Elias, a.a.O., Bd. 2, S. 318 f.
16 Elias, a.a.O, Schlußteile, s. besonders Bd. 2, S. 453.
17 W. Benjamin, Gesammelte Schriften, Bd. I.2.

ALFRED DREES

Folter – Opfer und Therapeuten*

Ich glaube, ich war zehn oder elf, als ich atemlos die älteren Kinder unserer Straße eingeholt hatte. Hinter den Häusern waren damals noch Felder, eine kleine Anhöhe, ein Wegrand. Mitten in Brennnesseln lag verkrümmt ein Mann, winselnd. Das Blut lief ihm über das Gesicht. Er rief in gebrochenem Deutsch: „Was, warum, Kamerad, warum?" Der Stärkste in unserem Viertel, vielleicht fünfzehnjährig, schlug mit einem Knüppel immer wieder auf seinen Kopf und auf die Schultern und schrie: „Du polnische Sau wirst kein deutsches Mädchen mehr anrühren." Ich stand dort erschreckt, ängstlich und auch neugierig hilflos. Ich stand dort längere Zeit allein. Ich weiß nicht mehr, was ich getan habe. Ich habe vergessen, ob ich Hilfe gesucht oder selbst geholfen habe.

Warum erzähle ich diese Geschichte – am Beginn meiner Gedanken über die Folter, über das, was sie im Menschen anrichtet, und über das, was wir psychotherapeutisch erreichen können bei Menschen, die gefoltert wurden?

Ich war damals Hitlerjunge, „deutsches Jungvolk" nannte man die Kleinen und – mein Vater war politisch Verfolgter. Doch ich wußte nichts davon. Man hatte es mir verschwiegen. Oder mußte ich alles vergessen, verdrängen? Heute bin ich Psychiater und Psychotherapeut, der versucht, gefolterten Mitmenschen zu helfen. Beides gehört zusammen: mein Vater und meine Lebensgeschichte und meine Arbeit mit gefolterten Patienten.

Ich möchte einen Traum erzählen, der sich im Rahmen einer Therapie eines Folterpatienten in mir meldete und der verdeutlicht, in welcher Weise die eigene Betroffenheit durch die Schilderungen eines gefolterten Patienten Verdrängtes aus der Lebensgeschichte wachruft und Bewältigungsstrategien sichtbar macht, in welche Eltern und Kinder verstrickt sind.

Ich träumte, daß ich im Rinnstein vor einem Schäferhund kniete und dessen Pfoten ableckte, Pfoten, die so groß waren wie Löwentatzen. Ich blickte dabei demutsvoll Bestätigung suchend auf den daneben stehenden Innenminister und sagte so etwas wie:

„Sehen Sie, Herr, der Hund hat das gern."

Aus der Fülle der Einfälle zu diesem Traum am nächsten Morgen ragte eine Geschichte heraus, die mir mein Vater erzählte, als er abgemagert und verbittert aus der sogenannten Schutzhaft, aus dem KZ, zurückkam. Er schilderte, daß man jüdische Mithäftlinge gezwungen habe, den Schäferhunden den Hintern abzulecken. Die Hunde hätten daraufhin den Gefangenen die Gesichter zerbissen. Und dann sagte mein Vater: „Das hätte *ich* nie mit mir machen lassen!" Erst über diesen Traum verstand ich, wie sehr ich mich damals mit den Juden identifiziert haben mochte, wie sehr ich von dieser Zeit an in der Ambivalenz lebte, ein stolzer Kämpfer für die Entrechteten zu sein und gleichzeitig ein sich unterwerfender Jude. Mein jetziger Beruf sowie mein Offensein für Ausgegrenzte und Verfolgte mag hier mit begründet liegen. Ich habe eine Vielzahl von Fluchtträumen durchlebt. Immer wieder, meist erfolgreich und vielfarbig. Ich bin den Häschern und den Gefängnissen entkommen, habe Wachtposten und Polizisten entwaffnet, konnte mich abseilen, fliegen, fliehen und untertauchen im bunten Karnevalstreiben. Hierüber gewann ich therapeutische Einsichten und Strategien – für später.

Wozu dieser Hinweis auf meine Lebensgeschichte? Ich meine: Der Themenkomplex Folter läßt sich nicht wertneutral-objektiv abhandeln. Auch in die Therapie der Folteropfer gehen Erleben, Bewertungen und Voreinstellungen des Therapeuten ein.

Vor diesem Hintergrund sind meine Fragen und meine Versuche einer Antwort zu sehen: Welchen „Sinn" hat Folter? Welche Funktion hat sie für den einzelnen, für die Gesellschaft? Ist Folter eine Krankheit, eine Seuche? Ist sie ein Relikt aus unserer animalischen Vergangenheit, oder ist sie nur eine übersteigerte Form von Erziehung, von Anpassungsdressur? Ist sie ein psychisches oder ein gesellschaftliches Phänomen? Bedarf der Mensch der Folter? Ist die Folter das Ergebnis von sadistischen Triebdurchbrüchen der Folterknechte, oder ist sie berechenbar eingesetztes Unterdrükkungsinstrument im Dienst einer jeweils herrschenden Schicht, einer allein regierenden Partei oder einer mächtigen intoleranten Priesterkaste?

Die von amnesty international zusammengetragenen Berichte über die Folter aus noch immer mehr als der Hälfte aller Länder belegen, daß Ausmaß, Grausamkeit und Bekanntheit der Folter in erster Linie in Abhängigkeit von den Gesellschafts- und Herrschaftsverhältnissen eines Landes bestimmt werden. Die Folter ist in allererster Linie ein Unterdrückungs- und Herrschaftsinstrument! Auch die bereits aus dem Altertum bekannte Funktion der Folter zur Geständniserpressung spielt eine untergeordnete Rolle. Die psychologische Dimension der Folter, die sich in dem sadistischen Verhalten besonders berüchtigter Folterer widerspiegelt, die in der stillschweigenden Akzeptanz unbeteiligter Bürger hinterfragt werden kann und die vor allem in dem Leiden der Folteropfer sich niederschlägt, spielt für die Anwendung von Folter in einem Land eine untergeordnete Rolle.

Und doch will ich mich aus der Sicht des Psychotherapeuten mit den psychologischen Dimensionen der Folter beschäftigen und zwar wiederum eingeengt auf die Fragen: Was richtet die Folter im Menschen an? Wie erlebt sich der Gefolterte danach? Und: Wie erklären wir uns die langwierigen, zum Teil lebenslangen Auswirkungen der Folter auf den Menschen? Vielleicht läßt sich hierüber auch die gesellschaftliche Funktion der Folter verstehen.

Meinen ersten Kontakt zu Folteropfern gewann ich Ende der Sechzigerjahre, als ich in der Psychiatrie in Hannover mit meinem damaligen Chef Karl-Peter Kisker Überlebende aus Konzentrationslagern zur Begutachtung ihrer Entschädigungsansprüche kennenlernte. Kisker ist einer der Autoren eines berühmten Fachbuches, in dem die psychischen Auswirkungen der KZ-Folter minutiös beschrieben werden und in dem die vor allem in Deutschland noch vorherrschenden Vorstellungen zur anlagebedingten Ursache bestimmter psychischer Erkrankungen korrigiert wurden.

Ich gewann über diese Begutachtungen Einsichten, welche meine inneren Einstellungen und meinen Berufsweg mit beeinflussen sollten. Ich erfuhr über die häufig schon vorhandenen Vorgutachten, mit welcher Ignoranz und fachlicher Inkompetenz deutsche Ärzte, vor allem auch psychiatrische Fachkollegen, das psychische Leiden dieser KZ-Überlebenden wahrnahmen und zu bewerten suchten.

Nachdem die deutsche Psychiatrie in der Nazi-Zeit die Ausrottung sogenannten lebensunwerten Lebens mit betrieben hatte oder zumindestens duldete, setzte sie in den Nachkriegsjahren in Form eines völligen Mißverstehens der Leiden dieser Überlebenden des Holocaust ein erneutes Zeichen. Anglo-amerikanische Psychiater waren zum Teil entsetzt über diese andere Art der Psychiatrie in der Bundesrepublik. Einer von ihnen, Kurt R. Eissler, schrieb damals den bemerkenswerten Aufsatz: „Die Ermordung von wievielen seiner Kinder muß ein Mensch symptomfrei ertragen können, um eine normale Konstitution zu haben?" Aber er suchte gleichzeitig Erklärungen für das unverständliche Verhalten deutscher Psychiater, indem er schrieb, daß die Ungeheuerlichkeit und Unvergleichbarkeit der Erlebnisse der KZ-Opfer die Leiden Hiobs und unserer Phantasie übersteigen. Ein anderer amerikanischer Psychiater, William G. Niederland, versuchte die „starke Feindschaft einiger Gutachter" zu erklären, indem er als Vergleich den mittelalterlichen Veroneser Dante wählte, der nach seiner detaillierten Beschreibung der Hölle in der „Göttlichen Komödie" von seinen Mitbürgern gemieden wurde. Passanten sagten sich gegenseitig erschauernd: „eccovi l'uomo ch'è stato all' Inferno", „das ist der Mensch, der in der Hölle war." Bei diesem Vergleich leuchtet ein, wie schwierig es ist, sich gefolterten Menschen überhaupt verstehend zu nähern.

Läßt sich verstehen, was ein Mensch durchlebt, wenn die Kinder, die Eltern, der Lebenspartner, wenn Freunde und Mitgefangene vor den eigenen Augen gequält, vergewaltigt, erschlagen werden und wenn sie mithelfen müssen, die Schreie zu ersticken und die zerrissenen Körper zu verscharren, wenn sie sie in Gaskammern und Verbrennungsöfen transportieren und wenn sie deren Zähne sammeln, deren Haare sortieren und deren Häute für Lampenschirme aufspannen lernen müssen? Ist die generelle und ständige Erniedrigung des Menschen in den foltergetränkten Verliesen des 20. Jahrhunderts für jemand, der sie nicht selbst durchlebt hat, einfühlbar, verstehbar? Viele KZ-Überlebende, aber auch zahlreiche Opfer des modernisierten Folterbetriebes in den heutigen Folterländern bezweifeln das. Sie wollen nicht mehr über ihre Erlebnisse sprechen. Sie können diese Erinnerungen nicht ertragen und suchen sie in sich zu verbergen, zu verdrängen.

KZ-Überlebende suchen nicht selten einen Ehepartner mit ähnlichem Leidenshintergrund. Aber auch in einer solchen Verbindung werden die Erlebnisse ausgeklammert, wissen die Kinder in der Regel nicht, was ihre Eltern durchlebt haben. Ich habe die verdrängten Ängste der Eltern in den Angstneurosen ihrer Kinder therapieren lernen müssen.

Eine andere Frage: Wie ist es zu verstehen, daß es für zahlreiche KZ-Überlebende mehr als vierzig Jahre braucht, bis sie ihre Lebensgeschichte literarisch aufzuarbeiten beginnen? Hat es auch damit zu tun, daß unsere Holocaust-Schuld erst jetzt in der breiten Öffentlichkeit diskutierbar wird?

Noch weniger zu verstehen und als Frage noch weniger zu beantworten ist das Phänomen der Täter: KZ-Aufseher, Verantwortungstragende für den Holocaust, Juristen sowie Ärzte, die Menschenexperimente durchführten, zeigten in den wenigen Fällen, wo sie überhaupt vor Gericht erscheinen mußten, ein erstaunlich selbstbewußtes, schuldfreies und sicheres Auftreten. Dagegen wirkten ihre Opfer, auch jahrzehntelang danach, verklemmt, schuldbewußt, bedrückt und ängstlich. Unverstehbar?!

Ich komme zurück zu den von mir in den Sechzigerjahren begutachteten KZ-Opfern. Was mich überraschte, waren die gleichartigen Verhaltensweisen dieser Menschen. Ein KZ-überlebender Psychiater prägte hierfür den Begriff des „Muselmann-Syndroms“, ein anderer den des „lebenden Leichnams“. Ich hatte Jahre vorher politisch aktive KZ-Überlebende kennengelernt und ihre Energie und Ausdauer bewundert. Diese zu begutachtenden KZ-Opfer waren anders. Sie wirkten wie innerlich ausgebrannt, eigenartig leer. Sie sahen mich mit vertrauensvollen und gleichzeitig ängstlich distanzierenden Augen an. Detail-Schilderungen ihrer Erlebnisse kamen nicht zustande. Sie klagten nicht, obwohl sie seit Jahren unter einer Vielzahl körperlicher Beschwerden zu leiden hatten: Ohnmachtsanfälle, lang anhaltende, aber auch immer wieder wechselnde Beschwerden an den unterschiedlichsten Organen: Magenschmerzen und Erbrechen, Eßstörungen und Verdauungsbeschwerden, häufige Durchfälle, starke attackenartige Kopfschmerzen, Herzbeschwerden und Kreislaufstörungen, Gelenkbeschwerden und eigenartiges Brennen in den Gliedern, starke Schlafstörungen mit häufigen Angstattacken, nächtliches Aufschreien und vor allem: Kontaktängste, Nervosität und hohe Irritierbarkeit und Gefühlsverunsicherung im Kreis froh gestimmter Menschen. Bei einigen unmotivierte aggressiv-ärgerliche Durchbrüche. Deshalb der ängstliche Rückzug auf sich selbst und in die Isolierung, die von Apathie, Kraftlosigkeit, Depressionen und quälenden Angstzuständen ausgefüllt wird.

Ich mußte lernen, daß die resignativ-kraftlose Dauerhaltung und die eigenartige Gefühlsleere dieser KZ-Opfer mit ihren zahlreichen körperlichen Schmerzzuständen und Beschwerden als psychosomatisches Krankheitsgeschehen zu verstehen ist. Ich wurde schließlich hierüber angeregt, Psychosomatik als eigenes wissenschaftliches Lehrfach genauer zu studieren. Die eigenartige Gefühlsleere und Phantasiearmut der KZ-Patienten fand ich in ähnlicher Weise bei anderen psychosomatischen Patienten, bei denen wir die Ursache der Erkrankung in einer frühkindlichen Entwicklungsstörung suchten. Sollte diese „Muselmann-Haltung“ bei psychosomatischen Patienten wie bei KZ-Opfern Ausdruck einer erstarrten Schutzfunktion des Menschen sein? Ein holländischer Psychiater beschrieb sie als wichtigen Rettungsversuch des Ich, mit der unerträgliche, mit dem Selbstbild unvereinbare oder unverstehbare Erlebnisse abgewehrt und neutralisiert werden. Dann könnten therapeutische Strategien für beide Patientengruppen gesucht werden.

Ich erinnere mich an einen meiner ersten Gutachten-Patienten, ein etwa fünfundvierzigjähriger Israeli, der vor seiner KZ-Zeit, in das er als Vierzehnjähriger verschleppt wurde, Klassenbester war und voller Energie und Zukunftsphantasien. Er hatte seine Eltern und seine drei Schwestern im KZ verloren, furchtbare Quälereien durchgemacht und oft sein Leben als gefährdet erlebt. Als ich ihn sah, irrte er bereits 25 Jahre zerbrochen und isoliert durch Israel, um schließlich, da er das „ewige Mitleid“, wie er sagte, nicht mehr ertragen konnte, nach Europa zurück zu kommen.

Er saß mir gegenüber, ein Wrack, in sich hängend, bleich, aufgeschwemmt. Alles war bei ihm kraftlos. Mich beeindruckten vor allem die tief in den Augenhöhlen liegenden verschwommenen, leeren, angstvollen, hilfesuchenden und abwehrenden Augen, die mich ansahen und durch mich hindurchsahen. Ich war ratlos, wurde sprachlos, konnte die Nacht danach kaum schlafen. Und später, Jahre später, auf meinem Flug zu einem Kongreß in Israel, liefen mir Tränen die Wangen herunter, wie aus einem überlaufenden Eimer. Ich wußte nicht warum. Über einen Traum einige Nächte später sah ich dann seine Augen wieder. Jetzt verstand ich. Ich sah die Leere seiner Augen jetzt als Wüste, und ich sah Öltürme und uralte Olivenbäume in dieser Leere, in diesen Augen, in dieser Wüste.

Er hatte eine Vielzahl körperlicher Beschwerden. Ich verstand, daß er sich überwinden mußte, um zu einem Arzt zu gehen; denn das hieß ja früher Selektion. Aber er hatte auch gelernt, daß ihm keiner mehr helfen konnte. Irgend etwas in ihm hatte beschlossen, so weiter zu leben, kraftlos, sinnlos, ohne Wünsche, ohne Hoffnung, ohne Interessen, aber auch ohne Protest.

Sollte in diesen psychisch zerstörten Menschen das eigentliche Ziel jeder Folter sichtbar werden: Die Zerstörung von Individualität, von lebendiger eigenständiger, aktiver und kritischer Persönlichkeit? Viele Berichte sprechen dafür, daß die Qualen, die verscharrten Opfer und die zerstörten Gestalten, die aus den Folterverliesen entlassen werden, zur Einschüchterung der übrigen Bevölkerung dienen und unmenschliche Herrschaft stabilisieren helfen. Die Folter einzelner wird damit mittelbar zur Folter einer ganzen Gesellschaft. Vielleicht läßt sich darüber verstehen, daß Nichthinsehen, ebenso wie Vergessen und Verdrängen inhumaner Gewalt-Herrschaft nur gemeinsam aufgebrochen und aufgearbeitet werden kann und daß sich nur hierüber die aktive freiheitliche Entfaltung des einzelnen in einem demokratischen, toleranten und humanen Gesellschaftssystem entfalten läßt.

Folter-Patienten, die in den letzten Jahren in Beratungsstellen und in die ärztliche Praxis kommen, zeigen noch nicht die Leere und Hoffnungslosigkeit, die versteinerte Fassade ausgebrannten Lebens, wie die vor Jahrzehnten gefolterten KZ-Opfer. Die Patienten kommen aus den modernen Folterkammern unserer Zeit, vor allem aus Chile und aus der Türkei. Bei ihnen stehen neben zahlreichen psychosomatischen Beschwerden vor allem Reizbarkeit, Aggressivität und starke Stimmungsschwankungen im Vordergrund. Gleich danach folgen depressive und Angst-Neurosen, Kommunikationsstörungen, Appetitlosigkeit und sexuelle Störungen, bei durch Elektroschock Gefolterten herrschen Apathie und eigenartige Gefühlsstörungen der Körperempfindungen vor.

Tiefes Mißtrauen, Wahnvorstellungen und paranoide Psychosen finden sich häufiger als Ergebnis spezifischer Foltermethoden, mit denen versucht wird, das Ich der Opfer zu zerbrechen. Ich komme damit zu Foltermethoden, die in den letzten zwanzig Jahren zunehmend verfeinert wurden. Obwohl noch immer grausamsadistische Quälereien, welche auf die körperlichen Schmerzgrenzen der Opfer zielen, die Folterszene beherrschen, werden zunehmend mehr, zum Teil unter Anleitung, Beratung und Mithilfe von Psychologen und Ärzten, psychische Foltermethoden eingesetzt, welche in ihrer Wirkung, auch in ihren Dauerschäden, die körperliche Schmerzfolter übersteigen.

Im Korea-Krieg erprobten Chinesen Foltermethoden gegen US-Gefangene. Es gelang ihnen mit der sogenannten „Gehirnwäsche", die Gefangenen in einem so hohen Maße zu beeinflussen, daß ein Großteil von ihnen bisherige Lebenseinstellungen, Bewertungen, politische und religiöse Überzeugungen völlig aufgaben und Denkinhalte ihrer Folterer übernahmen. Einige von ihnen wurden später vor ein Kriegsgericht gestellt, weil man nicht glauben konnte, daß sich mit Hilfe psychischer Foltermethoden Menschen in einem so hohen Maße verändern lassen. Dabei waren diese Foltermethoden nicht neu. Die Inquisition bediente sich ihrer, und auch in den Stalin'schen Folterkellern wurden sie angewendet.

Jetzt wurden diese Methoden wissenschaftliches Forschungsobjekt der Psychologie. In den Deprivations-Forschungs-Labors wurde mit freiwilligen Versuchspersonen erprobt, wie lange ein normaler Mensch es aushält, eine Situation zu ertragen, in der möglichst alle Außenweltreize ausgeschaltet werden. Schalldichte Wände, Schaumgummikissen, Handschuhe bis an den Ellbogen, Mattglasbrillen, keine Möglichkeit, die Zeit zu kontrollieren. In den Experimenten zeigte sich, daß bereits nach 48 Stunden die große Mehrzahl der Versuchspersonen extreme Unruhe, Reizbarkeit und Konzentrationsschwierigkeiten zeigte und daß bei einigen sich wahnhafte Vorstellungen entwickelten, so daß die Versuche abgebrochen werden mußten. Für die Folterspezialisten wurde hier wissenschaftliches Grundlagenwissen erarbeitet, das dann in den Folterkellern weiter ausgebaut wurde.

Tatsächlich – und das belegen die Berichte von Folteropfern aus zahlreichen Ländern – wurden ab Mitte der Siebzigerjahre zunehmend mehr psychische Foltermethoden angewendet. Die Phantasie scheint da keine Grenzen zu finden: Verbinden der Augen, im Kreis herumfahren, um Orientierungslosigkeit zu erzeugen, tagelanger Schlafentzug, absolute Isolation, Tage und Nächte nackt mit einem Sack über dem Kopf an einer Wand stehen lassen, immer wieder erschreckt durch Zurufe: Du wirst gleich erschossen oder die Folter beginnt gleich, und all das kombiniert mit körperlichen Torturen wie Untertauchen, Erstickungsversuche, Elektrostimulation und beschämenden und erniedrigenden Prozeduren wie Vergewaltigungen vor den eigenen Kindern, erotische Stimulationen durch Katzen und Ratten, Essenmüssen des eigenen Kotes nach tagelangem Hungern und Flüssigkeitsentzug.

Verbreitet hat sich die Methode, brutale Foltermethoden durch bestimmte Folterknechte abzuwechseln mit liebevoll und gütig sich gebenden Folterern, die dann das Folteropfer, das gegen die Brutalität von Folter einen inneren Widerstand aufbauen konnte, psychisch zusammenbrechen läßt. Hinzu kommen Psychotechniken, die der modernen Psychologie entnommen wurden, so auch Hypnose und Suggestionsversuche, sowie Psychopharmaka und Drogen.

Die Reduzierung von Foltermethoden, die später am Körper der Opfer nachzuweisen sind, zugunsten von psychischen Foltermethoden, findet einerseits seine Begründung in der zunehmenden Wachheit und Kritik der Weltöffentlichkeit gegen die Folter. Bereits 1975 hat die Generalversammlung der Vereinten Nationen eine umfassende Erklärung über den Schutz vor Folter und anderer grausamer Behandlungen herausgegeben. Alle Länder dieser Erde sind damit gegen die Folter eingeschworen und noch immer wird in fast der Hälfte aller Länder gefoltert.

Die psychischen Foltermethoden bringen aber noch weitere Vorteile für die Foltersysteme. Es geht sauberer zu, weniger Blut, weniger Exkremente. An Stelle dessen wissenschaftlicher. Es gibt Ausbildungsschulen für raffinierte Folter. Vor allem jedoch die psychisch Gefolterten scheinen nachhaltiger geschädigt zu sein als diejenigen, die „nur" körperliche Tortur auszuhalten hatten.

Berichten und Therapiesitzungen von Folteropfern ist zu entnehmen, daß die permanente Erniedrigung, die Entmenschlichung aller Begegnungsformen ohne ausreichenden solidarischen Schutz durch die Gruppe der Mitgefangenen schwerer durchzustehen ist als körperliche Schmerzzustände. Vor allem die systematische Verwirrungspraxis, mit der den Gefangenen jede Orientierung genommen wird, scheint besonders erfolgreich zu sein, um das Ich eines Menschen nachhaltig zu zerstören. Raum- und Zeitvorstellungen gehen verloren, Grundvorstellungen menschlichen Zusammenlebens, Freundschaften, Feindschaften, Glaubensvorstellungen und Werte, die dem bisherigen Leben Sinn und Halt gegeben haben, geraten ins Schwimmen, lösen sich auf, bringen die Opfer in Zustände, die dem Erleben schizophrener, psychotischer Ausnahmezustände entsprechen. Das Ich hat seinen inneren Halt verloren und erlebt schließlich alles, was von außen andrängt – auch Freundliches und Hilfsangebote – als bedrohlich, gefährdend, beängstigend. Hierüber lassen sich Verschlossenheit und Kontaktängste der Folteropfer verstehen, ihre zum Teil lebenslange Selbstisolierung.

Zum Abschluß möchte ich einige Gedanken zu den psychotherapeutischen Möglichkeiten für Folteropfer vorstellen. Die seelischen Schäden, die durch die Folter hervorgerufen werden und die sich in einigen ihrer Opfer lebenslang einnisten, sind psychosomatischen und psychosenahen Krankheitsbildern vergleichbar. Die gemeinsamen Ausdrucksphänomene bei Folteropfern wie bei bereits vertrauten psychosomatischen und psychotischen Patienten bringen für den Psychotherapeuten Einsichten in die Funktion dieser Krankheitszustände. Darüberhinaus lassen sich hierüber bisherige psychotherapeutische Haltungen und Strategien neu überdenken.

Wenn Kontaktscheue, Gefühlsleere und Phantasiearmut der Folteropfer als fixiertes Vermeidungsverhalten gegen das Wiedererleben durchlittener unmenschlicher, nicht integrierbarer Beziehungsformen verstanden werden kann – wenn die Scheu vor Detailschilderungen durchlebter Entmenschlichung vergleichbar ist der Unfähigkeit bzw. der unbewußten Abwehr gegen konfliktzentrierte therapeutische Durcharbeitungsstrategien bei psychosomatischen und psychotischen Patienten – wenn die tiefe Scham, mit der Folteropfer ihre Foltererlebnisse zugedeckt halten, vergleichbar wird der Abwehr psychotischer Patienten gegen ihre in den akuten Krankheitsphasen durchlebten chaotischen Angstzustände – und wenn schließlich im Seelenleben der Folteropfer eingebrannte gesellschaftliche Gewalt als individuelles und psychologisierbares Erleben sich den Therapiebemühungen entzieht – dann lassen sich einerseits die vielfältigen und nur wenig beeinflußbaren körperlichen Beschwerden der Folteropfer mit ihrer Funktion, innere Konflikte zu binden und zu verbergen, vergleichen mit ähnlichen Mechanismen bei psychosomatischen Patienten; aber dann sollten andererseits Behandlungsverfahren gesucht werden, die der Komplexität des Leidens der Folteropfer gerecht werden, die vor allem dem Therapeuten ermöglichen, dem Patienten in seinen chaotischen Erlebnisfeldern zu begegnen.

In Kopenhagen, im augenblicklich größten Zentrum für die Behandlung von Folteropfern, wird versucht, die körperlichen Leidenszustände medizinisch-balneologisch anzugehen und die psychosoziale Verschränkung des Leidens durch schrittweise politische Zeugenschaft sichtbar zu machen, über eine genaue Beschreibung und Aufzeichnung der Folterumstände, Foltermethoden und Folterverantwortlichen im Kreise von Verständnis suchenden Therapeuten. In den Niederlanden hatte Professor Bastiaans zahlreichen KZ-Patienten durch kathartisches Wiedererlebenlassen von Folterszenen mit Hilfe der bewußtseinserweiternden Droge LSD zu helfen vermocht. Er erlebte jedoch die Grenzen seiner Methode in Ich-schwachen, bereits vor der Folter vorgeschädigten Patienten.

An meinem Arbeitsplatz in Duisburg-Rheinhausen in einer psychiatrisch-psychosomatischen Klinik ließen sich Behandlungsverfahren für Folteropfer übernehmen, die wir mit Ich-schwachen, frühgestörten, psychosomatischen und psychotischen Patienten erprobten. Die Konzeption dieser noch weiter zu entwickelnden Verfahren läßt sich in einem Dreiklang darstellen, in dem für Therapeuten wie für Patienten Klangräume entwickelt werden, in denen auch Folteropfer Lösungsmöglichkeiten gewinnen für die in ihnen gebundenen Komplexe aus körperlichen, psychischen und sozialen Erlebensanteilen. In diesen Klangräumen bestehen folgende drei Aufgabenschwerpunkte:

1. Anregung zu solidarisch getragener Selbsthilfe und zur Offenheit für mitmenschliche, soziale und politische Fragen.
2. Stimulierung verloren gegangener körperlich-sinnlicher Erlebnisfähigkeit und Kreativität.
3. Entwicklung von bildhaft-metaphorischem Sprachvermögen, mit dessen Hilfe es gelingt, in chaotische, unstrukturierte Erlebnisbereiche des Menschen vorzudringen, in denen weder logisch-kausal getrimmte Verstandeskräfte noch gewohnte Gefühlsbindungen ausreichenden Halt geben. Dieser Bereich gewann in unserer Klinik einen besonderen Schwerpunkt.

In den unstrukturierten Zwischenbereichen menschlichen Erlebens mischen sich individuelle und soziale Phänomene, Vergangenes, Augenblickliches und potentiell Mögliches. Hier lassen sich Erlebniskomplexe, die nicht ins Ich integrierbar sind, oder die wie bei der Folter die individuellen Strukturen ihrer Opfer umklammern, ausfalten, ausleuchten und in den vielfarbigen Facetten menschlicher Erlebensmöglichkeiten lösen. Auf diesem Wege lassen sich individuell fixierte Opferhaltungen und infantilisierendes Psychologisieren gesellschaftlicher Gewalt bewegen.

Die unterschiedlichen Schwerpunkte in den therapeutischen Bemühungen für Folteropfer bedürfen weiterer Erprobung. Diese Unterschiede sind jedoch unerheblich im Hinblick auf die Vielzahl unbehandelter und dahinvegetierender Folteropfer. Und ihre Zahl nimmt weiter zu. In welchem Umfang mit den bisherigen und weiter auszubauenden Behandlungsmethoden Folteropfern geholfen werden kann, ob gar die Folter als ein Herrschaftsinstrument des Menschen über den Menschen schließlich ganz von dieser Erde verschwindet – das hängt davon ab, ob die Unbeteiligten, die Nichtgefolterten, die aber durch die Medien informiert sind und „mittelbar" an dem inhumanen Geschehen teilhaben, sich nur wie Zuschauer verhalten, gelähmt wie das Kind, von dem ich zu Beginn erzählte, oder ob sie ihre Kenntnisse umsetzen in politische Willensbildung und Einflußnahme, in Widerstand aus mitleidender Solidarität. Vielleicht jedoch ist die Aussage von Jean Améry – selbst KZ-Opfer – nicht zu widerlegen, auch nicht wegzutherapieren; in seinem Buch „Jenseits von Schuld und Sühne" hat er geschrieben: „Wer der Folter erlag, kann nicht mehr heimisch werden in dieser Welt. Die Schmach der Vernichtung läßt sich nicht austilgen. Das zum Teil schon mit dem ersten Schlag, in vollem Umfang aber schließlich in der Tortur eingestürzte Weltvertrauen wird nicht wiedergewonnen. Daß der Mitmensch als Gegenmensch erfahren wurde, bleibt als gestauter Schrecken im Gefolterten liegen."

* Dieser Text ist ein Beitrag aus der SDR-Sendereihe über den Schmerz. Sämtliche Texte erscheinen im Frühjahr 1990 im Kreuz-Verlag als Buch.

KLAUS GÜNTHER

Natürlich sind wir für die Abschaffung des Strafrechts! Sind wir es wirklich?

Über einige moralische Aporien gegenwärtiger Kriminalpolitik

1. Die Moralunternehmer

Von Michel Foucault ist ein Gespräch mit Jean Pierre Faye, David Cooper, Marine Zecca und Marie-Odile Faye über „Einsperrung, Psychiatrie, Gefängnis" überliefert.[1] Foucault diskutierte mit seinen Gesprächspartnern auch über die damals in Frankreich erwogene Liberalisierung des Sexualstrafrechts. Sie waren sich über die disziplinierende Funktion des Strafrechts und des Sexualstrafrechts zumal einig. Trotz dieser Einhelligkeit hielt Foucault während des Gesprächs plötzlich inne: „Aber es gibt zwei Bereiche, die für mich problematisch waren: die Vergewaltigung und die Kinder".[2] Über die Verführung von Kindern sagt er: „Ich wäre versucht zu sagen, von dem Augenblick an, da das Kind sich nicht weigert, gibt es keinen Grund, irgend etwas zu sanktionieren. Was mich jedoch erstaunte, war das Gespräch darüber gestern mit den Angehörigen der Richtergewerkschaft. Einer von ihnen bezog sehr radikale Positionen: Es war derselbe, der meinte, daß Vergewaltigung nicht als Vergewaltigung bestraft werden dürfe, daß sie bloße Gewaltanwendung sei. Im Hinblick auf die Kinder nahm er ebenfalls eine sehr radikale Position ein. In einem bestimmten Augenblick fuhr er jedoch auf und rief: Ah, ich muß sagen, wenn ich jemanden erwischte, der sich an meine Kinder heranmacht!"[3]

Der Ruf nach dem Strafrecht kommt uns häufiger über die Lippen, als wir vermuten. Gewiß, je nach politischem Standpunkt erscheinen uns die Strafbarkeit der bloßen Mitgliedschaft in einer terroristischen Vereinigung, des Ladendiebstahls, des Subventionsbetruges oder die Verurteilung eines Fixers als überflüssig oder schädlich. Auch angesichts manches spektakulären Mordes, in den wenigsten Fällen von dem legendären „eiskalten Killer" verübt, sondern viel häufiger nur der traurige Höhepunkt in einem

Beziehungsdrama, fragen wir uns, worin der Sinn einer lebenslänglichen Strafe bestehen soll.

Aber es fällt leicht, eine Liste von Delikten aufzustellen, bei der sich vermutlich jeder auf der Seite der Befürworter eines Strafrechts wiederfinden wird: außer Vergewaltigung und sexuellem Mißbrauch von Kindern ließen sich noch die Umweltdelikte, die sogenannte Auschwitz-Lüge, die Steuerhinterziehung durch Parteispenden oder die Pornographie und Gewaltdarstellung nennen. Wem das noch nicht genügt, mag an die organisierte Abrichtung von Babies und Kleinkindern für Zwecke der Prostitution oder an die Herstellung von Giftgas und den Verkauf an kriegführende Staaten denken. Nicht zu vergessen sind auch Phänomene der „Makro-Kriminalität“: staatlich angeordnete und ausgeführte Folter oder Verschleppung, gezielte Kriegshandlungen gegen die Zivilbevölkerung, Staatsterror gegen Dissidenten und Minderheiten, Völkermord.[4]

Unter den Befürwortern einer Neu- oder Umkriminalisierung gibt es nicht nur solche, die wie der von Foucault zitierte progressive Richter mit Entsetzen, Empörung und Sanktionsbereitschaft reagieren, sobald sie sich in die Lage des von einer Gewalttat unmittelbar oder mittelbar Betroffenen versetzen. Diese Reaktion ist vermutlich ubiquitär. Was an Foucaults Beispiel erstaunt, ist der Widerstreit in der Reaktion des Richters zu seinem Engagement für eine Entkriminalisierung. Dieser Widerstreit läßt sich in sehr verschiedenen politischen Konstellationen wiederfinden. Auf Seiten der politischen Linken, vor allem bei den GRÜNEN, gibt es einen inzwischen öffentlich ausgetragenen Zwiespalt zwischen Strafrechtskritik und Strafrechtsaffirmation. Das Plädoyer für Entkriminalisierung einerseits und Forderungen nach Ausdehnung der Bestrafung auf die Vergewaltigung der Ehefrau oder nach verschärfter Bestrafung der Kindesmißhandlung andererseits bestehen nebeneinander. Auf diese Bewegung ist das Wort von den neuen oder atypischen „Moralunternehmern“ geprägt worden.[5] Berechtigte oder verblendete „moralische“ Empörung sucht wie einst beim kleinbürgerlichen Kampf gegen Sittenverderbnis und Alkoholkonsum Schutz und Verstärkung im Strafrecht. Von diesen Kreuzzügen unterscheiden sich die Aktivitäten der atypischen Moralunternehmer nur dadurch, daß sie häufig in urbanem und politisch aufgeklärtem, reflexivem und staatskritischem Milieu propagiert werden. Wenn das nicht nur eine simple Fehlleistung sein soll, stellen sich zwei Fragen: ist es wirklich die Strafe, nach der die „Moralunternehmer" suchen, und, wenn ja, wie läßt sich der Widerstand zwischen Kritik und Affirmation der Strafe verstehen?

2. Gleichbehandlung

Einige der an das Strafrecht adressierten moralischen Forderungen intendieren bei genauerem Hinsehen nicht *primär* eine Verschärfung des Strafrechts. Dies ist vielmehr eine möglicherweise gar nicht beabsichtigte oder verdrängte Nebenfolge. Sie lassen sich besser durch das Prinzip formaler Gerechtigkeit begründen und richten sich primär an die Integrität staatlicher Institutionen, die Gesetze geben und anwenden. Nicht der Verzicht auf eine Bestrafung der Vergewaltigung durch den Ehemann ist das Skandalöse, sondern die darin zum Ausdruck kommende Diskriminierung der Ehefrau gegenüber anderen Opfern.[6] Die Kriterien, nach denen eine Vergewaltigung innerhalb und außerhalb einer Ehe verschieden beurteilt werden, erscheinen als willkürlich. Prozeßtechnische Argumente, die eine Ausdehnung der Bestrafung zurückweisen, weil eine Vergewaltigung durch den Ehemann häufig noch schwerer zu beweisen sei, verfehlen diese Frage nach dem Kriterium für eine Ungleichbehandlung. Es bleibt nur das Argument, daß die Ehefrau offenbar besonderen Duldungspflichten unterliegen soll, die es ausschließen, eine Vergewaltigung in der Ehe als solche zu bezeichnen und entsprechend zu sanktionieren. Dieses Kriterium befindet sich in Widerspruch zu dem Recht auf sexuelle Selbstbestimmung, das jedem unabhängig von seinem Geschlecht in gleichem Maße zukommt.

Das Prinzip der formalen Gerechtigkeit ist selbst nicht moralfrei, wenn es sich auch auf offensichtlich unmoralische Normen anwenden läßt. Das Gesetz, das die Ehe zwischen Juden und sogenannten Ariern für nichtig erklärte und unter Strafe stellte, ist der exemplarische Fall einer ungerechten Norm. Gleichwohl wäre es ein Verstoß gegen das Prinzip der formalen Gerechtigkeit, eine unter die Merkmale des Gesetzes fallende Verbindung zwischen zwei Personen in einem Fall zu verbieten, im anderen Fall aber für gültig zu erklären und nicht zu sanktionieren. Freilich setzt auch dieses beklemmende Beispiel voraus, daß man schon die Prämisse akzeptiert hat, Menschen wegen ihrer ethnischen oder „rassischen" Zugehörigkeit ungleich behandeln zu wollen. Dennoch ist die moralische Neutralität des Prinzips der formalen Gerechtigkeit gegenüber seinem jeweiligen Inhalt kein Grund, es deshalb aus *beliebigen* Motiven zu vernachlässigen. Jeder einzelne, und erst recht jede staatliche oder gesellschaftliche Institution verhält sich ungerecht, wenn sie Sachverhalte und Personen in derjenigen Hinsicht ungleich behandelt, in welcher sie gleich zu behandeln diese Institution sich zuvor ausdrücklich verpflichtet oder durch eine Gleichbehandlungspraxis festgelegt hat.[7] Wenn es heute gute Gründe dafür gibt, jeder Person das Recht auf sexuelle Selbstbestimmung gegenüber jeder anderen Person anzuerkennen, ist die Ungleichbehandlung der Ehefrau gegenüber ihrem Ehemann ungerecht.

Ist es in diesen Fällen also vornehmlich die Ungleichbehandlung, auf die mit der Forderung nach Ausweitung oder Intensivierung der Kriminalisierung aufmerksam gemacht wird, folgt daraus noch kein Plädoyer für Strafe. Wenn Karl Kraus die Verfolgungsintensität und die Höhe der verhängten Strafen bei Prostitution und Kindesmißhandlung in Wien um 1900 miteinander vergleicht, um auf eine erhebliche Asymmetrie hinzuweisen, bedeutet das noch nicht, daß er die Kriminalisierung der Prostitution für geboten hält und für eine entsprechende oder härtere Bestrafung der Eltern plädiert.[8] Der Vergleich macht nur darauf aufmerksam, daß die gesetzgebenden Institutionen, die Verfolgungsbehörden, die Strafjustiz und die Öffentlichkeit der Gesellschaft angebliche Störungen der Sitten schwerer gewichten als das seelische und körperliche Leiden mißhandelter Kinder. Wer heute auf die ungleichen rechtsdogmatischen Voraussetzungen aufmerksam macht, mit denen die Mittäterschaft an einem Tötungsdelikt im Fall des KZ-Wächters verneint, im Fall des RAF-Terroristen bejaht wird, muß deshalb weder für eine entsprechende Bestrafung des KZ-Wächters noch des RAF-Terroristen eintreten.[9]

Gleichwohl kann man mit dieser Argumentation in ein moralisches Dilemma geraten. Jede noch so willkürliche Ausnahme von einem Gesetz, das die Angehörigen einer Minderheit diskriminiert und mit Sanktionen bedroht, ist besser als eine formal gleiche Anwendung und Durchsetzung. Ebenso läßt sich fragen, ob es nicht besser ist, einen Menschen weniger ins Gefängnis zu schicken, auch wenn dadurch das Prinzip der formalen Gerechtigkeit verletzt wird. Auf dieses Argument muß verzichten, wer sich auf die Kritik der Ungleichbehandlung beschränkt. Der Einwand selektiver Kriminalisierung bei Vergewaltigung in der Ehe wäre ausgeräumt, wenn man dem Ehemann eine Vergewaltigung nach den gleichen objektiven und subjektiven Merkmalen zurechnen würde, wie sie gegenwärtig auf einen Täter nach § 177 Strafgesetzbuch angewendet werden. Die Tat wäre dann auch nach gleichen Gesichtspunkten zu bestrafen. Soll aber mehr oder soll überhaupt bestraft werden?

3. Die symbolische Funktion

Es ist nicht nur die manifeste Ungleichbehandlung, worauf sich die Forderungen der „Moralunternehmer" reduzieren lassen. Es gibt noch ein weiteres Argument, das sich ebenfalls an dem eben genannten Beispiel diskutieren läßt. Es betrifft ebenfalls das Prinzip der Gleichbehandlung, doch diesmal in einem materiellen Sinne: Man wird kaum bestreiten, daß die Vergewaltigung der Ehefrau *genauso schlimm* ist wie jede Vergewaltigung einer Frau außerhalb der Ehe oder wie die Vergewaltigung eines jeden Menschen durch einen oder mehrere andere. Ich lasse noch ungeklärt, wie das Prädikat „schlimm" zu verstehen ist. Es soll vorläufig nur dazu dienen, irgendeine abwertende Reaktion auszudrücken. Daß eine Vergewaltigung wie viele andere Untaten, die uns bei der Vorstellung von sogenannten Verbrechen einfallen mögen, „schlimm" sei, wird auch zugestehen, wer Strafrecht und Strafvollzug für eine überflüssige und gefährliche Praxis hält. Möglicherweise ist die Erniedrigung, Demütigung und Verachtung, die Zerstörung des Selbstwertgefühls, die eine Frau zusätzlich zur körperlichen Verletzung durch eine Vergewaltigung erfährt, innerhalb einer Ehe noch schmerzlicher als außerhalb. Eine Kriminalisierung der Vergewaltigung in der Ehe soll daher, so könnte man sagen, öffentlich demonstrieren, daß Gewalt und insbesondere sexuell motivierte oder sich manifestierende Gewalt gegenüber allen Frauen als „schlimm" zu verurteilen ist.

Nun weiß man aber inzwischen sehr viel über objektive, subjektive und soziale Bedingungen abweichenden Verhaltens. Wer will, kann sich auch ausgiebig über die politischen und sozialen Mechanismen der Kriminalisierung und über die schicht- und persönlichkeitsspezifischen Selektionen informieren, wie sie von den Instanzen der sozialen Kontrolle bei der Definition, Verfolgung und Zurechnung abweichenden Verhaltens praktiziert werden. Auch die Folgen einer öffentlichen Stigmatisierung, zuletzt beim Abtreibungsprozeß in Memmingen deutlich geworden, sind bekannt.

Angesichts der Realität des praktizierten Strafrechts gibt es gute moralische Gründe dagegen, einen Menschen dieser Prozedur auszusetzen. Die von den Moralunternehmern geforderte „neue Sensibilität" für die von ihnen inaugurierten Neu-Kriminalisierungen blendet diese Sorte von moralischen Gründen jedoch aus. Trotz einer Reihe anders lautender Äußerungen läßt sich bezweifeln, daß diejenigen, die solche Forderungen erheben, sich dabei in das Schicksal des verurteilten Delinquenten versetzen können. Vielleicht darf man auch einigen Abtreibungsgegnern unterstellen, daß sie sich über das Schicksal einer Frau, die zu ihrer vielleicht nicht ganz gesetzmäßigen sozialen Notlage und einer wahrscheinlich aus Verzweiflung getroffenen Entscheidung für eine Abtreibung dann auch noch öffentlicher Stigmatisierung durch polizeiliche Ermittlung und Strafverfahren sowie schließlich einer Gefängnisstrafe ausgesetzt wird, bloß keine Gedanken machen. Sie halten das, was mit dem werdenden Leben in einer immer lebensfeindlicher werdenden Umwelt geschieht, für so „schlimm", daß ihnen das mit einer Verurteilung und Bestrafung verbundene Schicksal demgegenüber als vernachlässigenswert erscheint. Und warum, so werden manche sich fragen, soll mit einer an sich erstrebenswerten allgemeinen Entkriminalisierung gerade dort begonnen werden, wo es um den Schutz des noch erst werdenden Lebens geht, das noch nicht einmal eine Stimme hat, mit der es sein Lebensbedürfnis artikulieren könnte? Und befürworten nicht viele, die gegen eine Kriminalisierung der befristeten Abtreibung sind, auf der anderen Seite ein durchsetzbares und sanktionsbewehrtes Verbot humangenetischer Experimente oder der kommerziellen und wissenschaftlichen Verwertung menschlicher Föten?

In der Forderung nach Kriminalisierung eines bestimmten Verhaltens und in der entsprechenden Bestrafung eines Straftäters kündigt sich ein Bedürfnis nach einer öffentlich institutionalisierten normativen Verurteilung einer Tat und eines Täters an, das von den Folgen und Wirkungen einer Verurteilung und gar einer Sanktion absieht. Es gibt politische Konstellationen, in denen dieses Bedürfnis die Wahrnehmung und Einschätzung der Folgen einer Kriminalisierung überwiegt. Diese werden nicht oder nur selten bewußt intendiert, sondern außer Acht gelassen. Sebastian Scheerer hat den „gemeinsamen Nenner" dieser Bestrebungen so beschrieben: „es ist egal, ob die verlangte Norm doch nur wieder die gesellschaftlich Benachteiligten trifft, ungerecht wirkt, unmittelbar den (Irr-) Glauben an die Problemlösungsfähigkeit und Unparteilichkeit des Staates und des Rechts stärkt, oder ob die Norm überhaupt instrumentelle Wirkung entfaltet. Wichtig ist für die sozialen Bewegungen, daß es *ihre* Norm ist."[10] Die „Norm" ist der generalisierte Ausdruck dafür, daß man etwas als „schlimm" klassifiziert. Will man obsolet gewordene Kategorien gebrauchen, könnte man (d.h.: wer auch immer die Kriminalisierung eines Verhaltens fordert oder durchsetzt) sagen, daß damit zum Ausdruck gebracht werden soll, daß man die Tat für etwas „Böses" hält. Ich werde dieses Moment vorläufig als die symbolische Natur des Strafrechts und der Strafe bezeichnen. Jede Tat hat unabhängig von dem faktischen Geschehen eine „Bedeutung" innerhalb einer sozialen Interaktion. Ob es sich bei einer Tötung um die Exekution eines legalen Todesurteils oder um einen Mord handelt, ist eine Frage der Definition; die Bedeutung steht der Tat nicht auf der Stirn.

Es wäre falsch, die symbolische Natur des Strafrechts zu ignorieren. Dies hat Andrea Maihofer am Beispiel der Vergewaltigung gezeigt: „Die Inanspruchnahme der ideologischen oder der sogenannten symbolischen Funktion des Rechts abstrakt als problematisch zurückzuweisen, unterschätzt deren Wichtigkeit bis in die banalsten Alltagspraxen und -bewußtseinsformen hinein; hier insbesondere für das Fortbestehen patriarchalischer Strukturen in dieser Gesellschaft und damit der Unterdrückung der Frau – zumal die Diskriminierung der Frau bisher im Recht selbst verankert ist".[11]

Daß es keine bloße Spekulation ist, die Existenz einer solchen symbolischen Natur zu vermuten, zeigt sich auch an ihrem häufigen Gebrauch, ja, vielleicht auch und vor allem an dem Mißbrauch, der gegenwärtig mit ihr betrieben wird. Die meisten Strafgesetze der jüngsten Zeit im Umweltschutz, im Drogen- und Wirtschaftsstrafrecht sowie im Bereich organisierter Kriminalität sind das Ergebnis „symbolischer Politik": droht die Empörung über eine irgendwo auftretende Belastung und Beeinträchtigung so massiv zu werden, daß sie entweder die Massenloyalität der Wähler bedroht oder einflußreiche Gruppen zur Demonstration öffentlicher Beunruhigung veranlaßt, wird eine Strafgesetzreform verabschiedet.[12] Wie das Beispiel der Drogen- und Umweltkriminalität zeigt, tut man dies trotz offenkundiger Undurchsetzbarkeit und Wirkungslosigkeit des Strafrechts. Hier hat sich der symbolische Aspekt, der dem gesamten Strafrecht innewohnt, bereits verselbständigt. Strafrechtlicher Aktivismus scheint normative Befriedigung zu verschaffen und wichtigere, aber kompliziertere, unpopuläre und nur durch langwierige politische Kompromißbildungsverfahren zu erreichende Maßnahmen in der Sozialpolitik zu ersetzen.

Vom Strafrecht wird immer ein symbolischer Gebrauch gemacht. Indes erschöpft sich seine Funktion nicht darin. Wie hängen aber die moralisch-symbolische Reaktion auf einen sozialen Konflikt und das Bedürfnis nach seiner Kriminalisierung miteinander zusammen? Wie kommt es zu dem „institutionellen Umschlag“[13] einer moralischen Empörung in staatlich organisierte Verbrechensbekämpfung?

4. Machtgewinn

Eine plausible, vor allem von den Kritikern der Moralunternehmer vorgetragene Hypothese verweist auf die veränderte Einstellung zur Macht: „Nicht mehr die Absage an die Machtstrukturen steht im Vordergrund, sondern die Beteiligung daran. Die Ablehnung der Machtmittel weicht dem Willen, sie im eigenen Interesse zu benutzen“.[14] Je mehr eine soziale Bewegung in den institutionalisierten politischen Prozeß integriert wird, desto besser lernt sie den Umgang mit der Gesetzgebungsmaschinerie. Es gelingt ihr in zunehmendem Maße, diese für ihre eigenen politischen Ziele und damit für die Durchsetzung *ihrer* Normorientierungen in Gang zu bringen. Das Verhältnis zu den politischen Institutionen und den ihr angeschlossenen Administrationen richtet sich entsprechend nach Gesichtspunkten der Opportunität: „Einerseits ist „man“ für die Abschaffung der Anti-Terrorismus-Gesetze, andererseits zeigen sich gerade „fortschrittliche“ Juristen wegen der Nützlichkeit mancher der neuen Regelungen für eine effektivere Verfolgung von Wirtschafts- und Umweltdelikten von der ungleichen Machtverteilung zwischen Tatverdächtigen und Strafverfolgern recht angetan“.[15]

Gewiß mag in einigen Fällen das einfache Zweck-Mittel-Kalkül eine Rolle bei der Befürwortung einer Neu-Kriminalisierung spielen. Offen und ungeklärt bleibt aber immer noch die Tiefenstruktur. Warum ist es gerade das Strafrecht und nicht ein funktionales Äquivalent wie etwa eine großangelegte Aufklärungskampagne, das so faszinierend auf die Moralunternehmer wirkt?

5. Prävention

Man könnte nach einer Antwort bei den traditionellen Theorien über das Strafrecht und die Strafe suchen. Das Strafrecht hat die Aufgabe des Rechtsgüterschutzes.[16] Dieser Zweck kann durch Strafe als präventiv wirkendes Mittel erreicht werden.[17] Dazu dienen generalpräventive Effekte, die potentielle Täter von der möglichen Begehung der sanktionierten Tat abschrecken, und spezialpräventive Maßnahmen, die es einem Delinquenten ermöglichen sollen, in der Zukunft ein straffreies Leben zu führen. Freilich ist nicht jedes durchschlagende Mittel zur Erreichung dieses Zweckes geboten. Auch das Strafrecht selbst darf nur „ultima ratio" sein, von der erst dann Gebrauch gemacht werden darf, wenn alle anderen in Betracht kommenden Mittel des Rechtsgüterschutzes versagen. Diese Einschränkung sollte den Blick auf funktionale Äquivalente öffnen, die sich fast immer finden lassen oder bei einiger Bemühung gefunden werden könnten. Die meisten Rechtsgüter werden bereits im Zivilrecht oder im öffentlichen Recht geschützt.[18] Würde man sich zudem um eine genauere Erforschung der sozialen Ursachen für eine Rechtsgüterverletzung bemühen, ließen sich eine große Anzahl von Straftaten vielleicht auch mit einer entsprechenden Sozialpolitik verhindern.

Der Präventionsgedanke hat den weiteren Nachteil, unter einer immanenten Maßlosigkeit zu leiden. Die einzige Schranke, die sich aus diesem Prinzip für die Wahl der Mittel ergibt, ist die Gefahr der Zielverfehlung. Alle anderen Einschränkungen lassen sich aus dem Prinzip der Zweckmäßigkeit allein nicht herleiten, sondern bedürfen der Einführung zusätzlicher Randbedingungen. Solche, dem Prinzip der Zweckmäßigkeit fremden Einschränkungen können in der Pflicht zur verhältnismäßigen Berücksichtigung und Abwägung kollidierender Ziele bestehen oder in Gerechtigkeitsprinzipien, mit denen sich die Wahl der Ziele rechtfertigen läßt. Es mag sein, daß sich diese Probleme in einer rechtsstaatlich verfaßten demokratischen Gesellschaft nicht in dem Maße stellen wie unter einem despotischen Regime, dem für die Durchsetzung seiner partikularen Interessen jedes Mittel „Recht" ist. Wenn einige Gerechtigkeitsprinzipien in einer Gesellschaft faktisch anerkannt und nicht-diskriminierende Verfahren der politischen Zielsetzung und Mittelwahl etabliert sind, wären einige derjenigen Randbedingungen erfüllt, die das Prinzip der Zweckmäßigkeit einschränken. Unter diesen Bedingungen würden auch nur solche

Mittel effizient sein, die nicht gegen jene Legitimationskriterien verstoßen.[19] In welchem Maße das der Fall ist, hängt von dem Umfang der Durchsetzung und Wirksamkeit jener Randbedingungen ab. Da diese stets gefährdet sind, genügt es nicht, sich *allein* auf das Prinzip der Zweckmäßigkeit zu stützen. Einige Phänomene wie der Einsatz von agents provocateurs bei der Bekämpfung organisierter Kriminalität oder die Vorverlagerung der Kriminalisierung aus der Erfolgshaftung in die Haftung für gefahrenträchtiges Verhalten lassen befürchten, daß es immer wieder Situationen gibt, in denen sich das Prinzip der Zweckmäßigkeit gegenüber seinen einschränkenden Randbedingungen zu verselbständigen droht. In dem Ausmaß, in dem ein Staat die Prinzipien seines Handelns in hypothetische Imperative transformiert, wird er zum „Präventions-Staat".[20]

6. Die Logik der Institutionalisierung

Die Probleme des Präventionsgedankens erklären also auch noch nicht auf eine befriedigende Weise, wie es zu dem „institutionellen Umschlag" kommt. Vielleicht ist es erforderlich, eine andere Ebene zu betreten und allgemeiner danach zu fragen, welche Einstellung in einer Gesellschaft gegenüber den in ihr sich zutragenden Konflikten besteht. Dazu müßte man hinter den Vorwurf des „Moralunternehmertums" selbst zurückgehen. Der Vorwurf „Moralunternehmer" hat selbstverständlich auch eine „Moral" im Sinn. Sie plädiert für das Ideal einer de-institutionalisierten, an die Gesellschaft zurückgegebenen Lösung von Konflikten. Ich möchte zeigen, daß diesem Diskurs zwei verschiedene, aber doch komplementäre Wahrnehmungen von Konflikten zugrundeliegen.

Nils Christie hat vorgeschlagen, die Konflikte vollständig an die Gesellschaft zurückzugeben.[21] Er spricht plastisch von einer „Konfliktenteignung", die in den modernen Formen des Strafrechts, der Strafrechtswissenschaft und des Strafverfahrens stattgefunden habe. Statt dessen sollen wir selbst in Konflikten die Normen klären und überlegen, was zu tun sei. Das Ziel der Verbrechensverhütung müßte demnach sein, „die sozialen Voraussetzungen wiederherzustellen, die Konflikte sichtbar und dann auch lösbar machen".[22] Bei vollständiger Rückgabe der Konflikte an die Gesellschaft, ihrer De-Institutionalisierung, scheint sich der symbolische Aspekt eines Konflikts, der im Strafrecht seinen institutionalisierten Ausdruck findet, erst vollständig entfalten zu können. Man muß sich dabei jedoch bewußt machen, welche Präsuppositionen mit dem Begriff des „Konflikts" verbunden sind. Sie lassen sich in der Vorstellung wiederfinden, die eine Gesellschaft von ihren Konflikten hat. Ich möchte im folgenden zwei „Visionen" von Konflikten nachzeichnen. Eine davon ist dem Modell Christies ähnlich, ohne daß ich eine ausdrückliche Zuschreibung vornehme.

a) Zwei Visionen von Konflikten

Die zwei Visionen von Konflikten, die ich im folgenden idealtypisch nachzeichnen will, lassen sich mit einer einfachen Zuordnung unterscheiden: negativ und positiv.

Die negative Vision gründet sich auf einen anthropologischen Pessimismus und bezieht ihre Hintergrundannahmen aus der Hobbesschen Tradition. Der Andere erscheint als fremd, unberechenbar und gefährlich. Ihm zu begegnen birgt ein unreduzierbares Risiko. Seine Leidenschaften und Interessen sind für mich in hohem Maße unbestimmt. Seine Fremdheit kann sich bis zur völligen Andersheit steigern: Dann bedroht er mich als der Feind, der meine Existenz auslöschen will. Jeder Konflikt trägt daher Züge eines Kampfes auf Leben und Tod, bewegt sich am Rande des Bürgerkrieges. Diese, dem Sozialen inhärente Gefahr läßt sich nicht anders bannen als indem wir einer Macht die Befugnis zur endgültigen Schlichtung unserer Konflikte übertragen. Für diesen Staat ist jeder Konflikt eine Gefahr, die sich zum Bürgerkrieg steigern könnte. Es kann ihm daher nicht um eine bloße Einhegung der Konflikte gehen, sondern um ihre Prävention.

Die positive Vision läßt mich im Anderen von vornherein ein auf Sozialität angelegtes Wesen wahrnehmen, das sich immer schon in einer Gemeinschaft bewegt, in ihr aufwächst und seinen Charakter ausbildet. Das Gemeinwesen, in dem wir miteinander verbunden sind, ist unser gemeinsames Projekt, das wir fortsetzen „um etwas Gutes zu erreichen, das von allen, die sich an diesem Projekt beteiligen, als von ihnen geteiltes Gut anerkannt wird".[23] Dieser gemeinsamen Praxis sind einige Güter inhärent, deren beständige und optimale Verwirklichung als Tugend bewertet wird, während ihre Beeinträchtigung als untugendhaft angesehen wird und sanktioniert werden muß, wenn sie „die Bindungen des Gemeinwesens in einer Weise zerstören, daß das Tun oder das Erreichen des Guten zumindest für einige Zeit unmöglich ist".[24] Die Übereinstimmung im Guten ist das, was die aristotelische Konzeption der Polis kennzeichnet. Das soziale Ideal, nach dem diese Vision gebildet wird, ist die Freundschaft.[25] Diesem Freundschaftsideal werden die Konflikte subsumiert. Die Gemeinschaft kann sich über ihre Konflikte nur dann integrieren, wenn die Beteiligten sich wechselseitig ihren Anspruch auf „Teilnahme aller an dem gemeinsamen Projekt" nicht bestreiten.

Es ist klar, daß die positive Vision nur die Kehrseite der negativen ist. Während diese den Konflikt als Krieg zwischen vereinzelten einzelnen modelliert, bindet jene sie an einen vorausgesetzten Gemeinsinn. Vereinzelte einzelne müssen ihre Konflikte an eine übermächtige Instanz delegieren, weil sie es anders vor Furcht nicht mehr aushalten würden. Freundschaftlich miteinander Verbundene müssen ihre Konflikte dem gemeinsamen Ideal unterstellen. Einerseits trifft Christies Diagnose zu: in der räumlich und kastenmäßig segmentierten Gesellschaft der Moderne sind vereinzelte Individuen „in geringerem Maße mit anderen in engen Sozialbeziehungen verbunden, in denen sie mit *allen* wichtigen Rollen ihrer „Nächsten" konfrontiert werden".[26] Weil wir vom anderen nichts mehr wissen, dieser uns eigentlich gleichgültig ist, verkümmern unsere Fähigkeiten, den anderen zu verstehen und sein Verhalten vorherzusehen. „Wenn ein Konflikt entsteht, sind wir immer weniger imstande, diese Situation zu bewältigen".[27] Eine Rückgabe der Konflikte an die Mitglieder und Teilhaber eines Gemeinwesens würde auf der anderen Seite aber zur Folge haben, daß in keinem Konflikt das Gemeinwesen als Bedingung der Möglichkeit gemeinschaftlicher Konfliktbewältigung in Frage gestellt werden darf.

b) Moral und Institution

Im Spiegel beider Visionen von Konflikten wird sichtbar, daß weder die Moralunternehmer noch ihre Kritiker über eine zureichende Konzeption des Verhältnisses zwischen Moral und Institution verfügen. Diese Unklarheit mündet in eine Aporie. Rechnet man mit einiger Verkürzung die Moralunternehmer der negativen Vision zu, so trifft man auf die Vorstellung, eine Moral könne unmittelbar institutionalisiert werden. Das Strafrecht wird demgemäß für die symbolische Funktion instrumentalisiert. Dabei wird die Eigenlogik unterschätzt, der die Institutionen nach der negativen Vision gehorchen; man glaubt stattdessen an den „unschuldigen Gebrauch der Macht".[28] Die funktionalen Nebeneffekte werden in Kauf genommen: der Gegner wird vereinzelt und zum Feind erklärt, dessen tägliche Bedrohung bekämpft werden muß. Mit diesem Bild legitimiert die Institution sich selbst und produziert damit jene Effekte, die den neuen und atypischen Moralunternehmern als Widerspruch zu ihren eigenen Absichten vorgehalten werden.

Die Unklarheit besteht aber auch auf der anderen Seite. Den Kritikern der Moralunternehmer läßt sich die Vorstellung zuschreiben, daß eine Moral keiner Institutionen bedürfe, weil sie sich selbst stabilisieren könne. Aufgeschreckt von den funktionalen Folgen der institutionellen Eigenlogik, setzen sie Moral *an die Stelle* der Institutionen. Steigert man die Abstraktion nur hoch genug, kann man sehen daß beide Seiten sich auf den gleichen Punkt zu bewegen: die Moral soll in den Institutionen und die Institutionen sollen in der Moral aufgehen.

Anmerkungen

1 David Cooper, Michel Foucault, Marquis de Sade u.a., Der eingekreiste Wahnsinn, Frankfurt 1979, S. 59ff

2 Ebd., S. 80

3 Ebd., S. 85

4 Herbert Jäger, Über die Vergleichbarkeit staatlicher Großverbrechen, in: Merkur 1989

5 Sebastian Scheerer, Neue soziale Bewegungen und Strafrecht, in: Kritische Justiz 1985, S. 245ff; ders., Atypische Moralunternehmer, in: Kritische Kriminologie heute (Kriminologisches Journal, Beiheft 1), S. 133ff; vgl. dazu auch: Klaus Lüderssen, Neuere Tendenzen der deutschen Kriminalpolitik, in: Albin Eser/Karin Cornils (Hrsg.), Neuere Tendenzen der Kriminalpolitik (Beiträge und Materialien aus dem Max-Planck-Institut für ausländisches und internationales Strafrecht Freiburg, Band S 6), S. 161ff

6 Andrea Maihofer, Zum Dilemma GRÜNER Rechtspolitik, in: Kritische Justiz 1988, S. 432ff (S. 437)

7 Dies ist das Thema der Rechtstheorie Ronald Dworkins. Vgl. Ronald Dworkin, Bürgerrechte ernstgenommen, Frankfurt 1984, S. 270, 279 u.ö.; ders., Law's Empire, Cambridge, Mass. 1986, S. 176ff u. S. 225ff; Claudia Bittner, Recht als interpretative Praxis – Zu Ronald Dworkins allgemeiner Theorie des Rechts, Berlin 1988

8 Karl Kraus, Sittlichkeit und Kriminalität, Schriften Band 1, Frankfurt 1987, S. 284

9 Klaus Lüderssen (Fn. 5), S. 178 f
10 Sebastian Scheerer, Atypische Moralunternehmer (Fn. 5), S. 148
11 Maihofer (Fn. 6), S. 439
12 Zur Wirtschaftskriminalität vgl. Kai-D. Bussmann, Der Mythos Strafrecht hat Konjunktur – Wirtschaftsstrafrecht und Abolitionismus, in: KritV 1989, S. 126ff; zum Drogenstrafrecht vgl. Winfried Hassemer, Prävention im Strafrecht, in: Juristische Schulung 1987, S. 257ff (259); zum Begriff „symbolische Politik“ s. Axel Görlitz und Rüdiger Voigt, Rechtspolitologie, Opladen 1985, S. 127f; zur symbolischen Politik als „Kulturelle Rahmensteuerung“ s. Rüdiger Voigt, Grenzen rechtlicher Steuerung, in: ders. (Hrsg.), Recht als Instrument der Politik, Opladen 1986, S. 14ff (S. 28)
13 Sebastian Scheerer, Atypische Moralunternehmer (Fn. 5), S. 136
14 Ebd., S. 139, 144
15 Ebd. S. 139
16 S. den Überblick bei Günter Stratenwerth, Strafrecht Allgemeiner Teil I, 3. Aufl. Köln u.a. 1981, Rdnr. 54ff
17 Ebd., Rdnr. 18ff und 23ff
18 Vgl. dazu Klaus Lüderssen (Fn. 5), S. 195 ff
19 Unter dieser Voraussetzung hat Baurmann eine rationale Rechtfertigung der Spezialprävention vorgelegt: Michael Baurmann, Zweckrationalität und Strafrecht, Opladen 1987
20 Klaus Lüderssen (Hrsg.), V-Leute – Die Falle im Rechtsstaat, Frankfurt 1985; Peter-Alexis Albrecht, Prävention als problematische Zielbestimmung im Kriminaljustizsystem, in: Kritische Vierteljahresschrift für Gesetzgebung und Rechtswissenschaft (KritV) 1986, S. 54ff; Erhard Denninger, Der Präventions-Staat, in: Kritische Justiz 1988, S. 1ff; Günter Frankenberg, Innere Sicherheit in Zeiten der Infektion, in: KritV 1988, S. 344ff; Ulrich K. Preuß, Sicherheit durch Recht – Rationalitätsgrenzen eines Konzepts, in: KritV 1989, S. 3ff; ders., Vorsicht Sicherheit. Am Ende staatlicher Neutralisierung?, in: Merkur 1989 (Nr. 484), S. 487 ff
21 Nils Christie, Konflikte als Eigentum, in: ders., Grenzen des Leids, Bielefeld 1986, S. 125ff
22 Ebd., S. 133
23 Alasdair MacIntyre, Der Verlust der Tugend, Frankfurt 1987, S. 203
24 Ebd.
25 Ebd., S. 209
26 Nils Christie (Fn. 28), S. 132. Die gleiche Diagnose stellt Ulrich Beck, Risikogesellschaft, Frankfurt 1986, S. 205ff Zur Mehrdeutigkeit des Begriffs der Individualisierung und Entpersönlichung vgl. Axel Honneth, Soziologie – Eine Kolumne, in: Merkur 1988, S. 315ff (S. 317f)
27 Nils Christie (Fn. 28), S. 132
28 Jürgen Habermas, Die neue Unübersichtlichkeit, Frankfurt am Main 1986, S. 155

HELMUT FLEISCHER

Autonomiekultur und altruistisch halbierte Moralität

Die Moralität war nur in seltenen Ausprägungen eine Kultur menschlich-personaler Autonomie. Sonst ist sie – landauf – landab – eine Hochkultur des Gehorsams und einer eigenartigen Selbstlosigkeit. Die bürgerliche Moralitätskultur hat sich aus dem Stande einer subalternen Kleinbürgerlichkeit erhoben und ist immer wieder auf ihn zurückgesunken. Gesellschaftlich-praktisches Ausgangsverhältnis ist natürlich die Unterwerfung des Bürgerstandes unter die weltliche (und geistlich sekundierte) Herrschaft von Monarchie, Grund- und Militäradel; schon frühzeitig schwang sich ein Großbürgertum (Patriziat) zu fürstlichen Ranghöhen auf und gab damit wenigstens dem gebildeten Bürgertum ein Beispiel, setzte einen Stachel in sein Selbstgefühl. Nach dem 30-jährigen Krieg und unter dem Regime des fürstlichen Absolutismus erlitt die Bürgerlichkeit eine tiefe Depression – nicht zum letztenmal.

„Autonomie“ ist gewiß kein Postulat oder Attribut einer „reinen“ Vernunft, sondern einer unreinen. Die Emphase auf dem „Selbst“ ist eine negativ vermittelte, eine Abwehr-Formel, gegen vorgängigen herrschaftlichen Übergriff gerichtet; und daß die Eigenständigkeit der Person sich als „Nomos“, als „Gesetz“ geltend macht, bekundet eine Dominanz des Rechtsförmigen in den Sozialbezügen. Achtungsverhältnisse zwischen Personen gehen vor Solidaritätsverhältnissen zwischen Mitmenschen, und in hoch-antagonistischen Gesellschaften ist das notwendigerweise so.

Daß die „Ethica“ des Spinoza posthum in seinem Todesjahr 1677 erschienen ist, wirkt symbolisch: Die Geburtsstunde einer philosophischen Ethik auf dem Boden hochbürgerlicher Autonomiekultur ist zugleich ihre Todesstunde. Die Ethik von Kant zeigt schon wieder in eine Gegenrichtung, sie bedeutet einen Umschlag von der hochbürgerlichen „Selbstgesetzgebung“ praktischer Vernunft in eine neuerliche Dominanz des Gesetzesgehorsams. Bei Schopenhauer ist die Kantische Ambivalenz regressiv überwunden, die kleinbürgerliche Moralität hat die bürgerliche Autonomie verdrängt.

Als der Hauptcharakter kleinbürgerlicher Moralität – vielleicht ist Moralität überhaupt das Kleinbürgerliche im Ethos? – erscheint mir, daß darin der Inbegriff des Sittlichen sozusagen *altruistisch halbiert* ist. Die Moralität beginnt dort, wo das eigene Selbst mit seinen Trieben und „Neigungen" schweigt. Jeder material bestimmte Handlungsantrieb erwächst aus der „Selbstliebe" und bedeutet in ethischer Hinsicht, daß der Willen einer „Heteronomie" verfällt. Es ist eine wahrhafte logische Leidensgeschichte, wie bei Kant der ursprüngliche personale Autonomie-Impuls sich zu einer Art von „Para-Autonomie" invertiert, die auf Gesetzesgehorsam hinausläuft. (Vgl. Gerold Prauss, Kant über Freiheit als Autonomie, 1983)

Nietzsche hatte das deutliche Empfinden, daß sich hinter dem Moralkult der „Nächstenliebe" eine „schlechte" Liebe der betreffenden Leute zu sich selbst verbirgt, und hinter der Selbstlosigkeit eine fatale Ichschwäche. Um die geschichtliche Spur eines Ethos der Autonomie (und zugleich einer Hochkultur mitmenschlichen Feingefühls) in der wirklichen Geschichte aufzufinden, mußte Nietzsche ein Paradigma von aristokratischer, ritterlicher Tugend idealisieren. Marx verhält sich dazu gewissermaßen komplementär. Auch er ist einer der klassischen Repräsentanten einer hochbürgerlichen Autonomiekultur; er konnte ihr, weil in den bürgerlichen Klassen nur wenig davon sich regte, eine weiterreichende gesellschaftliche Aktualität nur vindizieren, indem er die ethische Autonomie-Potenz des Proletariats ideativ überhöhte: „das Proletariat, das sich nicht als Kanaille behandeln lassen will, hat seinen Mut, sein Selbstgefühl, seinen Stolz und seinen Unabhängigkeitssinn noch viel nötiger als sein Brot", so kommt es bei ihm einmal geradezu postulatorisch heraus (1847, MEW Bd. 4, S. 200).

Prinzipien-Moralität und Wirklichkeit des Ethos

Für alles weitere empfiehlt es sich, die Verhandlung über die Zivilisationsgeschichte der Moral in zwei Rubriken auseinanderzulegen. Die Moralität gilt weithin als Leistung des sittlichen *Bewußtseins* oder einer Wesenseinsicht in das moralisch Gute und seinen Widerpart. Die Gesittungspraxis erscheint in dieser Sichtweise als das Ziel- und Bewährungsfeld vorgängig gewonnener moralischer

Einstellungen und Prinzipien. Die Prinzipien-Moral bedeutet eine mehrfache Kanalisierung des Ethischen. Dieses gewinnt insgesamt den Status einer ausgeprägten Institutionalität, einer institutionellen Vorgegebenheit von „Sittengesetz", „Normen und Werten". Das Moralprinzip ist die Institutionalisierung eines Seinsollens, das dem Wirklichen überhaupt und den handelnden Individuen im besonderen als etwas Autonomes gegenübertritt. Die Kantische Formel von einer „Selbstgesetzgebung" vernünftiger Wesen bleibt merkwürdig leer, weil es ganz im Dunklen liegt, wie jenes Gesetz die Kristallisation eines vorgängigen gesetzgeberischen Willens und Interesses von Personen sein könnte. Zum anderen tritt in der Prinzipien-Moral das Feld materialer Güterverhältnisse menschlichen Lebens gänzlich hinter jenes Andere zurück, hinter die Regeln für die interpersonale Zuordnung und Distribution von Gütern. Ein scharfer Schnitt trennt alles im gewöhnlichen und höheren Sinne Gute vom moralisch Guten oder Richtigen. (J. Habermas, Moralbewußtsein und kommunikatives Handeln, S. 113) Weil nun, drittens, die Inanspruchnahme von Gütern und Gutem für das eigene Selbst das natural Selbstverständliche und nur zu oft das moralisch Zweifelhafte ist, begründet die Prinzipien-Moral einen ethischen Primat des Seins-für-die-Anderen. Moralität ist das große Aufgebot wider den Egoismus. (Das ist die besagte altruistische Halbierung.) Das konstitutive Selbstverhältnis ist das der Selbstbegrenzung um der Anderen willen. So wird, zum vierten, eine „Kraft des Negativen" zum ethisch Dominanten: die Rücknahme, der Verzicht, das „Geben ist besser als Nehmen". Alles zusammen läuft, fünftens, darauf hinaus, daß die Aktualität, Konkretheit und Singularität ethisch bedeutsamer personal-interpersonaler Güterverhältnisse hinter dem Regelwerk der Prinzipien und Prinzipien-Anwendung verblaßt.

Die Sache gewinnt sogleich ein anderes Aussehen, wenn sich der Blick auf die geschichtlich-prozessuale und sozialräumlich gegliederte Wirklichkeit des lebendigen, des wirklich gelebten Ethos ausweitet und man sich Gedanken darüber macht, auf welche Art einer praktisch an dieser Wirklichkeit des „sittlichen Seins" teilhat – nicht nur mit-gefordert, sondern auch mit-gesetzgebend.

Die traditionelle Moralpflege bewegte sich hauptsächlich im Binnenraum und in den Nahraum-Kommunikationen leidlich geordneter und befriedeter Regionalgesellschaften, sie war nichts für die weite Welt der Völker- und Staatenbeziehungen. Diese Großräume (und sogar noch weiter gespannte Bezüge wie der zwischen Menschen und Natur) sind heute ins Zentrum der ethischen Aktualität gerückt. Die heutigen Erben der häuslichen Regel- und Regionalmoral versuchen diese ethische Situation zu bewältigen, indem sie das Moralprinzip, durch eine Anwendungsstrategie ergänzt, ins Weltweite extendieren. Ein anderes ist es aber, die Universalisierung mitmenschlicher Verbindlichkeit als einen geschichtlichen Prozeß zu denken und seinen Platz darin zu bestimmen. Spätestens bei dieser Extension ins Weltweite wird sich erweisen, daß die tradierten Verpflichtungsrituale der *Ethica domestica* der Situation kaum gewachsen sein dürften.

Gerade weil wir in der Zivilisationsgeschichte der Moral an eine epochale Schwelle gelangt sind, drängte sich mir die Überlegung auf, wie man aus der Enge des Prinzipien-Moralismus herauskommen könnte; zugleich fragt es sich auch, warum so viele ethisch besorgte Zeitgenossen so entschieden auf Kant zurückgehen und eine Scheu davor haben, den „Historisierungs"-Zug zu besteigen. Die Prinzipien-Institutionalität des Moralischen scheint angesichts der moralischen Ungeheuerlichkeiten, mit denen uns die Weltkriegsepoche konfrontiert, ein Mehr an innerer moralischer Rechtssicherheit zu gewähren – vielleicht ist es aber doch nur eine ideologisch-illusorische.

Es ist schon einiges gewonnen – nicht Rechtssicherheit, aber Orientierungssicherheit –, wenn man aus dem normativen Horizont des Moralprinzips heraustritt und die eigene praktisch-normative Positionsbestimmtheit im Horizont jener Zivilisationsgeschichte wahrnimmt. Die Moralphilosophen wollten immer wieder die Welt zum sittlich Guten hin *verändern;* könnte es nicht zur Abwechslung einmal darauf ankommen, diese Welt allererst zu *interpretieren,* um ein bündiges Wissen davon zu haben, wie man – anders als durch das Haben und Bekennen moralischer Grundsätze – im Medium des „sittlichen Seins" an ihrer praktischen Gestaltung teilhat?

Für die Wirklichkeit der Moralität in ihren geschichtlichen Gestalten setze ich lieber den Titelbegriff „Ethos" als den der „Moral" an. Ethik ist dann nicht Begründungswissenschaft für moralische Prinzipien, sondern Analytik und Hermeneutik von Ethos-Formierungen, der fremden und der eigenen. Was dort als „Prinzip" amtiert, wird hier schlicht zu einer praktisch affirmierten (nicht *more geometrico* oder sonstwie „argumentativ" zu demonstrierenden) ethos-geschichtlichen Errungenschaft – „mit beschränkter Haftung". Solche Errungenschaften an Personalitätskultur und Sozialverbindlichkeit sind in einer wechselvollen Genealogie aus frühgeschichtlichen Anfängen hervorgegangen und leben daraus, daß sich ihre lebendigen formativen Potenzen von Generation zu Generation *more practico* regenerieren. Eine mehr oder weitreichende Reformation im Ethos von Großgesellschaften findet statt, wenn innerhalb der Gemengelage, die das Betriebs-Ethos einer Großgesellschaft darstellt, überkommene Verbindlichkeiten (z. B. die der ständischen oder der nationalen Integration) brüchig werden und formative Kräfte potenter werden, die eine (nach internen Kriterien) „höhere" Art von Differenzierung und Integration begründen und zu praktischer Geltung=Anerkennung bringen. Für das, was sich heute in dieser Hinsicht anbahnt, läßt sich eine Heuristik umreißen – tunlichst eine, die auch den Herkunftsbezug der gegenwärtigen „ethischen Situation" im Blick hat.

Exkurs: Zur Physiologie des Ethos von Klassen-Schichten-Gesellschaften

Unter „Ethos" möchte ich nicht etwas Deklaratorisch-Konfessionelles, sondern etwas Gelebtes und Praktiziertes verstehen, das aus diversen normativen Energien lebt (aus sozio-personalen Formativkräften, um es der Marxschen Begriffssprache zu assimilieren). Verstehen möchte ich darunter eine besondere Synthesis-Stufe im Ensemble der *Güterverhältnisse* (und der Gut-oder-Schlecht-Qualitäten), in denen sich das Leben der betreffenden Mitgesellschafter bewegt. Es geht um diejenigen Güterbestände, die nicht etwas nur Beiläufiges sind, sondern für die betreffenden Menschen etwas Essentiell-Existenzielles bedeuten, etwas, das ihre Daseinsweise ausmacht: Güter, die fester als andere mit dem Status von „Personen" und ihrem menschlichen Rang verknüpft sind. Dazu gehören nicht nur elementare Lebensmöglichkeiten und Versorgungsgüter, mehr noch die Gütequalitäten im Felde von *Tätigkeiten,* die Menschen als Sinnbestätigungen ihres Daseins (bzw. als Sinnminderungen oder -verfehlungen) erfahren. Und es geht zumal um die gesellschaftlichen Relationen, Proportionen und Interaktionsweisen, in denen die Menschen ihr Dasein führen, ihre Betätigungsräume nach Vermögen ausfüllen können oder darin eingeengt werden: Was können Menschen von anderen verlangen, sich ihnen gegenüber herausnehmen, was ihnen zumuten, und wo setzt deren aktives Ethos, ihr autonomer Daseinsanspruch, dem Grenzen? So jedenfalls stellt sich der normative Prozeß in den bisherigen antagonistischen Sozialformationen dar.

Zwischen Güterwerten und Gesittungswertigkeiten besteht in der Tat eine gewichtige Stufendifferenz. Das muß jedoch kein Messerschnitt zwischen dem schlicht „Guten" und dem *moralisch* Guten oder „Gerechten" sein. Vielmehr dürfte hier ein positives *Fundierungsverhältnis* bestehen, wie es die phänomenologischen Ethiker (M. Scheler, N. Hartmann) plausibel ausgeführt haben. Zuerst erlangen bestimmte Güterbestände für die betreffenden Menschen einen „Personalitätsrang", und ebendamit ist anderen gegenüber ein Anspruch auf Rücksichtnahme, Respektierung und Achtung erhoben, ein gesittungsnormativer Anspruch, dessen Anerkennung durch andere eine geltende Norm konstituiert. Der Eigenanspruch von Personen auf ein bestimmt-qualifiziertes Selbstsein geht jeder pflichtförmigen Verbindlichkeit voraus. Die Autonomie ist eine von Personen, die dafür (also für sich) Achtung von den Anderen einfordern.

Nun ist in leidlich geordneten und befriedeten Regionalgesellschaften meistens ein Mindestbestand an allgemeinen sittlichen Rechtstiteln für alle Personen anerkannt – oft mit allgemein sanktionierten Ausnahmen (wenn z.B. für manche Delinquenten das Recht auf Leben und körperliche Integrität aufgehoben ist). Das ethisch-praktische Gesetzgebungsproblem bestand eigentlich niemals in der Überhaupt-Geltung von Normen des Lebens und Lebenlassens. Problematisch war und ist bis auf den heutigen Tag vielmehr die Geltungs-Reichweite der Allgemeinbestimmungen; sie endet ja immer dort, wo Sonder-Gerechtsame, Privilegierungen und „Unterprivilegierungen", Ausschließungen oder Ausnahmebestimmungen beginnen. Die Prinzipien-Ethik hatte immer genug Raum für solche doppelte Buchführung, von dem „nicht nur – sondern auch" der Kantischen Mittel-Zweck-Ambivalenz bis zu Rawls' Gerechtigkeitsdoktrin. Eine Ethik kann sich entweder innerhalb solcher Grenzziehungen halten oder ein Ausdrucksmedium, eine Selbstauslegung der ethisch-praktischen Energien sein, die über die jeweiligen Grenzlinien hinausdrängen. In diesem Falle aber muß sie denen, die auf eine höhere Autonomieposition hinarbeiten, ebendies nicht zur Vorschrift machen, wie es andererseits müßig wäre, den Nutznießern der bisherigen Heteronomie eine moralische Unzulässigkeit ihrer Position vorzuhalten. Das ethische „Gut/schlecht" muß kein moralisches „Gut/böse" sein.

In der bisherigen Zivilisationsgeschichte der Moral (des Ethos) sind weiterreichende mitmenschliche Verbindlichkeiten immer mehr indirekt dadurch etabliert worden, daß eigeninteressierte, nämlich an einer höheren Autonomiestufe interessierte Gesellschaftergruppen gegen fremdverfügte (heteronome) Daseinsbestimmungen angegangen sind. Ein Mehr an menschlicher Solidarität erwuchs aus einem Zugewinn an Autonomie. Mancher wird sich aber fragen, ob in der ethischen Situation unserer Zeit nicht vielleicht eine sehr andere Konstellation entstanden ist.

Halten wir als ein Zwischenergebnis unserer Betrachtung – im Gegenzug zu den oben aufgeführten Charakteristika der Prinzipien-Moral – fest: 1. Entscheidend wichtige Formierungen und Reformationen in der Ethos-Geschichte haben sich nicht unter dem Normendruck moralischer Imperative zugetragen, sondern im Zug einer Eigeninteressiertheit, die aber keineswegs irgendeinem „unteren Begehrungsvermögen", sondern einem durchaus höheren zuzurechen sind: zumal dem „positionalen" Interesse an höheren Autonomiestufen. 2. Wenn materiale oder positionale Güterbezüge menschlichen Lebens und Zusammenlebens einen *ethischen Rang* zuerkannt bekommen, so ist auch dies ein Werk der personalen Autonomie, des Anspruchs auf ein qualifiziertes Selbstsein. 3. Die altruistische Seite ethischer Verbindlichkeiten hat keine schlechthinnige Schlüsselbedeutung. 4. Das Gute ist nicht vorab „das Böse, das man (unter einer höheren Nötigung) läßt". 5. Hinter der Aktualität, Konkretheit und Singularität ethisch bedeutsamer personal-interpersonaler Güterverhältnisse verblaßt das Regelwerk von Prinzipien, Prinzipienbegründung, -anwendung und -befolgung.

Notizen zur neueren Zivilisationsgeschichte der Moral

Als die *Grand Old Men* des modernen Sozialismus die ethos-geschichtliche Bilanz der modern-bürgerlichen Gesellschaft mit ihrer kapitalistischen Produktionsweise und unter dem Kommando der Bourgeoisie zogen, stimmten sie zum einen ein Hohelied auf die enorme zivilisatorische Reichtumsproduktion an, und zum anderen ein Klagelied darüber, wie die Bourgeoisie kein anderes Band mehr zwischen Mensch und Mensch übrig gelassen habe als das „nackte Interesse", die „gefühllose bare Zahlung", die „offene, unverschämte, direkte, dürre Ausbeutung".

Was war inzwischen mit den Pflanzstätten der bürgerlichen Autonomiekultur passiert? Marx hatte bei seinem überaus reizempfindlichen Sensorium (und nach seinen Erfahrungen als Zeitungsredakteur) schon in den Tagen des Vormärz das deutliche Empfinden, daß in den bürgerlichen Klassen (einschließlich ihrer Bildungsschicht) keine höhere freiheitsgeschichtliche Potenz mehr lebendig war, nicht das Zeug zu einem demokratischen Staat. So kam er zu der alles-überbietenden Projektion eines revolutionären Proletariats, das den Sprung vom „nichts zu sein" zum „alles werden" vollführt. Die Generalprobe von 1848 machte klar, wie weit man von dergleichen entfernt war – „noch" oder überhaupt. Die bürgerlichen Klassen aber zog es auf einen Weg, der schon in der Paulskirchenversammlung und in ihrem publizistischen Umfeld signalisiert war: zu einer vitalen Wirtschaftsgesellschaft, die sich als Nation dem Schutz eines machtvollen imperialen Staates unterstellte. Das wurde zur Hauptgeschichte des folgenden Jahrhunderts, während der Klassenkampf zwischen Proletariat und Bourgeoisie zu einem Nebenschauplatz wurde.

Die bürgerlichen Klassen – zu denen sich ein wachsender klein- und kleinstbürgerlicher Anhang gesellte – investierten ihre Autonomie-Ambitionen in der korporativen Selbstherrlichkeit ihrer Nationalstaaten und führten ineins mit dem kapitalistischen Hochindustrialismus das Zeitalter eines modernen Imperialismus herauf. Der kleinbürgerliche Massenanhang kultivierte innerhalb der herrschaftlich organisierten Nation ein Ethos von geradezu ersatzreligiöser Subalternität, das seine Niedrigkeit durch herrisches Auftrumpfen gegen die Rivalen und Feinde draußen (und gegen die „vaterlandslosen Gesellen" im Inneren) kompensierte. Die bürgerlich-kleinbürgerliche Sozialmobilisation überflügelte mit ihren Ansprüchen auf viel Platz an der Sonne die reellen Maße der expandierenden Reichtumsproduktion ganz beträchtlich, sie wurde *imperial überschießend,* zur relativen *Übermobilisation* und kulminierte in einer Weltkriegsepoche und in der Epoche des Faschismus.

Man kann es heute, ein langes Menschenalter danach, kaum eindringlich genug in Erinnerung rufen, was das Faktum dieser Weltkriegsepoche für die Wahrnehmung unseres Zeitalters zu bedeuten hat. Besonders bedeutsam daran ist, daß der Weltkrieg 1914–18 kein dynastischer Krieg und kein Krieg der Finanzoligarchie gewesen ist, sondern in weitestem Umfange ein Krieg der modernen Nationen.

Das tief Deprimierende dieser ganzen Geschichtsepoche ist, wie wenig an Bildungselementen einer zivilen Gesellschaft (aus den Energien einer Autonomie- und Kooperationskultur) dem großen imperialen Auftrieb entgegengewirkt hat. Ein kleines Häuflein standhafter hoch-kulturbürgerlicher Liberaler und Kosmopoliten, und dann – nicht ganz ungewichtig – ein Segment der politischen Arbeiterbewegung mitsamt den bürgerlichen „Bildungselementen", die sich ihr angeschlossen hatten. Sie hatten ab 1914 nicht „eine Welt zu gewinnen", sondern eine ganze Welt gegen sich. Ihr gegenüber waren sie nicht nur zu schwach; sie waren auch in sich von einer recht ungleichartigen soziokulturellen Qualität. Die pazifistische Komponente in der Kriegsgegnerschaft wurde nach 1918 bald wieder inaktiv. Die andere, die sozialrevolutionär aufgeladene Kriegsgegnerschaft, deren Parole die „Umwandlung des imperialistischen Krieges in den Bürgerkrieg" gewesen war, vermochte in der Tat „eine Welt zu gewinnen", jedoch nicht für die Sache einer autonomistischen, kooperativen oder gar solidarischen Sozialkultur. Auch im westeuropäischen Kommunismus war die Autonomie-Potenz im ganzen recht gebrochen.

Wie sich der besondere Aufbruch des deutschen „Radikalfaschismus" mit seinem Herrenmenschentum, seinem Eroberungsimpetus und seinen Exzessen an Menschenvernichtung in die neuere Zivilisationsgeschichte des Ethos einordnet, ist noch längst nicht ausgemacht. Für manche ist das ein „Niemandsland des Verstehens", ein radikaler „Zivilisationsbruch" (D. Diner). Es gehört jedoch unverkennbar einer sozialen Zivilisationsdynamik an: als die äußerste Übersteigerung der kleinbürgerlichen Übermobilisation.

Der Faschismus ist in der Weltkriegsepoche untergegangen, die kapitalistische Produktionsweise blieb jedoch in ihren Stammländern praktisch unangefochten, und die sozialistische Neugründung von 1917 ist nur imperial, nicht aber soziokulturell-ethisch höher gestiegen. Für die kapitalistische Produktionsweise läßt sich heute nur eine Zwischenbilanz ziehen, für die freiheitsgeschichtliche Potenz des industriellen Proletariats und seines Sozialismus jedoch eine Schlußbilanz. Es bleibt günstigenfalls bei einer Potenz niederen bis mittleren Grades. Dieser Sozialismus war in einem Zeitalter furchtbarer Kollisionen, soweit er nicht zur Chiffre für etwas ganz Anderes wurde, eine interimistische Notform, in der die Bildungselemente einer zivilen Gesellschaft gegen eine überwältigende Übermacht der imperial hoch-mobilisierten bürgerlichen Klassen gestanden haben.

Einige Jahrzehnte nach dem Weltkrieg könnte es spruchreif werden, daß die ethische Problematik des „guten Lebens“ auf einen neuen geschichtsphilosophischen Nenner kommt – zumal da jetzt auch die Angelegenheiten des „realen Sozialismus“ in eine kritische Phase eintreten.

Zum „Betriebs-Ethos“ unserer Nachkriegsgesellschaft

Wo stehen wir eigentlich in der Zivilisationsgeschichte des Ethos, ein halbes Jahrhundert nach dem Vernichtungs-Furor des 2. Weltkriegs? Hat die „ethische Situation unserer Zeit“ (und im Vorblick auf das nächste Jahrhundert) überhaupt noch viel mit derjenigen der ersten Jahrhunderthälfte zu tun? Vielleicht doch mehr als die Nachgeborenen wahrnehmen. Es ist ja doch eigentümlich, daß die zweite Weltkriegsphase nicht mit einem Friedensschluß beendet worden ist. Der „unerklärte Frieden“ (G. Koenen), in dem wir in Europa seit 1945 leben, ist auf seine Weise eine „Fortsetzung des Krieges mit anderen Mitteln“ – in anderen Medien, Koordinaten und Regionalisierungen. Das 20. Jahrhundert war nicht zum Jahrhundert der proletarischen Revolution, sondern zum Jahrhundert eines modernen Kleinbürgertums geraten, und in seiner ersten Hälfte zu einem Zeitalter der kleinbürgerlichen Übermobilisation. Die wichtigste Kontinuität könnte darin liegen, daß eben diese kleinbürgerliche Übermobilisation in der Nachkriegsgesellschaft unter veränderten Geschäftsbedingungen und auf verbreiterter Basis weitergegangen ist. Wie nachhaltig sich im öffentlichen Ethos der Nach-Hitler-Deutschen die militärische Zwangs-Demobilisierung von 1945 ausgewirkt hat, ist nicht definitiv zu bestimmen. Weil das deutsche Herrenvolkswesen so gründlich zusammengebrochen ist, dürfte ein weitreichender Kontinuitätsbruch eingetreten sein, sofern unter den Konditionen der Nachkriegszeit bei den Nachwachsenden die patriotische Identifikation spürbar nachgelassen hat (Phänomen Wehrdienstverweigerung).

Weiter besteht die imperiale Grundverfassung der Weltzivilisation kapitalistischer oder sozialistischer Faktur. Der Zivilisationsprozeß ist im Westen unter der Hegemonie der Ersten Welt-Zivilisationsmacht aus einer militärischen in eine zivile Phase übergegangen, genau genommen aber nur zur Hälfte: Davon zeugt der hohe Grad von Militarisierung und Wettrüsten in den neuen weltpolitischen Koordinaten; und die zivile Hälfte ist genau genommen auch nur eine *halb-zivile:* Im Getriebe der modern-industriegesellschaftlichen Reichtumsproduktion ist ein beträchtliches Maß an imperialer Angespanntheit, Rivalität und Herrschafts-Impetus wirksam. Wir leben nach wie vor nicht in einer eindeutig zivilen, sondern in einer imperialen Zivilisation. Wie der militärisch gebliebene Energie-Anteil der Ersten Welt gegen die Zweite Welt (die der sozialistischen Staaten) aufgeboten ist, so macht sich der halb-zivile Anteil gegenüber der Dritten Welt und auch innerhalb der Ersten Welt selber geltend.

Die Sache ist damit indessen nicht an die „gute alte" Imperialismustheorie zurückverwiesen. Die Lehre der Weltkriegsepoche ist dies, daß die moderne Imperialität eben nicht eine Sache der Spitzen des Finanzkapitals und überhaupt der „Kapitalbewegung", sondern Sache einer breit gelagerten *Sozialbewegung* ist, die auch vor den Quartieren der Arbeiterklasse nicht halt macht. Der moderne Imperialismus ist mehr und mehr zu einem Volks-Imperialismus gediehen.

Aber noch einmal gefragt: Geht es an, die Sache so sehr unter dem Blickwinkel der Gesellschaftsverfassung in dieser Nachkriegsphase zu sehen?

Viele ethische besorgte Zeitgenossen finden heute ja, daß die traditionellen Problem-Koordinaten des innergesellschaftlichen Lebensprozesses zu eng geworden seien, wo doch das Grundverhältnis zwischen Menschengesellschaft und Bio-Natur einem Katastrophenpunkt entgegentreibt. „Damit sich die Naturbasis der menschlichen Existenz auf einem bestimmten Entwicklungsniveau von Natur und Gesellschaft reproduzieren kann, dürfen nicht beliebige soziale und technische Zwecke verfolgt werden. . . . Es gilt Normen herauszufinden, die nicht nur an partikularen Interessen orientiert sind, sondern für eine gesamtgesellschaftliche Naturpolitik verbindlich sein können." (Gernot Böhme) Anscheinend macht sich eine Autonomie höchster Instanz, nämlich die der Natur, gegenüber einer angemaßten Autokratie „des Menschen" geltend. Mit einigem Sarkasmus erinnert Reinhard Löw daran, wie illusorisch es ist, die Natur wie einen Vertragspartner zu betrachten, der sich an Kompromisse zu halten hätte.

Da wäre also eine unanfechtbare Autorität, deren Vorschriften für die ganze Menschenwelt bei Strafe des Untergangs bindend sind. Nun, obwohl das seine Triftigkeit hat, habe ich doch meine Bedenken gegen eine solche kurzgeschlossene Problemfassung. Wenn man schon eine Hierarchie der Gefährdungen zum Maß nimmt, dürfte wenigstens das atomare Wettrüsten an der Spitze stehen: Bevor die Menschen mit ihrer Technik die Natur ruiniert haben, haben sie sich – auf Gegenseitigkeit – selber ruiniert. Doch auch diese Rahmenbestimmung ist mir für eine Bestimmung der ethischen Aktualität noch zu weit gegriffen. Das Hemd, sagt man, ist näher als der Rock. Das Hemd auf der Haut hat sich mit dem stattlichen Körperwachstum der Wohlstandsgesellschaft schon merklich angespannt. Noch ein gutes Stück diesseits der Naturgrenzen zivilisatorischen Wachstums haben sich die „sozialen Grenzen des Wachstums“ (Fred Hirsch) bereits akut bemerkbar gemacht; Kurt Biedenkopf hat vor Jahr und Tag eine „Begrenzungskrise“ diagnostiziert, deren Ende nicht abzusehen ist.

Neue Natur-Unmittelbarkeit oder gesellschaftliche Vermitteltheit – das scheint hier die Frage zu sein. Ich möchte für meinen Teil einen dreifachen Primat des Gesellschaftlichen statuieren: 1. Möglicherweise sogar einen Primat der Problem-Aktualität – daß die vordringlichsten Anlässe in innergesellschaftlichen Anomalien liegen, die heute schon aufgebrochen sind; 2. einen Primat der Problem-Provenienz nach – daß auch die ökologischen Anomalien eine Ausgeburt von soziodynamischen Mobilisationseffekten sind; und 3. eine pragmatische Priorität – daß jedenfalls die Kapazitäten eines aktiven Umgangs mit den bestehenden und den kommenden Problematiken (auch den ökologischen Selbstgefährdungen) an innergesellschaftliche Interessenlagen und Handlungskompetenzen rückvermittelt sind.

Ich bezweifle und bestreite kurz und gut, daß uns die ökologische Krise ethisch „zurück zu Kant“ weist: auf die Vorgegebenheit einer sich „objektiv“ im Verhältnis Natur – Menschenwelt konstituierenden (sei es kategorischen, hypothetischen oder sogar apodiktischen: „Wir müssen . . .“) Norm, vor der menschlich-sittliche Autonomie nur darin bestehen könnte, sich in freier Selbstbestimmung auf das Gebotene einzustimmen.

Ich bin ebensowenig überzeugt, daß heute und morgen die Negativität einer Drohung den Angelpunkt für eine ethische Mobilmachung bilden könnte und müßte. Es gibt eine ethische Position, auf der innermenschlich-innergesellschaftliche Autonomie in ihrer Positivität der Angelpunkt ist und bleibt.

Ich bezweifle ferner, daß die „neuen Herausforderungen" in aller Direktheit anzugehen sind, ohne daß man sich viel um ihren sozialen Funktionszusammenhang kümmern müßte. (Auch ein Aktivismus des „Frieden-schaffens", der sich nicht davon Rechenschaft gibt, wie tief die Imperialität in die Allgemeindynamik des Zivilisationsprozesses eingelassen ist, erscheint mir als zu naiv – zu moralistisch.)

Schließlich bezweifle ich aber auch, daß weiterhin die Streitsache „Kapitalismus und Sozialismus vor dem Weltgericht" als das Hauptverfahren zu gelten hätte. Der „Sozialismus", als Resultat einer Emanzipation der arbeitenden Klassen anvisiert, war eine epochal wichtige und zugleich begrenzte Bewußtseinsform, in der entschiedene Republikaner das Projekt der heraufkommenden zivilen Gesellschaft gegen den Strom des kapitalistischen Imperialismus weiterbetrieben haben. Der Titel „Sozialismus" ist jedoch ganz und gar undeutlich und bis auf weiteres unbrauchbar geworden, seitdem sich der emanzipatorische Impetus des Proletariats erschöpft hat und der „reale Sozialismus" als ein „Reichs-Sozialismus" (J. Schmierer) auf die Weltbühne getreten ist. So dürfte es angemessen sein, die epochale Schlüsselfrage nach der imperialen oder zivilen Verfassung der modernen Gesellschaft ganz direkt und in dieser Allgemeinheit zu stellen. Damit wäre die kardinale ethische Differenz benannt, und eine „ethische Heuristik" zielt darauf, im gesellschaftlichen Gesamtfeld die spezifischen „Bildungselemente" und sozialen Wirkkräfte zu sondieren, die jeweils für die fortgesetzte Dominanz der überkommenen Imperialgesellschaft stehen oder die zivilgesellschaftliche Reformation weiter voranbringen können.

Im ganzen muß man wohl sagen, daß die soziale Zivilisationsdynamik, die in die Weltkriegsepoche eingemündet war, sich nach 1945 „mit anderen Mitteln" und in anderen Medien fortgesetzt hat – allen anderen voraus bei den abgeschlagenen Eroberern des Weltkrieges: die Eroberung von Expansionsräumen eines guten und ansehnlichen Lebens für eine sich verbreiternde Kleinbürgergesellschaft unter der Regie des großen Kapitals und seines Managements. In einem Kreislauf der Disziplinierungen hält sich ein hoher Pegelstand der Arbeitsanstrengung, und eine Menge von Lebensgenüssen (zumal von solchen, die verhältnismäßig leicht „machbar" sind und sich gut kapitalisieren), muß für die Mühsal entschädigen, und je viele kleinere Genüsse entschädigen für die unerreichbaren größeren. Als das große allgemeine Freiheitssurrogat fungiert die motorisierte Fortbewegung.

Im Sog der höheren Möglichkeiten besseren und ansehnlicheren Lebens hat sich eine Bewegung des „sozialen Aufstiegs" entfaltet – aus proletarischen Ausgangslagen in die Kleinbürgerwelt hinein –, und komplementär dazu gibt eine konsumistische Dequalifizierung in den gehobenen Schichtlagen (worauf sich wohl das Lamento über „Haben statt Sein" bezieht). Zu registrieren ist ein allgemeiner Drang, aus den Niederungen der unangenehmeren Arbeiten zu entfliehen und dafür minderansprüchliche Arbeitskräfte aus ärmeren Ländern anzuheuern.

In der sozialen Aufstiegsmobilisation haben natürlich die Bildungseinrichtungen eine Schlüsselbedeutung erlangt, in ihnen haben sich dann auch die Anomalien des Wachstums auf den Linien des geringsten Widerstandes am frühesten gezeigt. Gleichwohl erfreut es sich bis jetzt einer größeren Beliebtheit, die ökologischen Wachstumsgrenzen rhetorisch zu beschwören, während die „sozialen Grenzen des Wachstums" (Fred Hirsch) anscheinend eine peinliche Sache sind. Manche sondieren lieber irgendwelche neuen Konflikte als die alten in ihrer Gegenwartsgestalt.

Altruistischer Verzicht – Gewinn an Autonomie

Wie auch immer – eine Staustufe ist erreicht, die „Wachstumsgesellschaft" ist in eine unabsehbare „Begrenzungskrise" geraten, von der ein Ende nicht abzusehen ist. Seitdem hat eine vielfältige moralische Mobilmachung eingesetzt. Der *Cantus firmus* der Erweckungsethiken mit ihrem „Wir müssen . . ." ist nun in der Tat ein Indiz dafür, daß eine Problemzone erreicht ist, daß nicht bald wieder alles so weitergehen kann wie bisher. Er ist aber auch ein Indiz dafür, daß die „ethische Situation" noch längst nicht genügend geklärt ist, weder in den Handlungsanlässen noch in den Handlungskonsequenzen (und schon gar nicht hinsichtlich der Handlungskompetenzen).

Die Appelle zu einer moralischen Wende – stets unterschiedslos an Alle gerichtet – laufen meistens auf das moralistisch Übliche hinaus: „Wir" müssen unsere Ansprüche zurückstecken, Verzichte leisten – überhaupt oder zugunsten von Anderen, Nächsten oder Fernsten. Wenn es durchaus seine Triftigkeit hat, Lebensfragen der modernen Zivilisation als Fragen des Ethos (oder der Moralität) zu verhandeln, ist es andererseits doch angebracht, die ethischen Angelegenheiten auch genügend distinkt *politisch,* gesellschafts- und zivilisationspolitisch zu traktieren. Eine mehr oder weniger weitreichende Reformation im Ethos, also in den Güterverhaltensordnungen von Großgesellschaften findet statt, wenn zugleich mit allerlei Anomalien auch bestimmte *produktive Kräfte* sich potenzieren, wirksame und wahrnehmbare Bildungselemente eines reformierten Ethos, und nicht nur jede Menge Beschwörungen und Forderungen.

Wenn ich Bedenken dagegen habe, daß manche alles ethisch Entscheidende in Bereitschaften zu einer „neuen Bescheidenheit" setzen, so deshalb, weil die besagte Reformation in den großgesellschaftlichen Güterverhältnissen doch überhaupt nur als eine eminent produktive und kompetente Reorganisationsleistung denkbar ist. Übermobilisierte Hochzivilisationen können freilich auf verschiedenerlei Weise „herunterkommen"; der spätrömischen Imperial- und Sklavenwirtschaft (deren Schicksal oft als Menetekel herbeizitiert wird) erging es anders als der neuzeitlichen höfischen Adelszivilisation mitsamt der absoluten Monarchie. Sucht man nach einem historischen Paradigma für das, was heute anstehen könnte, so wäre dies nicht das der Französischen Revolution von 1789 (die für den proletarischen Sozialismus und die Russische Revolution Pate gestanden hatte), sondern viel eher der langzeitige, sich über Jahrhunderte erstreckende Prozeß der Herausbildung bürgerlich-zivilgesellschaftlicher Gegenmacht gegen die Adelsmonarchie. Vielleicht geht es akkurat nur um die Fortführung eben diese Prozesses unter veränderter Szenenbesetzung. Das vor- und nichtkapitalistische Bürgertum mußte nicht auf die Macht und den höfischen Luxus verzichten, weil es eine höhere Genugtuung in seinen neu erschlossenen Arten einer höheren produktiven Selbstbetätigung fand.

So etwas könnte auch in der „ethischen Situation" von heute die Schlüsselposition und -potenz sein. Vielleicht wird erst jetzt der naturwüchsige Selbstlauf und die „Fremdherrschaft" der kapitalistischen Produktionsweise so richtig zu einer Lebensfrage, an der sich die Bildungselemente einer „höheren Gesellschaft", einer weiter und tiefer reichenden gesellschaftlichen Integration auf der Grundlage erweiterter Selbstbetätigung, als Gegenmacht zum großindustriellen Absolutismus potenzieren und korporieren werden. Es war natürlich ein überanstrengter Kraftakt der sozialen Imagination, als Marx/Engels deklarierten: „Nur die von aller Selbstbetätigung vollständig ausgeschlossenen Proletarier der Gegenwart sind imstande, ihre vollständige, nicht mehr bornierte Selbstbetätigung, die in der Aneignung einer Totalität von Produktivkräften und in der damit gesetzten Entwicklung einer Totalität von Fähigkeiten besteht, durchzusetzen." (MEW Bd. 3, S. 68). Als Marx sein gelehrtes ökonomiekritisches Werk abgeliefert hatte, beschlich ihn einmal der (damals ebenfalls noch illusionäre) Gedanke, er könnte für seine Sache beim „gebildeten Bürgertum" vielleicht auf mehr Verständnis und Anhängerschaft hoffen als bei den Handarbeitern. Das Schicksal der großräumig-arbeitsteiligen Industriezivilisation hängt jedenfalls an den höheren und höchsten Organisationsleistungen, an einer höheren Verbindung von Selbsttätigkeit und Kooperationskultur. Eine sozial-ökologische Zivilisationsreform ist mit einer Unmenge an Um-Organisationen verbunden, die ein immenses koordiniertes Können voraussetzen. Nirgends geht es dabei nur um die Ermöglichung von Verzichtleistungen. Ein höheres Ethos bewährt sich gerade darin, daß es Umdispositionen anbahnt, die womöglich sogar einigen Zugewinn erbringen. Einen nicht geringen Zugewinn bedeutet es, wenn zahllose Individuen, die bis dahin nur die fachlichen Aufgaben zu erledigen hatten, die man ihnen zuwies, mit ihrer Wissenskraft und anderen höheren Befähigungen eigenmotiviert und selbstbestimmt zu Teilhabern an einer höheren menschlichen Handlungssouveränität über den gesellschaftlichen Zivilisationsprozeß werden.

Die „Bildungselemente" einer zivilen Sozialkultur haben sich im Schoß der imperial-zivilen Mischgesellschaft in beachtlicher Menge entwickelt. Sie erscheinen auf der politischen Bühne noch nicht in voller Deutlichkeit, und auch nicht nach den gängigen Parteirichtungen sortiert. Ein nächster Gewinn wäre es, wenn diese kardinale Divergenz sich quer durch die Parteien hindurch sichtbar artikulierte und einen Ansatz für neuartige zivilisationspolitische Koalitionen und Konfrontationen ergäbe.

PHILIPP RIPPEL

Martin Heideggers politische Paradoxie

Was in jüngster Zeit wiedergelesene und neu bekannt gewordene Texte Martin Heideggers aus der Zeit des Nationalsozialismus[1] offenkundig werden ließen, haben auch zwei historische Fotografien schockartig bewußt gemacht: Der einflußreichste Philosoph des zwanzigsten Jahrhunderts, den viele für dessen bedeutendsten halten, war nicht ein von den Umständen genötigter Mitläufer des Hitler-Regimes, wie manche glauben machen wollten, sondern ein akademischer Herold der neuen Machthaber, der ihnen bei der Gleichschaltung des deutschen Universitätslebens intensive Hilfe leistete. So zeigt ihn die eine Aufnahme, wie er als neu ernannter Rektor der Universität Freiburg, mit den Kollegen der anderen Reichsuniversitäten unter einem Wald von Hakenkreuzfahnen sitzend, die von SA-Männern gehalten werden, im November 1933 in Leipzig an der großen Wahlkundgebung der deutschen Wissenschaft teilnahm, um in Treue zum ‚Führer' den Austritt Deutschlands aus dem Völkerbund zu propagieren.

Das andere Foto ist aus der Nähe aufgenommen und präsentiert den Herrn Reichsuniversitätsrektor, wie er sich mit herrischer Miene und lauerndem Blick am Schreibtisch vor einer Bücherwand in Positur begeben hat, angetan mit einer hoch zugeknöpften Stehbundjacke, auf der ein blitzendes Parteiabzeichen für die Gesinnung seines Trägers bürgt. Nicht zu übersehen ist auch die das Gesicht kennzeichnende Form des kleinen dunklen Schnurrbarts, der – bewußt oder unbewußt – in Übereinstimmung mit dem Führerschnurrbart zurechtgestutzt wurde. Doch dieses Erscheinungsbild, das – mit den Worten der berüchtigten Rektoratsrede von 1933 – „die wissende Entschlossenheit zum Wesen des Seins"[2] ausdrücken sollte, weckt nicht nur makabre Assoziationen mit dem wirklichen Herrn des Regimes: es wirkt in seiner gestellten Pathetik auch als komische Maskerade und legt dem späteren Betrachter einen Vergleich mit Charlie Chaplin nahe, insbesondere mit dessen Hitler-Parodie in dem Film *Der große Diktator* (1940). Wie Gregor und Patalas in ihrer Filmgeschichte meinen, war Chaplin geradezu prädestiniert, in dieser Rolle gleichsam das Zerrbild seiner selbst zu spielen: „Nicht zufällig hatte man schon früher die Ähnlichkeit der Charlie-Maske mit dem Diktator bewitzelt. Das kleine eitle Bärtchen war bei Charlie wie bei Hitler Zeichen einer tiefen Unsicherheit im menschlichen Kontakt, die – bei beiden – durch eine schier übermenschliche Anstrengung zur Selbstbehauptung kompensiert wurde."[3]

Gegen den Strich gelesen, wirkt bereits der Titel von Heideggers Rede beim Antritt des Rektorats – *Die Selbstbehauptung der deutschen Universität* – verräterisch: Meinte der Redner mit dem kleinen Bart und dem auf der Jacke prangenden Abzeichen nicht vor allem seine eigene Selbstbehauptung, gestützt auf die Ordnung des neuen Reiches? Sein wachsender Anspruch auf ‚geistige Führung' legt dies nahe. Zunächst faßt er als Gefolgschaft nur „diese hohe Schule" ins Auge, dann geht es ihm in seiner Ansprache darum, in der „Kampfgemeinschaft der Lehrer und Schüler [. . .] die deutsche Universität" überhaupt „umzuschaffen",[4] und schließlich zielen seine Absichten auf das gesamte Volk, das sich als ‚geschichtlich-geistiges Volk' zu wollen aufgerufen sei. Doch was dies konkret bedeuten soll, läßt der Redner, ganz von der ‚Größe dieses Aufbruchs' erfüllt, bis zuletzt im Dunkeln.

Karl Löwith hat denn auch einen dubiosen Eindruck von der ersten wissenschaftspolitischen Rede seines Lehrers empfangen und kommt zu dem nicht ohne Ironie formulierten Schluß: „Der ‚Arbeits-' und ‚Wehrdienst' wird eins mit dem ‚Wissensdienst', so daß man am Ende des Vortrags nicht weiß, ob man Diels' *Vorsokratiker* in die Hand nehmen soll oder mit der S.A. marschieren."[5] Wie Löwith im weiteren urteilt, verfehlt damit diese Ansprache auf doppelte Weise ihr Ziel: Sie ist als politische Rede „ebenso schwach" wie als philosophischer Vortrag.

Der Vergleich mit anderen politischen Verlautbarungen Heideggers aus dieser Zeit vermag dies nur zu bestätigen: Das rhetorische Amalgam aus Grundbegriffen seiner Fundamentalontologie und Schlagworten des Nationalsozialismus erstarrt zur demagogischen Geste und Maske, hinter der sich politische Hilflosigkeit und Naivität verbergen. Aus philosophischer Sicht, zumal aus der seines epochalen Hauptwerkes *Sein und Zeit* (1927), nehmen sich seine propagandistischen Auftritte vollends grotesk aus. Der Denker der ‚seinsgeschichtlich' verstandenen Ursprünglichkeit und des Daseins in seiner Eigentlichkeit gerät bei dem Versuch, eigentliche

Existenz zu verkörpern, in das Fach des Laienschauspielers, der sich sein Kostüm nach eigenen Angaben schneidern läßt: halb Schwarzwälder Bauerntracht, halb SA-Uniform.[6] Als Darsteller einer Ursprünglichkeit, die er in seiner Person und seiner Sprache mit Hilfe eines trachtenartigen Aufzugs und bodenständig eingefärbter Begrifflichkeit erzeugt, desavouiert Heidegger nicht nur die eigene Absicht, sondern nähert sich auch unversehens einer Rolle, wie sie Chaplin als Diktator und Volksredner Hynkel zu grandioser Komik gesteigert hat.

Heideggers Komik der Selbstinszenierung dagegen ist unbeabsichtigt und bedeutet einen peinlichen Absturz aus der Höhe philosophischer Reflexion. Auch seine Freunde und Schüler konnten es kaum fassen, daß dies derselbe Mann war, der für die Philosophie des Jahrhunderts richtungweisend wurde, indem er so unterschiedliche Diskurse zu verknüpfen wußte wie Kierkegaards Existenzdenken, Diltheys historische Hermeneutik und Husserls Phänomenologie. Die Paradoxie einer biographischen Verwirklichung seines Denkens ist Heidegger auch nach dem Scheitern seines Rektorats nicht bewußt geworden: Der im Geist konservativer Kulturkritik eingeklagte Verlust an ursprünglicher Substantialität des Daseins läßt sich – trotz allen ‚Idealismus' – weder durch einen rhetorischen noch durch einen politischen Gewaltstreich rückgängig machen, sondern wird durch eine derartige Veranstaltung nur theatralisch überdeckt und so in Wahrheit noch vergrößert. Nietzsches Polemik gegen das falsche Pathos der Bismarckschen Reichsgründung und seine Kritik der Wagnerschen Oper als pseudomythischem Gesamtkunstwerk hätten für Heidegger Beispiel und Warnung sein können. Schon die staatlich angeordnete ‚Gleichschaltung' des akademischen Unterrichts, für die er sich mit Eifer einsetzte, wäre Anlaß genug gewesen, ihm Nietzsches Wort von der „Extirpation des deutschen Geistes zu Gunsten des ‚deutschen Reiches'"[7] in den Ohren klingen zu lassen. Statt dessen hält der von den organisatorischen Aufgaben des Rektorats völlig Überforderte auch nach seinem Rücktritt weiterhin daran fest, seine Vorlesungen mit dem Hitlergruß zu beginnen, selbst als dieses Ritual nicht mehr an der Universität üblich war.[8]

Wenn auch auf philosophischem Terrain Heidegger sich schließlich zur Opposition herausgefordert sieht und er in den zwischen 1936 und 1940 gehaltenen Vorlesungen über Nietzsche den Mißbrauch konterkariert, den der Nationalsozialismus von dessen Spätphilosophie macht, so bleibt er doch von der „inneren Wahrheit und Größe dieser Bewegung“[9] überzeugt – ganz im Sinne seines Leipziger Wahlaufrufs, als er für den Austritt Deutschlands aus dem Völkerbund mit der Begründung eingetreten war: „Die Unerbittlichkeit des Einfachen und Letzten duldet kein Schwanken und kein Zögern. Diese letzte Entscheidung greift hinaus an die äußerste Grenze des Daseins unseres Volkes. Und was ist diese Grenze? Sie besteht in jener Urforderung alles Seins, daß es sein eigenes Wesen behalte und rette.“[10]

Daß die politische Verwirklichung eines völkisch gewendeten Ursprungsdenkens notwendigerweise organisatorischer Maßnahmen und Regelungen bedarf, die geeignet sind, einer modernen Gesellschaft die sinnfällige Selbstpräsenz als gewachsener ‚Volksgemeinschaft‘ zu suggerieren – man denke an die Reichsparteitage in Nürnberg –, dies in seinem unauflösbaren Widerspruch zu erkennen, lag Heidegger fern. Nietzsche dagegen hatte kritisch gezeigt, daß die ‚elementarische‘ Wirkung der Wagnerschen Kunst von einer *„elementarisch* gemachten Musik“[11] ausgeht, die als ‚Artefakt‘ auf genau berechnete Effekte abzielt. Daher galt ihm Wagner als “der größte Mime, das erstaunlichste Theater-Genie, das die Deutschen gehabt haben, unser *Sceniker* par excellence“.[12] Und er folgert mit einer Sentenz des französischen Bühnengenies Talma: „Man ist Schauspieler damit, daß man eine Einsicht vor dem Rest der Menschen voraus hat: was als wahr wirken soll, darf nicht wahr sein.“[13]

Die wirkungsästhetische Paradoxie des Theaters, die schon Diderot in seinem Dialog *Paradoxe sur le comédien* (1778) erörtert hatte, findet ihre Analogie auf politischer Ebene, wenn es darum geht, die Gesellschaft in ihrer neuzeitlichen Ausdifferenzierung unterschiedlicher Sphären wieder nach traditionellen Leitbildern zu integrieren und ihr das Gefühl einer gewachsenen Gemeinschaft zu vermitteln. Dabei erweist sich die Idee der ‚konservativen Revolution‘, die in Deutschland zwischen den beiden Weltkriegen unter Vertretern der rechten Intelligenz verbreitet war und zum Sturz der Weimarer Republik beitrug, als nicht zu Ende gedacht. So geraten die ideologischen Ansätze der diesbezüglich maßgeblichen Bücher, *Das dritte Reich* (^{3}1931) von Moeller van den Bruck und *Revolution von rechts* (1931) von Hans Freyer, gleichermaßen in die uneingestandene Dialektik von ‚Wachsen‘ und ‚Machen‘, die Martin Greiffenhagen als Dilemma des deutschen Konservativismus darstellt: „Der Konservativismus läßt, seinem eigenen Selbstverständnis zufolge, nur das Gewachsene gelten und bekämpft im Liberalismus den Geist des ‚Machens', das herstellende Denken. In seinem revolutionären Stadium aber wird er gezwungen, den Geist des Machens als bei sich selbst herrschend zu offenbaren. Er muß sich damit als eine im Horizont der Moderne argumentierende ‚Bewegung' erkennen, für die der Begriff der Revolution und der Geist des Machens einander nicht ausschließen, sondern bedingen."[14]

Doch wo Voraussicht fehlt, erteilt die Geschichte selbst ihre schonungslose Lektion. Als die ‚konservative Revolution' historische Wirklichkeit wurde und ihr ideologischer Grundwiderspruch im Gang der Ereignisse aufbrach, mußten sich die ‚Idealisten' der ersten Stunde eingestehen, daß sie von der Machtpolitik bald überholt oder überrollt waren. Viele fühlten sich dann von dem neuen Regime abgestoßen und gingen auf Distanz; manche sahen sich verraten und schlossen sich dem politischen Widerstand gegen Hitler an, ohne freilich ihre anfängliche Gesinnung zu ändern. Nur die wenigsten erkannten, daß sie das Opfer ihres eigenen Wunschdenkens und seiner unbedachten historischen Folgen geworden waren. Insofern ist Heidegger geradezu ein Musterbeispiel für die ersteren, die an ihren Illusionen von der „inneren Wahrheit und Größe dieser Bewegung"[15] festhielten und sich enttäuscht von der rauhen politischen Wirklichkeit zurückzogen. Fortan glaubten sie sich berechtigt, den neuen Machthabern gegenüber Groll zu hegen, und wollten nicht zugeben, daß sie selbst zu deren Erfolg beigetragen hatten. Zumal nach der Niederlage des Nationalsozialismus suchten sie sich der Mitverantwortung für das vergangene Unrecht zu entziehen, indem sie den Sinn ihrer vormaligen Äußerungen auf eine ‚idealistische' Bedeutung eingeschränkt wissen wollten. So auch Heidegger, als er sich 1945 vor dem Bereinigungsausschuß der Freiburger Universität auf sein rein philosophisches Verständnis des Nationalsozialismus berief, das zur Parteidoktrin in Widerspruch gestanden habe.[16] Durch solche Verteidigung seiner Person glaubte er, die ideengeschichtliche Bedeutung seines Werkes bewahren zu können. Doch indem er ebendieses Werk, wie später mancher Heideggerianer, als Schlüssel für eine ontologische Lesart seiner politischen Texte benutzte, kompromittierte er es als ideologische Voraussetzung, die seine persönliche Verwicklung in den Nationalsozialismus nach sich ziehen mußte.

Es ist daher nicht verwunderlich, wenn Heideggers vehementeste Kritiker, gewissermaßen im Gegenzug zu dessen Selbstapologie, sein philosophisches Werk aus der Sicht der Rektoratsrede und anderer ihn kompromittierender Zeugnisse lesen und in ihm die ontologische Fundierung des Nationalsozialismus erblicken. Indem solche Kritiker eine schlichte Gleichsetzung vornehmen, wo in Wahrheit eine Beziehung der Paradoxie besteht, verschenken sie nicht nur die Möglichkeit, Heidegger in dem zentralen Punkt seiner Verteidigung immanent zu kritisieren und damit die Front seiner orthodoxen Anhänger aufzubrechen – durch den Nachweis nämlich, daß Heidegger in seinen politischen Texten ontologische, dem Sein vorbehaltene Begriffe in ontischer, auf das Seiende bezogener Bedeutung gebraucht, im Widerspruch zu der von ihm selbst herausgestellten ‚ontologischen Differenz' zwischen Sein und Seiendem –, sie versäumen auch die damit eingeleitete Dialektik von ‚Wachsen' und ‚Machen' zu explizieren, derzufolge eine ‚konservative Revolution' in ein mit ihrem anfänglichen Selbstverständnis unvereinbares Gewaltregime treibt.

Von einer Kritik, die statt dessen eine Verurteilung Heideggers *in toto* betreibt, läßt sich sagen, daß sie eher um Exorzismus als um Aufklärung bemüht ist. So leitet Lukács seine philosophische Einschätzung Heideggers aus der Feststellung ab: „Er hat nicht bloß geholfen, den Nazismus herbeizuführen, er ist auch direkt und aktiv für Hitler eingetreten."[17] Damit wird noch einmal nachträglich eine Aburteilung gerechtfertigt, welche die ‚Heideggersche Ontologie' in langatmiger Weise des ‚Irrationalismus' und des ‚parasitären Subjektivismus' zeiht. Auf ungleich höherem Niveau setzt Adornos Versuch an, Heideggers Ontologie ein affirmatives Verhältnis zum Lauf der Geschichte und den gesellschaftlichen Zuständen nachzuweisen. Doch auch hier wird die Einebnung der ‚ontologischen Differenz' vorgenommen und politisch legitimiert: „Die Ontologien in Deutschland, zumal die Heideggersche, wirken stets noch weiter, ohne daß die Spuren der politischen Vergangenheit schreckten."[18]

Hinzu kommt Adornos Ideosynkrasie gegenüber einem Denken, das seinem eigenen in zentralen Motiven auf fatale Weise nahekommt, sei es in bezug auf die zeitliche Deutung von Wahrheit, sei es hinsichtlich der als Bedrohung authentischen Lebens gewerteten Ausmaße des wissenschaftlich-technischen Fortschritts. Hermann Mörchen hat aus bester Textkenntnis den von der Sache her gebotenen, von den Autoren aber verweigerten Dialog zwischen beiden Positionen materialreich rekonstruiert und mit seinem *opus magnum* über *Adorno und Heidegger* (1981)[19] eine Fülle von Argumenten bereitgestellt, die bei weitem ausreichte, um eine überfällige philosophische Debatte, frei von nachkriegsbedingten Überzeichnungen, in Gang zu bringen. Doch bei der intellektuellen Linken blieb Adornos Verdikt über Heidegger von kanonischer Geltung, so daß es auch im vierten Jahrzehnt nach Kriegsende zu keiner Neubewertung der Heideggerschen Philosophie kommen konnte.

Ganz anders verhielt es sich in Frankreich. Schon bei dem frühen Sartre kam es zu einer heterodoxen Aneignung Heideggerschen Denkens, die sich in seinem berühmt gewordenen ersten Hauptwerk, *Das Sein und das Nichts* (1943), niedergeschlagen hat. Das damit geweckte Interesse an Heidegger konnte hinfort im Geist der Résistance zunehmend Einfluß auf den philosophischen Diskurs gewinnen. Unterstützt von den erfolgreichen Bemühungen des Philosophiedozenten Jean Beaufret, der die akademische Heidegger-Rezeption in Frankreich zu seiner Lebensaufgabe machte, wurde das Werk des deutschen Denkers auf verschiedene Weise zu einer wichtigen Voraussetzung nicht nur des Existentialismus, sondern auch für den Strukturalismus und den Poststrukturalismus. Maßgebliche Vertreter der beiden letzteren, inzwischen auch als ‚postmodern' bezeichneten Denkströmungen wußten sich durchaus den Anregungen verpflichtet, die sie von Heidegger empfangen hatten, so die Philosophen Jacques Derrida und Michel Foucault sowie der Psychoanalytiker Jacques Lacan.[20]

Mit der Metaphysikkritik besonders des späten Heidegger stimmen sie insofern überein, als für sie die Tradition des humanistischen Denkens, in der sich auch noch Sartre sah, fragwürdig geworden war. Die zentrale Kategorie des Humanismus, nämlich das aus der Selbstreflexion hervorgehende Subjekt, stellte sich ihnen als philosophische Fiktion dar. Die vorgebliche Autonomie selbstgewisser Subjektivität verstanden sie als bloßen Effekt unbewußter Tiefenstrukturen und des davon ausgehenden Identitätszwangs. Foucaults Wort vom philosophischen ‚Tod des Menschen' ist daher sowohl diagnostisch als auch programmatisch gemeint: Die vernunftzentrierte Bewußtseinsphilosophie vermochte dem Menschen Freiheit nur auf Kosten seiner alogischen Komponenten zu versprechen und zeigt sich darin der Gewalt verschwistert, der sie sich enthoben glaubte. Der hieraus erwachsenen Humanismus-Debatte überlagerte sich schließlich ein für Frankreich typischer intellektueller Generationskonflikt, als 1985 die beiden jungen Philosophen Luc Ferry und Alain Renaut ihre Streitschrift gegen den philosophischen ‚Anti-Humanismus' veröffentlichten unter dem Titel *La pensée 68* (Das Denken von '68).[21] Darin porträtierten sie Foucault, Derrida und Lacan als die französischen Epigonen von Nietzsche, Heidegger und Freud, die ihre Vorbilder insbesondere rhetorisch zu überbieten trachteten. Gegenüber der philosophischen Dezentrierung des Subjekts propagierten die beiden Autoren einen Humanismus der ‚Rückkehr zum Subjekt', ohne freilich dafür eine theoretische Basis angeben zu können. Dennoch ist es ihnen gelungen, eine anhaltende Auseinandersetzung hervorzurufen.

In diese von Polemik aufgeladene Atmosphäre platzte 1987 das Buch *Heidegger und der Nationalsozialismus*[22] hinein, das der in West-Berlin lebende Exil-Chilene Victor Farias zuerst in französischer Fassung auf den Markt brachte. Obwohl er gegenüber den Publikationen von Kennern der Materie nur biographische Ergänzungen nachzutragen hatte, konnte er in Frankreich eine heftige Kontroverse auslösen, nicht nur über Heidegger, sondern auch über dessen ohnehin als Anti-Humanisten befehdete französische Anhänger in der Gegenwart.

Das 1989 auch in deutscher Übersetzung erschienene und mit einer ausführlichen Vorrede von Jürgen Habermas versehene Buch hat insbesondere durch die Darstellung von Heideggers teilweise antisemitischer Gutachtertätigkeit als Universitätsrektor daran erinnert, daß sich – entgegen intellektuellem Credo – charakterliche Schwäche und geistige Größe in der gleichen Person begegnen können. Wenn Farias jedoch Heideggers Werk als Ganzem die politische Verfehlung und Uneinsichtigkeit seines Autors anlastet, gibt er einem Pauschalurteil den Vorzug und läuft Gefahr, sein historisches Wissen als Nachgeborener mit moralischer Überlegenheit gleichzusetzen.

Anmerkungen

1 Vgl. Victor Farias, Heidegger und der Nationalsozialismus, aus dem Spanischen und Französischen übers. von K. Laermann, mit einem Vorwort von Jürgen Habermas. Frankfurt am Main 1989 (frz. Lagrasse 1987). – Hugo Ott, Martin Heidegger. Unterwegs zu einer Biographie. Frankfurt/New York 1988.

2 Martin Heidegger, Die Selbstbehauptung der deutschen Universität. Das Rektorat 1933/34, Frankfurt am Main 1983, S. 14.

3 Ulrich Gregor und Enno Patalas, Geschichte des Films, München, Gütersloh, Wien 1973, S. 310.

4 Martin Heidegger, a.a.O., S. 18.

5 Karl Löwith, Mein Leben in Deutschland vor und nach 1933. Ein Bericht, (Stuttgart 1961) Frankfurt am Main 1989, S. 33.

6 Ebd., S. 43.

7 Friedrich Nietzsche, Sämtliche Werke, Kritische Studienausgabe in 15 Bänden [KSA], hg. von G. Colli und M. Montinari, München 1980, Bd. I, S. 160.

8 Vgl. Karl Jaspers, Notizen zu Martin Heidegger, hg. von H. Saner, München, Zürich[2] 1978, S. 87.

9 Martin Heidegger, Einführung in die Metaphysik (Text der ausgearbeiteten Vorlesung von 1935), Tübingen[5] 1987, S. 152.

10 Guido Schneeberger, Nachlese zu Heidegger. Dokumente zu seinem Leben und Denken, Bern 1962, S. 148.

11 KSA, Bd. VI, S. 30.

12 Ebd.

13 Ebd., S. 31.

14 Martin Greiffenhagen, Das Dilemma des Konservativismus in Deutschland, München 1977, S. 243.

15 S. Anm. 9.

16 Vgl. Hugo Ott, a.a.O., S. 188.

17 Georg Lukács, Werke Bd. 9, Die Zerstörung der Vernunft, Neuwied am Rhein, Berlin-Spandau 1962, S. 720.

18 Theodor W. Adorno, Negative Dialektik, Frankfurt am Main,[2] 1980, S. 69.

19 Hermann Mörchen, Adorno und Heidegger, Untersuchung einer philosophischen Kommunikationsverweigerung, Stuttgart 1981.

20 Vgl. Bernhard Waldenfels, Phänomenologie in Frankreich, Frankfurt am Main 1983, S. 44ff.

21 S. Anm. 1.

Volker Spierling

Simulierte Philosophie

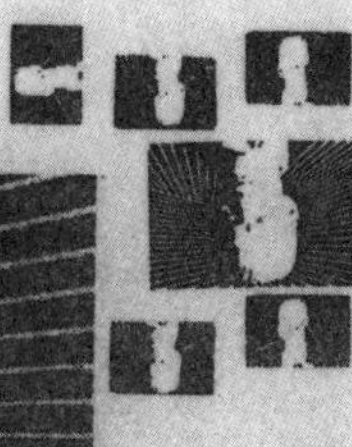

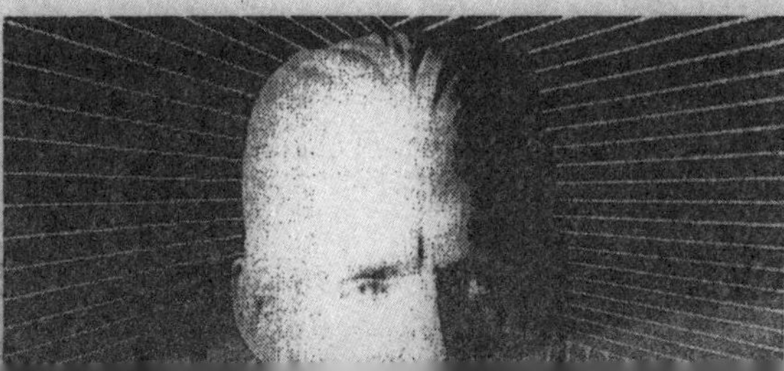

Der Showthinker ist auf Sendung. Der Mund des Orakels
mit der glänzenden Gelfrisur öffnet sich: "Nicht wird
die Störung jemals ausgestrahlt noch vom Programm
abgesetzt!" Die Blues-Brothers-Sonnenbrille des

simulierten Philosophen reflektiert die Welt als
Zudenker. "Das verborgene Wesen ist die grenzenlose
Störung. Wir haben sie für uns für immer behoben

durch schnelles Umschalten. In der anhaltenden Vibration
des Umschaltens öffnet sich das Auge der Ewigkeit.
Über das Umschalten legt sich wie ein Regenbogen die

Erscheinung der Störung. In jeder Umschaltung liegt ein Mysterium."

A Ein Philosoph trieb sich immer dort herum, wo Kinder spielten.

B *So bleibt nur noch der Beweis des e i n e n Weges übrig*

A Daß die Kinder lärmten und ihn von ihrem Spielzeug abzuhalten suchten, kümmerte ihn nicht

B das Seiende *Es ist oder es ist nicht!*

Universalienstreit mit

Komfort

Philosophie

in diesem Sofa.
Rückenteile zum Hochstellen und mit Neigungsmechanik. Und die Fußteile noch ausklappbar.

hecht einrichtungen

ewald hecht · 7400 tübingen 1
collegiumsgasse 1 · tel. 0 70 71 / 5 13 80 + 5 13 21

Hat die Philosophie eine von individuellen Sofas unabhängige, selbständige Existenz ?

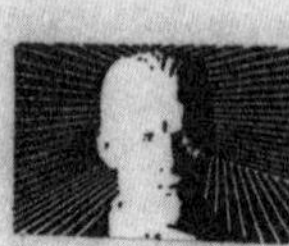

Faden

Sonne, Mond und Strumpfwesen

Unsere Wissenschaften, blos als solche, sind Spiele, welche der menschliche Geist, zeitvertreibend, sich ersinnt. Diese Spiele ersinnend, organisirt er nur seine Unwissenheit, ohne einer Erkenntniß des Wahren auch nur um ein Haar breit näher zu kommen. In einem gewissen Sinne entfernt er sich dadurch vielmehr von ihm, indem er bei diesem Geschäft sich über seine Unwissenheit blos zerstreut, ihren Druck nicht mehr fühlt, sogar sie lieb gewinnt, weil sie — unendlich ist; weil das Spiel, das sie mit ihm treibt, immer mannigfaltiger, ergötzender, größer, berauschender wird.

selbst. —

Ich; — und es ist Niemand, der es nicht wüßte und erfahren hätte, wie — Alle Strümpfe die Tendenz haben, ihre Schranken aufzuheben um die Unendlichkeit auszufüllen: höchst unbesonnen! da sie wohl wissen können, daß es unmöglich ist, Alles, und zugleich Eins und Etwas zu seyn.

Ich

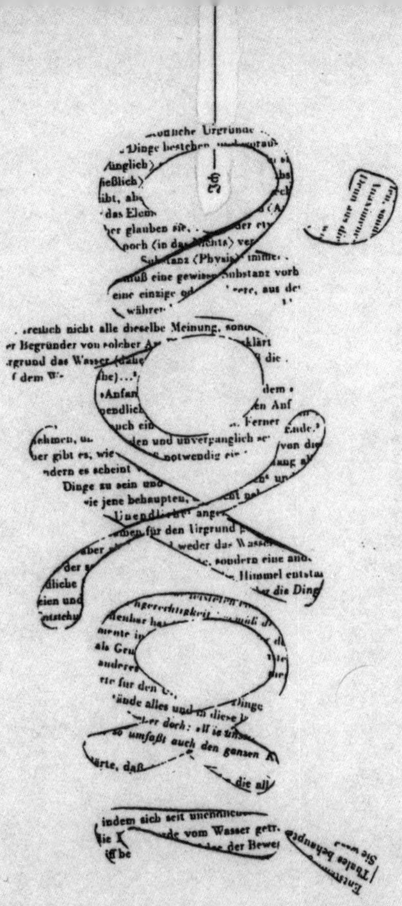
Dinge bestehen
Substanz (Physis)
muß eine gewisse Substanz
freilich nicht alle dieselbe Meinung
Begründer von solcher
Urgrund das Wasser
weder das Wasser
sondern eine
Himmel entsta
umfaßt auch den ganzen
indem sich seit unendlich
vom Wasser getr
der Bewe
Thales behaupte

Die Philosophie der Neuzeit stammt von Descartes ab

(Descartes als Maschine)

Sturzes.

Bei seinem Masturbationsritual fuhr Jason mit dem Fahrstuhl zum Dachboden des Hauses, in dem seine Eltern wohnten. Dann schickte er den Fahrstuhl zurück und kletterte an dem Stahlseil empor, bis er das Geländer erreichte, welches um das Dach lief. Hier klammerte er sich fest, über einem Abgrund von etwa vierzig Metern hängend, und masturbierte mit dem Stahlseil des Fahrstuhls. Diese Übung war unter verschiedenen Gesichtspunkten äußerst gefahrvoll, wobei das größte Risiko in der aus sexueller Erregung geborenen Furcht bestand, daß sich im Augenblick der Ejakulation sein Griff lockern und er in die Tiefe stürzen könnte. — **Solche Masturbation ist solidarisch mit Metaphysik im Augenblick ihres Sturzes.**

A. Und immer wenn die Vorbereitungen
zum Drehen des Kreisels gemacht wurden, hatte er Hoffnung, nun
werde es gelingen, und drehte sich der Kreisel, wurde ihm im atem-
losen Laufen nach ihm die Hoffnung zur Gewißheit, hielt er aber
dann das dumme Holzstück in der Hand, wurde ihm übel

B. *Dasselbe aber ist Denken und des Gedankens Gegenstand.*
Denn du kannst das Denken nicht ohne das Seiende antref-
fen, in dem es ja ausgesprochen ist. Denn es gibt nichts
außer dem Seienden und wird nichts außer ihm geben; hat

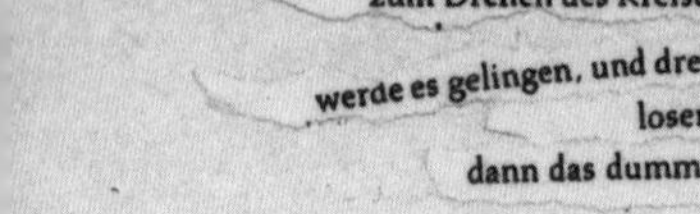

doch das Schicksal es verhängt, daß es ganz und unbeweglich
ist. Daher sind alles nur leere Namen, was die Sterblichen
durch die Sprache festgesetzt haben, in dem Glauben, es
liege ihnen eine Wirklichkeit zugrunde: »Entstehen« und
»Vergehen«, »Sein« und »Nichtsein«, »Veränderung des Ortes«
und »Wechsel der leuchtenden Farbe«.

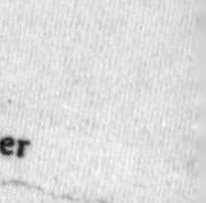

Computer oder Skalpell und Faden. Zur Textverarbeitung wird ein philosophischer Setzkasten von der Antike bis zur Gegenwart von den Universitätsbibliotheken gestellt. Aus der integrierten up to date Simulation:

A.: F. Kafka, Der Kreisel

B.: Parmenides, 8 fr. 8

Philosophie in diesem Sofa: Südwest Presse, 19.7.1986

Sonne, Mond und Strumpfwesen: Brief von F.H.Jacobi an J.G. Fichte, 31.3.1799

Masturbationsritual: J. McDougall, Die Bedeutung sexueller Innovationen, Psyche 11 (1986)

Nichts: I. Kant, Kritik der reinen Vernunft, B 348 und A. Strindberg, Ein Traumspiel, III. Akt

Niveauvoller. charmanter
Treff ♥♥♥
Telefon (07121) 55075

Philosophie von Hinten: K.J. Weber, Demokritos oder hinterlassene Papiere eines lachenden Philosophen, Bd.7, Kap.1

Ein Loch: M. Heidegger, Was ist Metaphysik?

co op aktuell: G.W.F. Hegel, Vorlesungen über die Philosophie der Geschichte, Einleitung

Anaximandros: 12 A 9.

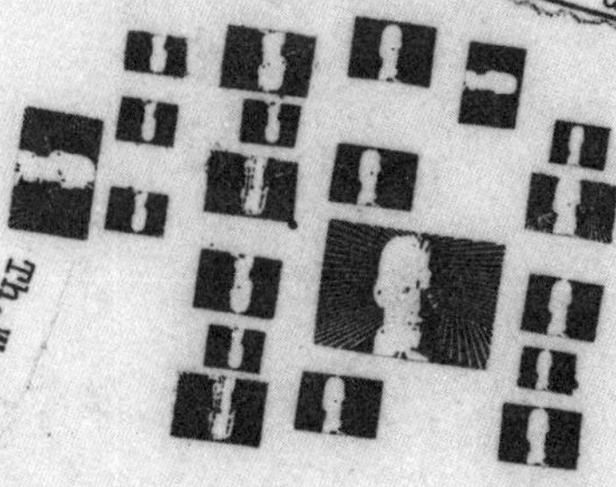

Th.W. Adorno, Negative Dialektik, Schluß

Nichts

Leerer Gegenstand eines Begriffs

Leerer Begriff ohne Gegenstand

Leerer Gegenstand ohne Begriff

Leere Anschauung ohne Gegenstand

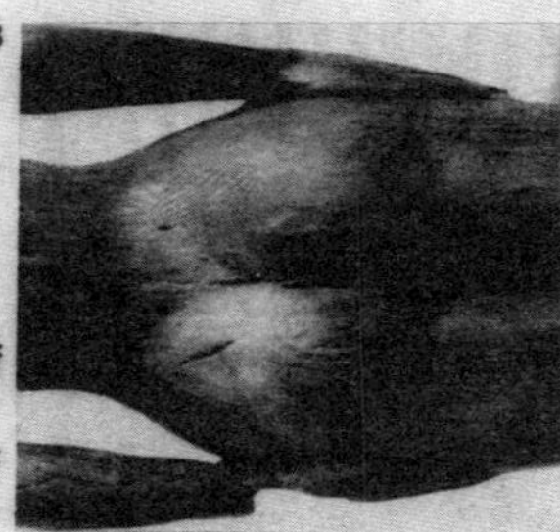

DER UNIVERSITÄTSKANZLER. Was ist hinter der Tür verborgen?
DER GLASERMEISTER. Ich kann nichts sehen.
DER UNIVERSITÄTSKANZLER. *Er* kann nichts sehen, nun, das glaube ich! ... Dekane! Was ist hinter der Tür verborgen?
DER DEKAN DER THEOLOGISCHEN FAKULTÄT. Nichts! Das ist die Lösung des Welträtsels ... Aus Nichts schuf Gott zu Anfang Himmel und Erde.
DER DEKAN DER PHILOSOPHISCHEN FAKULTÄT. Aus Nichts wird Nichts!
DER DEKAN DER MEDIZINISCHEN FAKULTÄT. Unsinn! Das ist nichts!
DER DEKAN DER JURISTISCHEN FAKULTÄT. Ich bezweifle es!

Philosophie von hinten

Ein Schullehrer, der überall sein „Unten und Oben" anzubringen
pflegte, brachte es auch bei seinem Heirathsantrage an. „Ich bin
resolvirt, mich in den heiligen Ehestand zu verfügen, unten und oben.
Da das Alleinsein von Gott nicht für gut erklärt und überhaupt
peinlich ist, unten und oben, so will ich hiemit mein Herz der ehr-
samen und tugendhaften Jungfer Susanna Maria angetragen haben,
denn sie steht mir an von unten und oben, und ich werde gewiß, falls
sie mich mit einer huldvollen Resolution erfreuet, nach Vergnügen
Alles für sie thun, unten und oben." Der Vater war glücklicher-
weise als Gegenredner mit ähnlichen Schlagwörtern versehen, mit
„Hinten und Vornen." Der Antrag ist mir höchst erfreulich, und
wahrscheinlich auch meiner Tochter, die zu mannbaren Jahren gekom-
men ist, hinten und vornen, ein ehrliches, gutes, haushälterisches

Mädchen, höchst reinlich hinten und vornen, ich zweifle nicht, daß Sie

mit ihr glücklich sein, und daß Sie sich einander lieben werden

bis auf den letzten Athem hinten und vornen." — Unsere Alten,

wenn sie gleich lange vor Kant lebten, kannten den wichtigen Unter-

schied zwischen Hinten und Vornen besser als wir: sie sprachen, wenn

eine Sache falsch angegriffen wurde: „man spannt die Pferde hinter

den Wagen, und die Gelegenheit hat nur von vorne Haare," und

unsere von vornige Philosophie scheint mir hinter ihrer Philosophie

von hinten? Ob man in Steckbriefen noch nicht von solchen Auge-

wöhnungen Gebrauch gemacht hat, die leichter zur Entdeckung führten,

als Figur und Kleidung?

Ein Loch

r die Transzende
s Wesens nicht transzendie
t im vorhinein i [redacted] hineinhalt
ie zu Seiende [redacted] uch nicht z
e ursprüngli [redacted] Nichts b
eine Freiheit [redacted]
mit ist die A [redacted] nach
Das Nicht [redacted] stanc
des. Das N [redacted] für sic
den, dem es [redacted] n anhän
hung der Offenbarkeit des Sei
schliche Dasein. Das Ni
Seienden her, sond
Sei

Hier liegt Johann Schmall.

Und das ist Alles.

A. das Geschrei der Kinder, das er bisher nicht gehört hatte und das ihm

jetzt plötzlich in die Ohren fuhr, jagte ihn fort, er taumelte wie ein

Kreisel unter einer ungeschickten Peitsche.

B. *Und nirgends gibt es ein stärkeres*
Sein, das seinen Zusammenhalt hinderte, nirgends ein schwä-
cheres: denn alles ist voll vom Seienden. Daher ist es in sei-
nem ganzen Umfange zusammenhängend. Denn Seiendes
stößt an Seiendes.

Montag, 10. April 1989
coop aktuell
verschiedene Sorten
0.09
und ein gewisser Reichsfürst drehte Allen die Rockknöpfe ab.

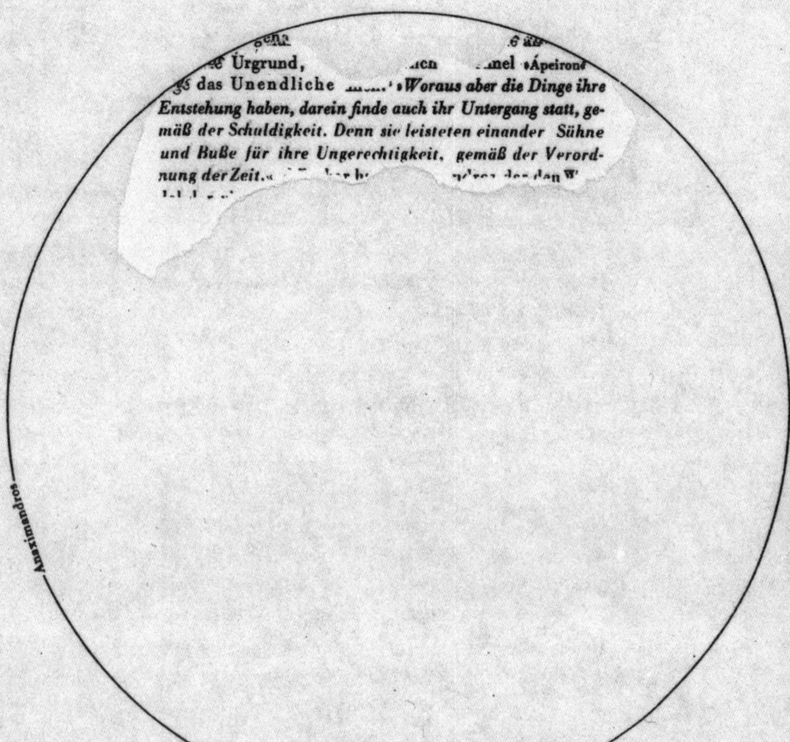
Ürgrund, ... »Ápeiron«
das Unendliche ... »Woraus aber die Dinge ihre
Entstehung haben, darein finde auch ihr Untergang statt, ge-
mäß der Schuldigkeit. Denn sie leisteten einander Sühne
und Buße für ihre Ungerechtigkeit, gemäß der Verord-
nung der Zeit.«
Anaximandros

"Die Umschaltlöcher sind untief." Der Philosophie-
Animator rhythmisiert die Umschaltung. "'Keh, keh'.

Ein Schimpanse verrichtet seine Notdurft in den Gulli.

Immanuel Kant schlägt sich vor den Kopf, wenn er
zornig wird und läßt einen starken Kehllaut hören.

Wo schon der Blick sich wendet, schweigt der Mund. -

Alles ist entweder Störung oder gründet in der

Behebung der Störung."

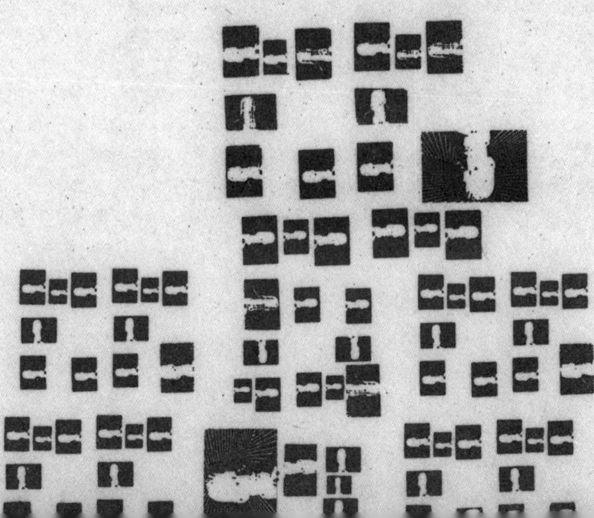

GERD KIMMERLE

Vom kategorischen Imperativ des gebrochenen Begehrens

Zu Kant, Habermas und Hegel

(1) Wer moralisch argumentiert, sieht sich, zumindest seit Nietzsche, dem Verdacht ausgesetzt, er habe etwas zu verbergen. Dieser Verdacht richtet sich vornehmlich gegen eine selbstgewiß auftretende Moralität, die für ihre eigenen Urteile absolute Geltung beansprucht, sich aber dagegen verwahrt, selbst befragt und beurteilt zu werden. Die an ihn anknüpfende Moralkritik, deren klassische Gestalt von Hegel bis Nietzsche ausgearbeitet worden ist, versteht sich als radikalisierende Grenzüberschreitung. Sie wendet sich gegen Wahrheitsgrenzen, die eine moralisch gebundene Aufklärung an ihr selbst zu ziehen sich genötigt sah, ist also nicht gegenaufklärerisch, sondern erwächst aus dem reflexiven Begründungsanspruch, dem die neuzeitliche Aufklärung jegliche Urteilsbildung zu unterwerfen lehrt.

Man kann die Verankerung des moralischen Willens im Absolutismus einer göttlich begründeten Vernunft als *cartesianische Ethik* bezeichnen und behaupten, daß diese Ethik erst nach Hegel zusammenbricht und daß dieses Zusammenbrechen immer noch anhält. Bis zu diesem Gipfelpunkt ihres Zusammenbruchs ist die abendländische Philosophie fast durchgängig von einer theozentrischen Einheit von Metaphysik und Moral geprägt, die es verbürgt, daß das sittlich Gute nicht nur subjektiv gewiß, sondern auch objektiv wahr ist. Nicht der Mensch, sondern Gott steht im Mittelpunkt dieses Denkens. Er ist die universelle Vermittlung einer Ursprungswahrheit, als deren sich selbst destruierende Explikation die Entwicklung der neuzeitlichen Philosophie angesehen werden kann.

Die perspektivische Bindung des Denkens an ein göttlich Absolutes, die das Moralische metaphysisch begründet, gilt noch für Kant. Sie gilt auch noch für die französische Aufklärung. Der in ihr aufbrechende Atheismus führt deshalb zu keiner radikalen Infragestellung der (bürgerlichen) Moral, weil er die Natur vergöttlicht und sich im Postulat der normativen Einheit von Natur und Moral selbst zurücknimmt. Kants negativer Naturbegriff, der ihn alles Sinnliche mit einem Hang zum Bösen behaftet sehen ließ, verschließt ihm jede naturalistische Begründung der Moral. Für ihn ist der kulturbildende Bruch mit der Natur die notwendige Voraussetzung für das Verständnis des Menschlichen. Da ein moralisches Gesetz für ihn nur eine innere Verbindlichkeit, kein äußerlich (und sei es von einem Gott) auferlegtes Gebot sein kann, kommt er zu dem Schluß, „daß alle sittliche Begriffe völlig a priori in der Vernunft ihren Sitz und ihren Ursprung haben.“[1]

Das moralische Gesetz bestimmt den menschlichen Willen aus reiner Vernunft. Nach Kant ist dieser Satz nur deshalb keine Aussage über einen bestehenden Sachverhalt, sondern bloß eine Forderung, die bekundet, wie es sein sollte, weil der Mensch ein heterogen aus Vernunft und Sinnlichkeit zusammengemischtes Doppelwesen ist. Für ein ausschließlich vernünftiges Wesen ist der Wille nichts anderes als praktische Vernunft.[2] Ihm sind die Gebote der Vernunft keine fremden Nötigungen, sondern Ausdrucksformen seiner freien Selbstbestimmung, worin es sich selbst verwirklicht. Jedes vernünftige Wesen ist daher ein Wesen autonomer Vernunft. Es existiert als Zweck an sich selbst, in dessen Selbstverhältnis sich Selbstbezug und Selbstverpflichtung zu der als allgemeingültig anerkannten moralischen Lebensform unauflöslich ineinander verschränkt haben. Dieses zweckrationale Schema moralisch vernünftigen Selbstbewußtseins gilt, wie gesagt, für reine Vernunftwesen. Als auch sinnliches Wesen lebt der Mensch jedoch eine zweideutig gebrochene Existenz. Er besitzt keinen schlechterdings guten (göttlichen oder heiligen) Willen, sondern nur einen Willen im Widerstreit zwischen sinnlicher Neigung und vernünftigem Halt und das heißt für Kant, zwischen kausaler Naturbestimmung und autonomer Selbstgesetzgebung.

Kant sieht seine philosophische Aufgabe darin, zu erklären, wie die Kausalität der Natur im menschlichen Willen mit der Kausalität der Freiheit widerspruchsfrei vereinbart werden kann. Nur wenn es möglich ist, die moralische Forderung nach Freiheit mit dem naturwissenschaftlichen Anspruch auf durchgängige Kausalerklärung zu versöhnen, kann der Streit zwischen den Grundsätzen der Aufklärung geschlichtet und die Einheit von Freiheit und Wahrheit, die darin verlorenzugehen drohte, wiederhergestellt werden. Das frühaufklärerische Pathos der Freiheit widerstreitet der wissenschaftshörigen Eingliederung des Menschen in die bruchlos naturgesetzlich geregelte Ordnung einer Sinneswelt, deren Erkenntnis durch objektiv gültige Urteile festgehalten wird. Kant, der beides nicht aufgeben will, versucht die darin sich abzeichnende *Antithetik von Freiheit und Wahrheit* durch die transzendentalphilosophische Trennung zwischen der intelligiblen Welt der Vernunft und der empirisch erkennbaren Welt des sinnlich Erscheinenden aufzulösen. Bekanntlich bildet seine Frage nach der Möglichkeit von Freiheit in einer Welt, deren Erscheinungen durch naturwissenschaftliche Kausalerklärungen in einen vollständig determinierten Zusammenhang zu bringen sind, den Schlüssel zum Verständnis seines transzendentalen Idealismus. Sein Entwurf einer Ethik der praktischen Vernunft wird von einer transzendentalphilosophischen Erkenntniskritik getragen, deren Scheidung von Noumenalem und Phänomenalem in verschiedene Weltsphären der Vernunft einen Bereich möglicher Freiheit jenseits des sinnlich Erfahrbaren und doch diesseits des urteilslogisch Denkbaren sichern soll. Der platonische Dualismus, dem er sich damit verschreibt, erzeugt jedoch, wie man weiß, mehr Probleme als er selbst löst. Zu erinnern ist hier nur an die Dialektik der Grenzbestimmung, die in den Aporien des Dinges an sich aufscheint und an die Problematik des transzendentalen Subjekts als selbst unbedingtem Anfang aller Bedingungsreihen, der denknotwendig unbegreiflichen Voraussetzung aller begrifflich strukturierten Erkenntnis.

Kants sphärentrennende Auseinanderlegung will einen inneren Widerspruch in den moralischen Grundbestimmungen selbst verbergen. Sein vergeblicher Versuch, die moralische Einheit des Vernunftsubjekts in der Ursprungsspaltung zu bewahren, die er in die menschliche Existenz einträgt, bezeugt wider Willen diesen Widerspruch des Moralischen im Versuch einer widerspruchstilgenden Explikation seiner Möglichkeit. Kants Anspruch, eine moralische Vermittlung von Individuellem und Allgemeinem zu leisten, verkehrt sich in eine subsumtionslogische Unterwerfung alles Besonderen unter ein vorgängig Allgemeines. Seine Erörterung bewegt sich am Leitfaden einer logischen Form, die den in ihrem Medium dargestellten Inhalt in seiner Darstellung verkehrt. Drei Fragen an Kant machen dies deutlich. Wie ist es möglich, daß das moralische Prinzip der Verallgemeinerungsfähigkeit im kategorischen Imperativ die gegensätzlichen Forderungen nach Gleichheit und Selbstbestimmung (Selbstzweck) in sich vereint? Was bedeutet es, daß die moralische Verpflichtung (Verbindlichkeit), die den vernünftigen Willen (zirkulär) zur praktischen Vernunft bestimmt, als Einheit von Freiheit und Notwendigkeit begriffen werden soll? Kann die Verwirklichung des moralisch Geforderten, des moralischen Sollens, als Verwirklichung von Freiheit verstanden werden? Untersucht man Kants Antwort auf diese Fragen, bemerkt man, daß ihn sein subsumtionslogisch interpretierter Dualismus zu folgenschweren Verkehrungen zwingt. Nicht erst in der politischen Verwirklichung des moralischen Willens, die Kant als geschichtliche Verwirklichung des ideal Möglichen versteht, sondern schon im *urteilslogischen Vernunftbegriff von Moral,* der Kant den Leitfaden für dieses (als unerfüllbar eingesehene und doch unbedingt geforderte) abstrakte Realisieren anhand gibt, ist diese *Verkehrung von Freiheit in Untertänigkeit* angelegt, in der sich Kants Ethik des freien Willens pflichtschuldig selbst zerstört. Der innermoralische Widerstreit zwischen Freiheit und Ordnung endet mit einem Sieg der Ordnung über die sie begründende Freiheit.

Um sie überhaupt ermöglichen zu können, verpflanzt Kant die Freiheit in ein moralisches Reich der praktischen Vernunft, das außerhalb alles empirisch Zugänglichen liegt. Dadurch sichert er sich vor naturalistischen Fehlschlüssen, bindet die erfahrungstranszendierende Vernunftmöglichkeit von Freiheit aber zugleich an eine hierarchisch geordnete Herrschaftsbeziehung, die der platonische Dualismus und das cartesianische Denken, das ihn übernimmt, zwischen der intelligiblen Welt des ideal (urbildlich) Seienden und der sinnlichen Welt des Wandelbaren errichten.

Für Kant ist die Autonomie des (Vernünftigen im) Menschen unauflöslich an seine Zustimmung zur Unterwerfung unter die verpflichtende Macht des moralisch absolut Geltenden gebunden. Daher begreift er Selbstbestimmung als Unterwerfung des sinnlich Bedingten unter das übersinnlich Unbedingte im Menschen. Erst diese immanente Transzendenz des Absoluten begründet und ermöglicht für ihn die Freiheit des autonomen Vernunftsubjekts und löst den Menschen aus den Banden der Natur, der Herrschaft des sinnlich Gegebenen. Soll sich die Macht der praktischen Vernunft in der menschlichen Wirklichkeit manifestieren, muß die inhaltliche Triebbestimmung des Willens im Begehren durch seine formale Vernunftbestimmung überwunden werden. Zu diesem Zweck muß das sinnliche Objekt als Kausalität des Begehrens aufgehoben und durch einen Selbstbezug gebrochen werden, in dem sich der Selbstzweck des durch Vernunft bestimmten Begehrungsvermögens über alle Objektbindungen hinwegsetzt. Das heißt aber, Freiheit als apriorisches Vernunftprinzip des Begehrungsvermögens muß in die intersubjektiv selbstbezügliche Synthese eingeformt werden, die im allgemeinen Willen sich selbst realisieren soll. In dieser Rückbindung der Freiheit an den allgemeinen Willen verknüpft Kant die Grundbestimmungen von moralischer Vernunft und sittlich geordneter Gemeinschaft und schlägt damit die Brücke von der moralischen Selbstverantwortung zum rousseauistischen Begriff des Staates, dessen ethische Konstruktion er geschichtsphilosophisch entwickelt.

Da er ihnen einen gemeinsamen Endzweck unterstellt, hält sich Kant für berechtigt, den geschichtlichen Übergang des Menschengeschlechts von der Natur zur Kultur mit dem moralischen Übergang von der Herrschaft des Sinnlichen zur Herrschaft der Vernunft gleichzusetzen.[3] Moral und Geschichtsphilosophie verbinden sich in der lückenlosen Seinskette aller existierenden Wesen[4] zu einer Stufenordnung der Vollkommenheit, in der die ethnologische Erfahrung menschlichen Andersseins[5] in eine kulturgeschichtliche Teleologie der wachsenden Annäherung des Menschlichen an das Vernünftige aufgenommen und aufgehoben wird, wobei Kant ganz selbstverständlich Europa als den Ort der größten Vernunftnähe ansieht. Seine geschichtsphilosophische Aufhebung alles anthropologisch Verschiedenen in die werdende Vernunfteinheit des Menschengeschlechts verbindet eine zeitlich gewendete Auslegung der neuplatonischen Lehre ineinander übergehender Seinsstufen mit der platonischen Wahrheitsdialektik des Aufstiegs jedes philosophisch Erkennenden in die urbildliche Einheit des Guten und des Göttlichen, der ihr eingeflochtenen (cartesianischen) Metaphysik des autonomen Vernunftsubjekts und dem neuzeitlichen Verständnis von Kultur als Geschichte fortschreitender Naturbeherrschung zu einer Weltsicht, in deren Horizont trotz der anerkannten Geltung aller naturwissenschaftlichen Grundsätze, auf denen die Newtonsche Physik aufbaut, die Möglichkeit eines moralischen Wesens bewahrt bleibt. Erst auf der tragenden Grundlage eines solchen Weltentwurfs können formale Diskussionen, wie die über die objektive Geltung und die Richtigkeit von moralischen Urteilen geführt werden. Leider wird dies in vielen der neueren Auseinandersetzungen übersehen, die Kants Ethik allzu ausschließlich daraufhin untersuchen, ob sie eine stimmige Logik des moralischen Urteils und der moralischen Urteilsbildung enthält.

Der Endzweck der Geschichte, den Kant angibt, die Verwirklichung moralischer Vernunft, wäre erst erreicht, wenn alle Naturabhängigkeit überwunden wäre. Dies ist nicht möglich. Dennoch muß, so Kant, dieses unerreichbare Ziel als unendlich aufgegebene Forderung aufgestellt werden, weil nur dadurch das menschliche Dasein einen antizipierenden Willen zur Vernunft enthält, der über die determinierende Macht des sinnlich gegenwärtig Bestehenden hinausführt. Die geschichtliche Bewegung, verstanden als immanentes Transzendieren von Natur, kann nur dann auf einen Endzweck hinstrebend gedacht werden, wenn sie in eine zeitlos zeitumgreifende Verbindung der intelligiblen Vernunft mit dem zukünftig zu Verwirklichenden eingefügt werden darf. Diese Möglichkeit will Kant durch den *zweckrationalen Vernunftbegriff der Geschichte* sichern, dem er alle menschliche Entwicklung zuweist. Vorausgesetzt ist dabei, daß der Endzweck nicht nur eine Idee der Vernunft, sondern die Idee der Vernunft selbst ist. Sein teleologischer Begriff der Geschichte denkt den Endzweck übersinnlicher Freiheit als handlungsleitende Idee in sie ein, wobei er den Naturzweck, wie er im Phänomenbereich der organischen Selbstreproduktion angenommen werden kann, als Symbol für den moralischen Endzweck alles vernünftigen Wesens ansieht.[6] In dieser Symbolfunktion ist die Natur gerechtfertigt, weist sie darin doch aus sich selbst darauf hin, daß der Endzweck der Geschichte den Dualismus von Natur und Vernunft mit dem christlichen Gedanken vermittelt, das geschichtliche Feld als unendliche Aufgabe der Aufhebung alles sündhaft Sinnlichen zu verstehen.

Bedenkt man die nur knapp angedeuteten Zusammenhänge von Moral, Metaphysik, Anthropologie und Geschichtsphilosophie, in deren epochal vorentworfenem Rahmen sich Kants Erörterungen bewegen, dann zeigt es sich, daß die scheinbar bloß formalen Figuren seiner moralischen Argumentation nur auf dem Hintergrund einer christlichen Theologie der Erlösung ihre Prägnanz gewinnen.

Wer dies übersieht und nur Kants Formalismus aufnimmt und weiterführt, bleibt Theologe wider Willen. Vor allem bleibt er den theologischen Prämissen einer moralischen Politik verhaftet, deren Ursprungsgewalt und Vollendungszwang sich in der scheinbar gewaltfreien Sphäre einer vermeintlich zwanglosen Moral nur oberflächlich verbirgt.

(2) In der Absicht, zu beweisen, daß Hegels Kritik an Kants Moralphilosophie nicht auf die Diskursethik zutrifft, hat Habermas sie in vier Punkte zusammengefaßt.[7] Hegels Einwände gegen den Formalismus, den abstrakten Universalismus, die Ohnmacht des bloßen Sollens und den Terrorismus der einen Gesinnung betreffen jedoch keineswegs bloß deren Folgeprobleme, wie Habermas behauptet.[8] Vielmehr richten sie sich gegen das *Abstraktionsprinzip* selbst, von dem Kants Ethik mit ihren unbedingten Vernunftforderungen und ihrer dualistischen Weltsicht abhängt. Hegels Einwände gegen Kants imperativische Ethik gelten durchaus auch für ihre diskursethisch erneuerte Form, die Habermas vertritt, versucht dieser doch, abgehoben von den situierten Realitäten einer von ihm ins unverbindlich Ästhetische abgeschobenen Alltagswirklichkeit, eine universalgültige Ethik in reiner kommunikativer Vernunft zu begründen.[9] Dieser Versuch muß scheitern, weil er sich in den sprachphilosophisch erneuerten Aporien des absoluten Wissens verfängt. Es läßt sich zeigen, daß der von Habermas erhobene Unbedingtheitsanspruch auf Universalität und Unhintergehbarkeit, den er in seiner universalpragmatischen Explikation der Möglichkeitsbedingungen vernünftiger Rede überhaupt eingelöst zu haben glaubt, nur eine unterbietende Wiederholung der idealistischen Philosophie des Absoluten ist.[10]

Die von Habermas entwickelte Theorie des kommunikativen Handelns soll hier nicht ausführlich erörtert werden. Ihre Schwächen sind inzwischen wohlbekannt. Vor allem ist deutlich geworden, daß ihr technokratischer Kern ihrem moralischen Anspruch widerstreitet. Daher soll an dieser Stelle nur ein allerdings wesentlicher Punkt herausgegriffen werden, nämlich die Frage nach der *Sozialisation zur Vernunft,* die Habermas aufwirft und in einer Weise beantwortet, die zeigt, daß seine Diskursethik Freiheit nur im sie verkehrenden Ordnungsrahmen einer herrschsüchtig normierenden und disziplinierenden Kontrollvernunft duldet. Der verleugnete Wille zur Macht, der diesem Moralisieren zugrundeliegt, wird sichtbar, wenn man den inneren Gegensatz zwischen Individuum und Allgemeinem herausstellt, der in der diskursethisch begründeten Forderung nach der moralischen Vernunftbestimmung alles wahrhaft menschlichen Denkens und Handelns vorausgesetzt ist.

Habermas muß einräumen, daß seine eigentümlich selbstwidersprüchliche Rede vom angeblich zwanglosen Zwang des (für wen?) besseren Arguments nur auf den Kreis der (von wem?) ausgewählten und zugelassenen Teilnehmer an einem vernünftigen Diskurs bezogen werden kann, die bereits zuvor mit nicht nur vernünftigen Mitteln zur Vernunft gebracht worden sind. In diesem Eingeständnis ist aufgedeckt, daß die Sozialisation zur Vernunft der darin heteronom antizipierten Vernunft selbst als deren vorvernünftig vorgegebene Verwirklichungsbedingung vorausgesetzt werden muß. In der kreisschlüssigen Abhängigkeit der so vorentworfenen Vernunft von der sozialisierenden Normierung, die den zu erziehenden Einzelnen in einem sozialen Integrationsprozeß zu ihr hinführen soll, zeigt sich derselbe Bruch zwischen sinnlich Individuellem und vernünftig Allgemeinem, den schon Kant nur durch ein zwangsethisches System von Pflichten, Geboten und Verboten zu überbrücken vermochte.

Ohne Zweifel ist die Diskursethik von der Absicht geleitet, Individuelles und Allgemeines miteinander in Einklang zu bringen. Ihre nachträgliche Verbindung setzt allerdings eine vorgängige Formation des Individuums voraus, über die längst schon vorentschieden ist, bevor es die moralische Intuition entwickeln kann, als deren Explikation Habermas seinen Entwurf einer diskursiven Logik der moralischen Willensbildung mißversteht. Sein Festhalten am Vorrang des Allgemeinen gebietet es, allen Individuen ein moralphilosophisch vorentworfenes Vernunftziel vorauszuschicken, dessen richtungsweisenden Vorschriften sie bei Strafe des Ausschlusses aus dem Kreis beschlußfähiger Vernunftwesen nachzukommen haben, die ihm gemäße Entwicklung des individuellen Willens als Effekt sozial kontrollierter Verinnerlichungsprozesse zu verstehen und zu fordern, diese müßten nach vernunftangemessenen Entscheidungen, die stellvertretend vom schon Vernünftigen für noch Unvernünftige getroffen worden sind, zweckrational geplant, durchgeführt und überwacht werden. In dieser vorgängigen Organisation verbirgt sich die (genealogisch) vermittelnde Gewalt, die das Moralische in seiner scheinbar unmittelbar (intuitiv) einsichtigen Geltung verleugnet. Der Verdacht liegt nahe, daß für Habermas, der sich im traditionellen Ordnungsrahmen einer sinnesfeindlichen Selbstdisziplinierungsmoral bewegt, der moralische Zweck auch gewalttätige Sozialisierungsmittel heiligt, da er sie für unabdingbar notwendig hält, um ihn im dadurch sozial integrierten Individuum innerlich zu verankern.

Wie jede universalistische Moral, verlangt auch die Diskursethik, daß den absolut geltenden Normen ihrer intersubjektiven Selbstbegründung eine Gestaltung des gesellschaftlichen Lebens entgegenkommt, in der sie zu verwirklichen sind. Sie sind auf eine entsprechende Lebensform angewiesen, die sich kennzeichnen läßt durch „Sozialisations- und Erziehungspraktiken, welche in den Heranwachsenden stark internalisierte Gewissenskontrollen anlegen und verhältnismäßig abstrakte Ich-Identitäten fördern."[11] Obgleich Habermas die notwendige Übereinstimmung der von ihm geschätzten Moral mit der bürgerlichen Lebensweise anerkennt, verbietet er sich jeden Argwohn, ihr Universalanspruch könnte nur eine Selbsttäuschung des bürgerlichen Bewußtseins sein, das die Grenzen seines Vorstellungsvermögens mit den von ihm wesensanthropologisch festgelegten Grenzen des Menschlichen überhaupt verwechselt. Er glaubt ernsthaft, seine platonischen Ausflüchte in einen intelligiblen Seinsbezirk des ideal Geltenden und anerkennungsnotwendig Seinsollenden, den er in einem sprachintegrierten Vernunftsystem kontrafaktischer Idealfiktionen ansiedelt, erlaube es ihm, die geschichtliche Begrenztheit der bürgerlichen Moral auf die Existenzbedingungen von gesellschaftlichen Institutionen als Verkörperungsträgern eines dennoch menschheitsumgreifend Allgemeingültigen einzuschränken. Seine bemerkenswerte Unfähigkeit, sich mit anderem Denken auseinanderzusetzen, ohne ihm seine mitgebrachten Voraussetzungen und angeblich unbestreitbaren Verständigungsbedingungen einzubilden, hängt offenbar mit seinem starken Willen zusammen, sich die Illusion zu bewahren, in den bürgerlichen Antizipationen eines moralisch guten Lebens erschöpften sich die idealen Wesensmöglichkeiten der menschlichen Vernunft und des nach ihren Maßstäben wünschbaren Lebens überhaupt. Nur dieser platonische Grundzug der diskursiven Vernunft gestattet ihre Reduktion auf Einheit und damit den Glauben, alles anthropologisch Allgemeingültige sei beweisbar in der vernünftigen Rede von Vernunftgleichen eingeschlossen. Dem ist entgegenzuhalten, daß die unermüdlich wiederholte und gegen jeden Einwand durch Nichtbeachtung abgesicherte Behauptung, alles Verständnis beruhe auf Einverständnis, ein haltloses Vorurteil ist.

Niemand wird mit ausgebildeter Vernunft geboren. Daher muß

durch eine vordiskursive Sozialisationpraxis dafür gesorgt werden, daß die Bedingungen erfüllt sind, „die notwendig sind, damit alle jeweils Betroffenen für eine regelrechte Teilnahme an praktischen Diskursen instandgesetzt werden." [12] Habermas verlangt von jedem Individuum, bevor ihm (von wem?) die Teilnahme an einem praktischen Diskurs erlaubt wird, seine Instandsetzung, die es zu normativ regelgeleitetem Verhalten befähigt. Damit aber zerfällt die vorgespiegelte Einheit seiner diskursethischen Synthese von individuellem Willen und praktischer Vernunft. Letztere spaltet sich auf. Einer abstrakt geltenden Logik der diskursiven Willensbestimmung in ideal seinsollender Vernunft begegnet ein realnotwendiger Zwangsmechanismus der vorgeschriebenen Hinführung aller Individuen zu der ihnen vorausgesetzten Vernunft, worin ihre Natur umgebildet und der Kontrolle und Disziplin einer normsetzenden Vernunft unterworfen wird. Wendet man sich dem Schicksal des Individuums zu, das Habermas ihm durch eine Politik bereiten will, „die sich die Transformation von Lebensformen unter moralischen Gesichtspunkten zum Ziel setzt" [13] und läßt sich dabei nicht durch das von ihm bekundete Pathos seines Herzklopfens für das Wohl der Menschheit beirren, dann entdeckt man im Aufbau der Diskursethik ein funktionalistisches Fundament, das darüber aufklärt, daß sich in der von Habermas vorgetragenen Moralphilosophie ein zeitgemäß technokratischer Wille zur Macht verbirgt. Im gesellschaftlichen Lebenszusammenhang wird individuelles Verhalten in feste Verhaltensmuster gezwungen. Diese soziale Generalisation ist geschichtlichem Wandel unterworfen. Habermas interpretiert ihn als Rationalisierung des Normativen, in der sich äußerlich Erzwungenes zunehmend verinnerlicht [14], wobei sich sein Urteil darüber, ob eine sozial geltende Norm auch ideale Geltung beanspruchen darf, danach richtet, ob sie ein *verallgemeinerungsfähiges Interesse* zum Ausdruck bringt.[15] Habermas stützt sein Überprüfungsverfahren, das darüber Auskunft geben soll, welche bestehenden Normen und Verhältnisse, welches sozial Gültige und real Anerkannte auch ideal geltend (seinsollend) und anerkennenswert ist, auf einen Nützlichkeitskalkül verrechenbarer Interessen.[16] Im Interesse ist sinnlich Gegenwärtiges mit zukünftig Erwartetem verbunden. Für Habermas ist diese Einbindung alles sinnlich Erfahrbaren in den Zeitbezug antizipierender Zweckrationalität nicht fragwürdig. Seine Begründung von verhaltensleitenden Normen durch den Beweis der Verallgemeinerungsfähigkeit von Interessen, die darin zum Ausdruck kommen sollen, bindet die von ihm ohnehin auf Rechtsfragen eingeengte moralische Beurteilung an die Maßstäbe einer zweckrational selbsterhaltenden Vernunft, worin Ich-Identität als Doppelverhältnis von Selbstbesitz und Weltaneignung ausgeformt wird. Das moralische Urteil, das Habermas in reiner kommunikativer Vernunft zu bilden vorgibt, gründet in einer Ökonomie der Zeit. Seine Verankerung in der intersubjektiven Vernunftsynthese des gemeinsamen Willens verweist dessen moralische Bestimmung in die geldwirtschaftliche Konstitution des autonomen Individuums. Das ökonomische Modell, in dessen unbedacht vorausgesetzten Rahmen Habermas seine moralphilosophischen Erörterungen einzwängt, ist dasjenige des Zinsverhältnisses zwischen Gläubigern und Schuldnern. Seine Verrechnungsmoral gründet in Verwertungsinteressen. Soweit diese verallgemeinerungsfähig sind, soweit also die Individuen, die sie verfolgen, beliebig austauschbar sind, schreibt ihnen Habermas emanzipatorischen Gehalt zu und hält sie daher fraglos für moralisch gerechtfertigt.

Der Begriff des Interesses ist sicherlich einer der fundamentalsten Begriffe im Theoriegebäude von Habermas. Dennoch (oder deshalb?) weigert er sich, ihn einer historischen Kritik zu unterziehen. Er ist nicht bereit, die vorgeblich anthropologische Allgemeingültigkeit des Interessenbegriffs durch eine genealogische Aufklärung in Frage stellen zu lassen, die nachweist, daß seine zweckrationale Formation des Sinnlichen erst in der frühneuzeitlichen Ökonomie und ihrer vorteilskalkulierten Zeitordnung jene unantastbar positive Bedeutung gewonnen hat, die Habermas für alle menschliche Kultur unterstellt. Er darf diesen Einbruch des Zeitlichen in seine eigene Begriffsbildung nicht eingestehen, weil sonst der wesensanthropologische Grundriß seiner gattungsgeschichtlichen Gesamtschau als trügerischer Schein entlarvt und das darauf errichtete Theoriegebäude einstürzen würde. Um dies zu verhindern, sieht er sich gezwungen, genealogische Fragen durch die abweisende Auskunft zu unterbinden, sie dürften nicht mit Geltungsfragen vermengt werden. In seiner theoretischen Entwicklung hat sich Habermas immer offener einem platonisierenden Absolutismus des ideal Geltenden verschrieben, der sich selbst vom gesellschaftlichen Lebenszusammenhang ablöst, den er nach geschichtsumgreifenden Vernunftkriterien zweifelsfrei richtig beurteilen will. Da er das geschichtsphilosophische Vertrauen in ein

Vernunftpotential der bürgerlichen Kultur, das er der kritischen Theorie zuspricht, nur im Rückgriff auf den vernünftigen Gehalt anthropologisch tiefsitzender Strukturen rechtfertigen zu können glaubt[17], duldet er keine geschichtlich horizontierten Herkunftsfragen, die sich auf die Geltungskonstitution von Vernunftbegriffen überhaupt beziehen, sondern beharrt darauf, die okzidentale Rationalität und ihre methodische Lebensführung in eine anthropologisch vorgängige Vernunftgründung zurückübersetzen zu dürfen. Unbekümmert vertritt er den imperialen Anspruch der Moderne, alle Wahrheit zu sein.

Derselbe anachronistische Unbedingtheitsanspruch, der die geltungslogische Verselbständigung seiner apologetischen Vernunftrekonstruktion nach sich zieht, verbietet es Habermas auch, die Wiederkehr der Gewalt in ihrer moralischen Überwindung zu bemerken, obgleich seine eigenen Ausführungen dies belegen. Habermas kann nur deshalb in den sozialen Grundbegriffen von Durkheim, Weber und Mead die Idee der Autonomie wiederfinden, weil ihm die Verkehrung des Freiheitsbegriffs in einen Begriff der Selbstkontrolle zum Zwecke sozialer Integration als authentische Verwirklichung von Freiheit überhaupt gilt. Nur deshalb kann er sich vorbehaltlos einer Tradition einfügen, die versucht, „der Kantischen Idee der Freiheit als des Gehorsams gegenüber selbstgegebenen Gesetzen eine soziologische Wendung zu geben."[18] Nur deshalb auch kann er verkennen, daß die Vernunftinstanz des verallgemeinerten Anderen, die in der subjektivierenden Verinnerlichung von sozialen Anforderungen entsteht[19], Gewalt in sich birgt.[20] Die Rationalisierung gewaltsam erzwungener Verpflichtungen, die zunehmend abstrakt, formal, reflexiv und universal werden, übersetzt manifeste Gewalt in Macht, worin diese nicht getilgt, sondern bewahrend aufgehoben, zu einer ständig verfügbaren Möglichkeit verallgemeinert wird. Man kann die *Geschichte der Gewalt* als ihre machtbildende Einbindung in die Antizipationen zweckrationaler Vernunft beschreiben[21] und zeigen, daß die Macht der Vernunft über den menschlichen Willen, die Habermas als Befreiung aus der Gewalt sinnlicher Naturbindungen feiert, auf der Übersetzung blinder Gewalttätigkeit in intentionale Anwendungsmöglichkeiten beruht. Macht ist mögliche Gewalt.

Für Nietzsche und Freud ist, wie übrigens auch schon für Hegel, der Übergang von Natur zu Kultur nur mit Hilfe eines Systems von gezielt eingesetzter Grausamkeit erreichbar. Auch Habermas teilt diese Ansicht. Auch für ihn bildet sich der abendländische Kulturkreis auf einer Grundlage von Gewalt und Unterdrückung. In Übereinstimmung mit Hegel und Freud, im Gegensatz allerdings zu Nietzsche, vertraut er jedoch darauf, daß die gewaltsame Vermittlung von Vernunftgehorsam zur Einsicht in dessen begriffene Notwendigkeit und damit zum Absterben der vernunftfördernden Gewalt in der Verwirklichung ihres Vernunftziels führt. Dieses Vertrauen beruht auf dem Glauben, daß der notwendige Beitrag an Gewalt auf die Durchsetzung des Vernünftigen im sinnlich Gegebenen zu beschränken sei, der Ursprung der Vernunft selbst daher nicht in den Wurzeln der Gewalt gesucht werden dürfe, sondern einem menschlichen Wesensgrund jenseits des Gewaltbezirks von Natur und Geschichte zugedacht werden müsse.

Um seine geltungslogische Entflechtung der Vernunft aus der Verstrickung in die Gewalt ihrer Verwirklichung zu gewährleisten, knüpft Habermas auch wahrheitstheoretisch an Kant an. Dessen Behauptung, der Mensch vermöge sich deshalb der Heteronomie der Natur zu entziehen und Herr seiner selbst werden, weil sie nur eine Welt des sinnlich Erscheinenden eingrenzt, die kein wahrhaftes Ansichsein beanspruchen kann, da die in antizipierter Vernunft vorweggenommene „Verstandeswelt den Grund der Sinneswelt, mithin auch der Gesetze derselben, enthält"[22], wird in der von Habermas vorgelegten Konsenstheorie der Wahrheit wiederholt. Schon Kant hatte die Analytik des urteilenden Verstandes als transzendentale Logik der Wahrheit entwickelt und erklärt, der Aufbau intersubjektiv nachvollziehbarer Erfahrung könne sich nur in einem System objektiv gültiger Urteile vollziehen, das damit eindeutig festgelegt sei. Habermas, dessen Denken sich in der Klassifikation überkommener Wissensbestände erschöpft, hat einige Unterscheidungen im Begriff der Vernunft aufgezeichnet, die nach Kant getroffen worden sind, und der immer weiter ausdifferenzierten Einteilung, mit der er der akademischen Organisation des Wissenschaftsbetriebs zur Würde einer anthropologischen Berechtigung verhilft, den Anstrich einer neu ausgearbeiteten Theorie der Vernunft gegeben. Die bleibende kantische Grundlage ist jedoch der Vorrang des methodisch Formalen und der Verzicht auf die Kritik der formalen Vernunft, wie sie sich etwa bei Horkheimer und Adorno findet. Habermas folgt Kants Auslegung der Vernunft am Leitfaden transzendentaler Formbestimmungen. Auch seine ausdifferenzierte Bestimmung des Realen durch das Ideale schreibt mögliche Erfahrung in ein Präformationssystem formaler Voraussetzungen ein, die er im sprachanthropologisch rückgegründeten Vorgriff auf die (man weiß nicht warum) erwünschte Übereinstimmung aller, die sich wechselseitig für vernünftig erklären, schon gewonnen zu haben fingiert. Wem der darin vorausgesetzte Glaube an eine welterhellend sich selbst antizipierende Vernunft fehlt, den werden die Ausführungen von Habermas nicht überzeugen.

Trotz aller Mühen, die antizipierte Synthese von Individuellem und Allgemeinem als Aufstieg in die gewaltfreie Sphäre der reinen kommunikativen Vernunft zu beschreiben, kann Habermas den Bruch zwischen beiden, den dieser Wille zur Synthese selbst bezeugt, nur als Ort der Gewalt denken. Auch er muß zugeben, daß sein Vernunftziel eines gewaltfreien Lebens, dessen Vorschein im Sprachlichen er anders als Benjamin und Adorno nicht mit einer Kritik der urteilslogischen Aussageform verbindet, nur gewaltvermittelt (sei es durch die Ausübung erzieherischer Gewalt, sei es durch die Anwendung widerständiger Gegengewalt) erreicht werden kann. Diese Ausrichtung des Individuums durch eine zweideutig zugleich machtbrechende und machtbildende Kraft schreibt eine Erinnerungsspur formierender Gewalt in die vermeintlich gewaltfreie Sphäre der diskursiven Vernunft ein, worauf übrigens auch schon Hegel aufmerksam gemacht hat, dessen Auslegung des formbildend negierenden Tuns in der Brechung des Begehrens als Entwicklungskern des vernünftigen Selbstbewußtseins jene Verbindung von Todeserfahrung und selbsterhaltender Vernunft knüpft, die man bei Habermas vergeblich sucht.

Habermas scheint nicht begreifen zu wollen, daß die gewaltsame Tilgung von Gewalt nur untergründig verstärkt, was sie oberflächlich verschwinden läßt. Ihre Übersetzung in die grenzsetzende Gewalt des Verbots ist an ein Todesverhängnis gebunden, das die Abwesenheit manifester Gewalttätigkeit erlaubt, weil ihre aufgezehrte Gegenwart, umgewandelt in die Manifestation der Macht als ständig drohende Möglichkeit ihrer Wiederkehr und eingebunden in die zweckrationale Vernunft ihrer zielgerichtet eingesetzten Ausübung, bewahrend negiert ist. Daher kann der geschichtliche Wandel der Form, in der Individuen aneinander gebunden sind, nicht als Überstieg über die zweckrationale Machtsphäre der Gewalt angesehen werden, solange die freiheitsbrechende Rückbindung an das Todesprinzip des Überlebenswillens nicht aufgelöst ist, das die Geschichte der selbsterhaltenden Vernunft durchgängig beherrscht.

Der Prozeß der abendländischen Zivilisation wird verzerrt dargestellt, wenn man ihn nur als Emanzipationsbewegung einer geschichtlich fortschreitenden Befreiung aus begrenzenden Gewaltverhältnissen beschreibt. Dieser Prozeß, der die Geschichte des politischen und theologischen Absolutismus formt, umfaßt die machtausweitende Entdeckung, Eroberung und Erschließung der Welt ebenso, wie ihre begriffliche Erfassung als zentrierte Einheit von Bewegungsabläufen, deren gesetzliche Ordnung durch eine unbewegt allesbeherrschende Mitte festgelegt ist. Im Zusammenhang von territorialer Zentralisation und kolonialistischer Expansion, den das frühneuzeitliche Europa auszubilden beginnt, manifestiert sich eine staatlich organisierte Zentralperspektive der Macht, die zunehmend alle Lebensäußerungen innerhalb ihres Herrschaftsgebiets der Disziplin einer vorsorglich überwachenden Kontrollvernunft unterwirft. Der Einheitswille, der darin in Erscheinung tritt, beherrscht auch die zentralperspektivischen Vernunftkonstruktionen der Aufklärung und die moralischen Sehnsüchte der sich entwickelnden bürgerlichen Gesellschaft, in deren handlungsleitend sich selbst idealisierenden Utopie das Verlangen nach willkürbrechender Vernunftdisziplin scheinharmonisch mit einem gesetzlich verbürgten Freiheitsversprechen verbunden wird. Die Aufklärung über diesen trügerischen Schein bildet den Kern der *Dialektik der Aufklärung,* die von Hegel in das philosophische Bewußtsein gehoben und von Horkheimer und Adorno zu einer weltgeschichtlichen Kritik der Moderne ausgearbeitet worden ist. Habermas hat die endzeittheologischen Aporien der Kritischen Theorie zu Recht kritisiert. Seine wendephilosophische Konsequenz einer sprachanthropologischen und diskursethischen Apologie der Moderne ist jedoch verfehlt. Verständlich wird sie nur, wenn man sie als philosophiegeschichtliche Regression auf einen universalpragmatisch wiederbelebten Neukantianismus, also als Rückfall in die öden Anfänge interpretiert, aus denen sich Horkheimer und Adorno mühsam genug herausgearbeitet haben.

(3) Hegels Moralkritik fängt da an, wo Habermas aufhört. Sie richtet sich gegen die Entgegensetzung von einzelnem Willen und abstrakt gebietender Allgemeinheit, die sich in der bedingungslosen Forderung nach ihrer seinsollenden Vereinigung erhält. Hegel weist nicht nur beiläufig darauf hin, daß er diese Einheitsforderung als Indiz ihres nicht überwundenen Gegensatzes ansieht. Er entwickelt vielmehr ein Aufklärungsverfahren, das es ihm gestattet, differenzleugnende Einheitsbeteuerungen dadurch zu widerlegen, daß er sie sich erklären läßt und sie derart, gerade weil er darauf beharrt, sie müßten sich widerspruchsfrei verständlich machen können, in Widersprüche verwickelt und zum Eingeständnis impliziter Differenzvoraussetzungen zwingt. In diesem Eingeständnis wird eine Selbsttäuschung freigelegt, die überwunden werden muß, weil ihre unbegriffene Unwahrheit den selbstgewiß darin Befangenen dazu veranlaßt, gutgläubig auf das Fürwahrhalten in seiner vorgespiegelten Unzweifelhaftigkeit zu pochen und alles Weiterfragen abzubrechen oder in vorhergewußte Antworten zurückzuweisen.

Hegel ist weit davon entfernt, den Widerspruch gelten zu lassen, wie ihm kenntnislose Polemik gelegentlich unterstellt. Ihm gilt das Auftreten von Widersprüchen durchaus als Anzeichen des Unwahren. Er beruhigt sich jedoch nicht dabei, einzelne Behauptungen miteinander zu vergleichen und ihre Widersprüche anzugeben oder den inneren Selbstwiderspruch (in) einer Aussage aufzuzeigen. Darüber hinaus will er auch aufdecken, daß es Widersprüche gibt, die in Äußerungen unvermeidlich auftreten, weil deren Inhalt in der formallogischen Struktur des Urteils nicht angemessen wiedergegeben werden kann. Dieser *Antithetik des Urteils,* die gerade von denjenigen übersehen wird, die überall den Satz des Widerspruchs beachtet wissen wollen, ohne sich jemals den Widerspruch des Satzes bewußt zu machen, gilt Hegels Kritik. Für ihn bildet die dialektische Differenz von Satzform und Satzinhalt das bewegende Moment eines Denkens, das sich nicht abstrakt räsonnierend über seinen Inhalt erhebt. Was er die Anstrengung des Begriffs[23] nennt, ist demnach die dialektische Erfahrungsbewegung eines begreifenden Denkens[24], das in seiner sachlichen Darstellung den satznotwendig sich ergebenden Widerspruch zwischen Form und Inhalt des Urteils überwindet.[25]

Hier ist nicht der Ort, Hegels Dialektik des spekulativen Satzes und seine Darstellungslogik des in dialektischer Bewegung begriffenen Inhalts ausführlich zu erörtern. Dennoch muß wenigstens an sie erinnert werden, weil in der diskursethischen Theorie des moralischen Urteils der Wahrheitsbegriff der Übereinstimmung von Subjekt und Prädikat vorausgesetzt wird als hätte es niemals Einwände dagegen gegeben und weil sie erklärt, warum Hegels Entwicklungsdialektik einer dialogisch sich selbst destruierenden Explikation nicht in der bloß formalen Überprüfung von Aussagen anhand mitgebrachter Wahrheitsmaßstäbe bestehen kann, die anderen ungefragt zugemutet werden. Hegel nennt die sich selbst prüfende Erfahrung, die mit dogmatisch vorgegebenen Wahrheitsrichtlinien und ihren Formvorschriften bricht, den *sich selbst vollbringenden Skeptizismus.*[26] Er radikalisiert Kants skeptische Methode zu einem Weg der Verzweifelung[27], auf welchem nicht das geschieht, was gemeinhin unter Zweifeln verstanden wird, nämlich „ein Rütteln an dieser oder jener vermeinten Wahrheit, auf welches ein gehöriges Wiederverschwinden des Zweifels und eine Rückkehr zu jener Wahrheit erfolgt, so daß am Ende die Sache genommen wird wie vorher"[28], sondern eine Veränderung des Wissens stattfindet, die nicht vorherzusehen und vorwegzunehmen ist.

Hegel besteht auf einer inhaltlichen Ausführung, die nicht durch vorgreifende Zweckkonstruktionen und Resultatsversprechen prädeterminiert ist. Wahrheit ist ihm begriffene Unwahrheit. Daher ist sie nicht im positiven Zugriff auf unmittelbar Bekanntes zu erfassen, das sich, wie Salomon Maimons zurückgewiesener Vergleich der Wahrheit mit einer Münze nahegelegt, fertig geben und einstreichen läßt. Für Hegel ist die Vorstellung einer bewegungslos sich an ihr selbst zeigenden Wahrheit ein dogmatischer Gedanke, der aus der Philosophie ausgeschieden werden muß, ja mehr noch, er ist der Kern des dogmatischen Denkens selbst, denn „der Dogmatismus der Denkungsart im Wissen und im Studium der Philosophie ist nichts anderes, als die Meinung, daß das Wahre in einem Satze, der ein festes Resultat ist, oder auch der unmittelbar gewußt wird, bestehe."[29] Diesem Einspruch kann sich eine *skeptische Vernunftkritik* anschließen, die sich das Verbot, ihren Zweifel über vernunftpolizeigesetzlich überwachte Grenzen hinaus auszudehnen, ebenso verbittet, wie das ihm korrespondierende Gebot, angeblich unzweifelhaft Gültiges und fraglos Vorauszusetzendes vorschriftsvernunftgläubig hinzunehmen, sich jedoch auch weigert, Hegels Kehre ins absolute Wissen mitzuvollziehen, mit der er die negative Bewegung der Erfahrung kreisschlüssig totalitätsbildend umwendet und ihren offen weiterführenden Weg erinnerungsgeschichtlich abschließt. *Kein* Zweifel: solcher Vernunftkritik wird vorgehalten werden, sie sei zersetzend, nicht aufbauend. Dem ist sowenig entgegenzutreten, wie der Beschuldigung, Moralkritik sei Aufruf zur Unmoral.

Schon der frühe Hegel lehnt Kants Metaphysik der praktischen

Vernunft ab, weil in ihr die Einheit des absolut Seinsollenden mit der empirischen Existenz der vielen Individuen und ihrer Lebensbedingungen zwar als Freiheitsversprechen für moralisch handelnde Vernunftwesen angekündigt, dieses Versprechen aber durch die Form, in der es eingelöst sein soll, sogleich wieder zurückgenommen wird, da sie nur eine Mischung aus Willkür und Zwang zuläßt. Nach Hegel denkt Kant das den Menschen entzweiende Moralverhältnis von Endlichem und Unendlichem als Subsumtionsverhältnis, worin der empirisch bestimmte Zustand der Welt unter metaphysische Begriffe gebeugt und, wo er ihnen nicht entspricht, moralisch verurteilt wird. Kant und Hegel sind sich darin einig, daß das Unendliche auch das Unbedingte sei. Sie stimmen auch darin überein, daß die vernünftige Wirklichkeit, die sich für sie im unbedingt Unendlichen manifestiert, als ganzheitlich Allgemeines gedacht werden müsse. Hegel wirft Kant aber vor, daß seine urteilslogische Überprüfung des Moralischen am Leitfaden unerklärter Verstandesabstraktionen in die vernunftgeforderte Synthese von endlich Notwendigem und unendlich Freiem eine unüberbrückbare Entgegensetzung einbaut, die es unmöglich macht, zu verwirklichen, was moralisch geboten ist. Gegen diese *Verstrickung des moralischen Urteils in die verkehrende Dialektik einer unmöglichen Möglichkeit* wendet sich Hegels Kritik am formalen Maßstab des kategorischen Imperativs, dessen zugleich gesetzgebendes und gesetzprüfendes Verfahren er als trügerischen Schein einer voraussetzungslosen Formbestimmung entlarven will, die ihre Abhängigkeit von inhaltlich Vorausgesetztem nicht eingesteht und daher, nicht aus böser Absicht, sondern aus formalem Zwang, zur Heuchelei wird.

Hegel bemüht sich darum, zu zeigen, daß das unbedingt Allgemeine, das in solchen Moralurteilen als vorausgesetzter Maßstab angenommen werden muß, ein Spiel wesenloser Abstraktionen und positiv ausgedrückter Negationen ist[30], das zufällig Vorausgesetztes und zwangsnotwendig daraus Abgeleitetes aus seinem Bedingungszusammenhang herauslöst und in den usurpierten Rang von absolut Geltendem erhebt. Er hebt hervor, daß die Unterwerfung des Endlichen unter die idealen Vernunftvoraussetzungen des Unendlichen, die auf diese Weise herbeigeführt werden soll, an ihrer eigenen inneren Widersprüchlichkeit scheitert. Hegels Kritik an der Verabsolutierung endlicher Bestimmungen dient dazu, den Nachweis zu erbringen, daß die Überprüfung moralischer Inhalte am logischen Maßstab der Widersprüchlichkeit und des Abstraktionsprinzips widerspruchsfreier Verallgemeinerbarkeit nur zur Produktion von Tautologien[31], zur Verkehrung und Willkür[32] führen kann, da die Sophistik solcher Urteilsbildung schrankenlos ist, denn es gibt nichts, was nicht auf diese Weise zu einem sittlichen Gesetz gemacht werden könnte.[33]

Für die verkehrte Vernunft[34], die sich in fixierten Abstraktionen bewegt, besteht alle Gesetzgebung und Gesetzprüfung nur darin, beliebig Vorausgesetztes danach zu beurteilen, ob es allgemein gewollt werden kann. Kant will, so Hegel, nicht wahrhaben, daß durch seine subsumtionslogisch durchgeführte Vermittlung von allgemeinem Prinzip und besonderer Situation jedem beliebigen Inhalt eine moralische Form verliehen werden kann, weil willkürliche Anfangssetzungen darin letztlich nur auf ihre Übereinstimmung mit sich selbst geprüft werden. Hegel führt dies am Beispiel des Depositums aus[35], dessen gesellschaftliche Existenzvoraussetzung, wie er zeigt, erst den Raum für sämtliche Widersprüche eröffnet, die entstehen, wenn man in der Konsequenz ihrer Folge gegen sie verstößt. Über Hegel hinaus kann man zeigen, daß die allgemeinste Existenzvoraussetzung, an die Kant die formale Widersprüchlichkeit des Unmoralischen bindet, das Überlebensprinzip der Selbsterhaltung ist. Häufig beweist er nämlich die Nichtverallgemeinerungsfähigkeit von (deshalb) moralisch Verwerflichem durch den Einwand, sonst würde das Weiterbestehen der Menschheit in Frage gestellt. Mit diesem Bestandsicherungsargument verstößt Kant aber gegen die von ihm selbst geforderte Einschränkung der moralischen Prüfung auf die Form des Begriffs, die es verbietet, andere Zwecke, materiale Gründe und inhaltliche Voraussetzungen herbeizurufen. Die Nichtexistenz der Menschheit ist nur dann widersprüchlich, wenn ihre Aufhebung auf ihre bleibende Voraussetzung bezogen wird. Läßt man diese Voraussetzung fallen, verschwindet auch der daran gebundene Widerspruch. Kant ist also gezwungen, inhaltliche Voraussetzungen zu machen, um seine formale Widerspruchsprüfung überhaupt durchführen zu können, die eben diesen Rückgriff auf inhaltlich zu Berücksichtigendes verbietet.

Hegels Kritik am moralischen Formalismus will durch die Aufdeckung der Begründungsdialektik von Form und Inhalt den Nachweis führen, daß die vorgespiegelte Identität von Allgemeinem und Besonderem als dialektischer Schein eines subsumtionslogischen Abstraktionsverfahrens zu durchschauen ist, das dem Besonderen das Allgemeine entnimmt, es ihm entgegensetzt und überordnet, ihren bestehen bleibenden Gegensatz dadurch in eine hierarchische Klassifikation einschließt und so ein System des allgemein Gleichen auf einer Vielfalt innerer Unterschiede gründet, die als unwesentlich und bedeutungslos aus der Gedankenbewegung des sich ins Allgemeine erhebenden und in diesem Rückzug in die einfache Wesenheit des Sichselbstgleichen angeblich zu sich kommenden (in sich zurückkehrenden) Vernunftsubjekts ausgeschlossen werden.

Durch die Kritik am identitätslogischen Formalismus zielt Hegel auf eine Kritik der imperativischen Moral, die aufzeigt, wie sich deren Freiheitsversprechen durch die bedingenden Unterwerfungsformen, die ihm zugeordnet werden, in einen sich selbst rechtfertigenden Herrschaftsanspruch verkehrt. Das Denken der Ordnung in Begriffen der Unterordnung schließt jede Möglichkeit aus, den moralischen Vernunftzusammenhang von Freiheit, Selbstsorge und Selbstverantwortung herrschaftsfrei zu verstehen. Freiheit wird dadurch in die verkehrte Gestalt einer Selbstbeherrschung gezwungen, deren vorgegaukelte Autonomie von einem heteronomen Geflecht aus Selbstunterwerfungspostulaten verschlungen wird, worin alles individuell Besondere an ein verpflichtend Allgemeines zurückverwiesen wird. Hegels Pointe besteht nun darin, daß er zeigt, wie ein individualistisches Freiheitsbeharren, das alle Beziehungen auf ein ordnend Allgemeines aus sich heraus setzen zu können glaubt, sich in ebenderselben Dialektik der identitätslogischen Verkehrung verfängt, die den kategorischen Imperativ des Willens zur Herrschaft des unbedingt Allgemeinen durchformt. An Fichte demonstriert Hegel den Umschlag eines sich selbst verabsolutierenden Freiheitsverlangens in ein System des absoluten Zwangs[36] und führt ihn darauf zurück, daß der Vorgriff auf eine Identität von Allgemeinem und Besonderem, der das Verschwinden des Endlichen in der allgemeinen Selbstbewegung der unendlich sich objektivierenden Subjektivität fordert, eine Übersetzung von Freiheit in Herrschaft vornehmen muß, an deren verschwiegener Differenz sich die angestrebte Identität bricht.

„Die übersinnliche Welt ist nur die Flucht aus der sinnlichen.“[37] Daher spricht sich das moralische Pathos der reinigenden Abkehr von der verwerflichen Realität in Urteilen aus, deren erhabene

Hohlheit und konsequente Leere[38] von Hegel als Heuchelei gegeißelt wird, die sich ihre Abhängigkeit von der ihr entgegengesetzten Natur, dem schlechthin Negierten, nicht eingestehen will. Für Hegel ist „dieser ungeheure Hochmuth, dieser Wahnsinn des Dünkels dieses Ich, sich vor dem Gedanken zu entsetzen, ihn zu verabscheuen, wehmüthig zu werden darüber, daß Er Eins sey mit dem Universum, daß die ewige Natur in ihm handle“[39], Ausdruck eines *abstrakten Idealismus,* dessen „absolute Entgegensetzung der Natur und der Vernunft“[40] jeden Versuch vereitelt, eine freie Organisation des Lebens durch die Vernunft herauszubilden. Wo dieser Versuch unternommen wird, verkehrt ihn diese Entgegensetzung in die Knechtschaft alles lebendig Natürlichen, dem die Verstandesherrschaft eines ichzentriert sich selbst verabsolutierenden Subjekts auferlegt wird. Die selbstbezügliche Freiheit dieses Subjekts hat keinen anderen Inhalt als die Unterwerfung des ihm Entgegengesetzten. Ihr negierendes Tun, das alles von ihm Unterschiedene und von ihm nicht Gebilligte ausschließt, bleibt auf die negierte Existenz dessen angewiesen, was sie endlos zurückweist. Weil also „diese Freiheit nur ist, indem sie negiert und nur negieren kann, solang das ist, was sie negiert“[41], bleibt die ewig antizipierte Identität des Subjektiven mit dem Objektiven an die Entzweiung des Identischseinsollenden gefesselt. Solche Freiheit negiert, was sie negiert. Sie ist demnach nur in ihrer Negation anwesend, bleibt also gleichfalls negiert. Da sie keinen eigenen Inhalt hat, verliert sie sich in diesem wechselseitigen Ausschließen, worin sie bestehen soll.

An seiner Kritik des moralischen Idealismus hat Hegel zeitlebens festgehalten. Verändert hat sich aber der Zielpunkt, den seine Kritik in den Blick nimmt und auf den sie hinführen will. Für den frühen Hegel bildet die *substantielle Sittlichkeit* als lebendig gestaltete Identität von Allgemeinem und Individuellem[42] den sicheren Leitfaden für seine Kritik am moralischen Formalismus. Den Glauben daran gibt Hegel preis. Seine philosophische Weiterentwicklung ist von der Einsicht bestimmt, daß auch dieser Leitfaden in die Irre führt. Im sittlich Allgemeinen muß alle individuelle Freiheit untergehen, solange ihre Beziehung in die bleibende Grundlage eines bewegungslos Beharrenden eingesenkt und dadurch zur unentrinnbaren Starre einer unveränderlichen Wesensbeziehung versteinert ist. In dieser Sicht erscheint alles individuelle Handeln nur als zufällig beiherspielende Begebenheit und der Einzelne, der sich darin verliert, als blind schicksalsergeben Tatgetriebener, dessen grundloser Freiheitswille sich an einer unbegriffenen (an ihm selbst verborgenen) Notwendigkeit bricht.

Schon vor der geschichtsphilosophischen Wende seiner Moralkritik hat Hegel darauf bestanden, daß die maßgebliche Wirklichkeit des Menschen nicht im unveräußerlichen Innenleben eines in sich selbst ruhenden moralischen Gewissens, sondern nur in seiner Bewährung im wirklichen Handeln zu finden sei. Dieses Beharren auf der Übereinstimmung von Innerem und Äußerem, das sowohl eine Kritik der entfremdeten Existenz in gesellschaftlichen Lebenszusammenhängen, die ihr nicht gemäß sind, als auch eine Kritik an der moralischen Festschreibung dieser Differenz in der Beurteilung situationsabhängigen Handelns nach abstrakten Pflichten erlaubt, wird von Hegel in die geschichtliche Erfahrung einer sich selbst prüfenden Vernunft aufgenommen, die es sich verwehrt, unmittelbar als allein maßgebliche Wissenschaft aufzutreten, andere Ansichten zu verwerfen und dogmatisch zu versichern, sie allein sei im Besitz der Wahrheit oder doch wenigstens des Wissens um den Weg, der zu ihr hinführt.

Hegel beginnt, das moralische Bewußtsein als geschichtliche Gestalt der Entfremdung zwischen dem inneren Selbst und der äußeren Existenz des Menschen zu verstehen, wobei er auch erkennt, daß diese Entzweiung von Innerem und Äußerem eine Spaltung des Inneren mit sich führt, freiheitsbewußtes Fürsichsein und willensbindende Pflicht innerlich auseinandertreten. Zwar verspricht das Postulat der Harmonie von Moralität und Wirklichkeit[43], das nach Hegel im Begriff des Moralischen selbst enthalten ist, die Einheit von Tugend und Glückseligkeit als höchstes Gut, worin sich alles moralische Handeln vollendet. Aber dieses höchste Gut, dessen Verwirklichung als moralischer Endzweck alles Handelns gilt, muß zugleich als unerreichbares Ziel angesehen werden, als unendliche Aufgabe, die niemals erfüllt werden kann. In dieser Unendlichkeit liegt eine Verkehrung. Das moralische Bewußtsein macht es sich zur Pflicht, eine durch den moralischen Zweck bestimmte Wirklichkeit hervorzubringen, mithin das zur Gegenwart zu machen, was nicht gegenwärtig ist. Um diese Einheit des moralischen Zwecks in der ihm gegenwärtig entgegenstehenden Wirklichkeit zukünftig zustandezubringen, müßte es die Differenz beider überwinden, auf der es selbst beruht. Eben dies ist aber nicht möglich. Um sich selbst zu bewahren, muß es die Überwindung dieses Gegensatzes als unendlich Aufgegebenes, also niemals Vollendbares behaupten. In der Unendlichkeit dieser Aufgabe liegt die Unmöglichkeit ihrer Verwirklichung. Die verstellende Differenz bewahrt das moralische Bewußtsein vor der Konsequenz der Selbstaufhebung, die in seiner Vollendung vorgesehen ist. Das moralisch Notwendige ist zugleich das Unmögliche. Nur in diesem Widerspruch existiert das moralische Bewußtsein.

Wäre der Endzweck der Welt und des moralischen Handelns, damit des Selbstbewußtseins als solchem[44] erreichbar, würde dies die Selbstaufhebung der Moralität in ihrer Verwirklichung bedeuten. Da es auf dem Gegensatz von moralischem Zweck und sinnlicher Natur beruht, der im sinnlich Endlichen nicht überwunden werden kann (wenigstens gilt dies im moralischen Hinblick auf sein nichtiges Dasein), muß das moralische Bewußtsein diese unmoralische Wirklichkeit zu ihrer Existenzvoraussetzung erklären. Die Möglichkeit zu moralischem Handeln ist an Bedingungen geknüpft, die es unmöglich machen, das moralisch Seinsollende vollständig in die Tat umzusetzen. Anders gesagt: das Moralische gilt unbedingt, aber nur unter der Bedingung seiner (endlichen) Unerfüllbarkeit. Beides ist gleichursprünglich, der Widerspruch eines bedingt Unbedingten daher moralisch nicht auflösbar. Deshalb ist Moralität nur in ihrem Gegensatz denkbar. Moralität ist Verstellung.[45] Sie ist nicht nur im Zwischenzustand der Nichtvollendung angesiedelt, sondern nimmt alle Veränderung in diesem Zustand zurück und spiegelt so ein Fortschreiten zur Vollendung vor, das in den Grenzen seiner bleibenden Unwirklichkeit verharren muß. Das im Fortgang zu Erreichende muß beständig fortgerückt werden, „denn das Fortschreiten in der Moralität wäre vielmehr ein Zugehen zum Untergang derselben.“[46] Soll der Untergang der Moral in ihrer Vollendung vermieden werden, darf die Idealfiktion eines moralischen Endzwecks der Welt nur als immerfort hinausgeschobenes Ziel aufgestellt werden, in dessen unendlichem Vorfeld sich das moralische Bewußtsein dauerhaft einrichtet. „Daß es mit der moralischen Vollendung nicht Ernst ist, spricht das Bewußtsein unmittelbar selbst darin aus, daß es sie in die Unendlichkeit hinaus verstellt, d. h. sie als niemals vollendet behauptet.“[47]

Es an seinen eigenen Ansprüchen messend, wirft Hegel dem moralischen Bewußtsein vor, es strebe danach, die gestaltlose Reinheit des Unendlichen zu bewahren, hintertreibe deshalb jede endliche Gestaltung und Vergegenwärtigung, indem es ihre Differenz zum unendlich Vollendeten hervorkehre und sorge auf diese Weise dafür, daß das moralisch Notwendige ein unwirklich Jenseitiges bleiben müsse; in seiner vorgeblichen Ansicht, sich fleckenlos rein zu halten, berufe es sich auf seine Pflicht, eine „jeden Inhalts fähige inhaltslose Form“[48] und verwerfe alles Handeln, weil an ihm eine unmoralische Seite entdeckt werden könne.[49] Hegel brandmarkt diese Beurteilung, in der sich das moralische Bewußtsein über alles wirkliche Tun erhebt, als Heuchelei einer Forderung des Unmöglichen[50], die ihr negatives Wesen nicht eingestehen darf, da sonst nicht zu verheimlichen wäre, daß der reine Wille zum Reinen nur deshalb von sinnlich Anstößigem abgestoßen wird, weil ihn nach seiner negierten Gestalt verlangt. Gerade seine Flucht vor dem sinnlich Gegenwärtigen beweist die Anziehungskraft der negierten Sinnlichkeit. Diese Zweideutigkeit seiner Stellung zum Sinnlichen will das moralische Bewußtsein (auch vor sich selbst) verbergen. Es ist daher gezwungen, sich von seinem eigenen negierenden Tun zu distanzieren, das heißt aber, sich selbst zu verkennen.

Das moralische Bewußtsein muß sich selbst überschreiten, wenn es zu sich selbst kommen will. In seiner widersprüchlichen Synthese des Notwendigen und des Unmöglichen spiegelt sich der verfehlte Versuch, Entgegengesetztes zusammenzuzwingen, ohne in die Entfremdungsbewegung dieser Entgegensetzung zurückzugehen und sie dadurch fortschreitend aufzuheben. Für Hegel besteht kein Zweifel, daß die *Antinomie der moralischen Weltanschauung*[51], die sich im Widerstreit des Endlichen und des Unendlichen zeigt, nur durch eine Philosophie des absoluten Geistes auflösbar ist, die dartut, wie in der Sprache, dem Daseinsmedium des Geistes, ein gegenseitiges Anerkennen stattfindet, das die Versöhnung aller Gegensätze des Inneren und Äußeren, Allgemeinen und Besonderen, Unendlichen und Endlichen in das darin über sich hinausführende Bewußtsein rückt.

(4) Es ist Hegels bleibender Verdienst, die Rückbindung der kantischen Moral an ein abstrakt Absolutes aufgezeigt und die Tiefenstruktur transzendental vergangener Gewalt im moralischen Willen nach reiner praktischer Vernunft aufgedeckt und damit zur Entwicklung einer Moralkritik beigetragen zu haben, die nicht einfach Meinung gegen Meinung setzt und einer dogmatischen Versicherung durch eine ebenso dogmatische Gegenversicherung begegnet, sondern die Genealogie der Verkehrungen aufklärt, die sich in einem solchen Verlangen nach Unbedingtem verbirgt.

Wie noch zu zeigen sein wird, muß auch Hegels geistesgeschichtliche Überbietung der Moral als gescheitert angesehen werden. Hegel fügt die Erfahrung des Lebendigen in eine Ontotheologie imaginärer Todesüberwindungen ein, die alles Wirkliche dem Absolutismus der zweckrational selbsterhaltenden Vernunft unterwirft und dabei übersieht, daß sie dadurch, im Glauben, ihn zu überwinden, nur den Tod, das negativ Absolute, zur unwiderruflich herrschenden Macht über alles ernennt, was existiert. Bevor die Brüchigkeit dieser überbietenden Untergründung der Moral erörtert werden soll, ist es zuvor allerdings erforderlich, durch eine Kritik der abwegigen Hegelinterpretation von Habermas den Boden für eine angemessene Auseinandersetzung mit Hegel wiederzugewinnen. Die grobschlächtige Fehldeutung, die sich Habermas erlaubt, um sein eigenes Denken in das strahlende Licht eines epochalen Neuanfangs zu rücken, muß zurückgewiesen werden, damit sich der verdunkelte Zusammenhang zwischen universalpragmatischen und diskursethischen Prämissen der Theorie des kommunikativen Handelns und Grundsätzen der klassischen Metaphysik der praktischen Vernunft aufhellt. Darüber hinaus wird zu klären sein, daß der identitätslogische Wahrheitsbegriff, den Habermas urteilslogisch verkürzt, auch in der gediegeneren Form der Hegelschen Dialektik den Willen zur Freiheit in den Widerspruch einer todesfürchtig gebrochenen Freiheitssehnsucht bannt. Die Antithetik von Wahrheit und Freiheit, die im fehlschlagenden Versuch hervortritt, ihre beide umgreifende Einheit zu denken, muß wohl als *Grundwiderspruch der Aufklärung* angesehen werden, den sie nicht überwinden kann, solange sie sich, offen oder versteckt, in totalitären Synthesen und (damit) in ausschließenden Gegensätzen bewegt. Aufklärung bleibt solange ein ideologisches Schlagwort, wie sich die freche Anmaßung, gestaltend in das Leben anderer Menschen einzugreifen, als notwendige Erziehung zur Freiheit ausgibt, deren Ziel in einer vorentworfenen Wahrheit (formal oder inhaltlich) beschlossen liegt.

Habermas, der sich schmeichelt, die Aporien der Bewußtseinsphilosophie überwunden zu haben, behauptet, Hegels Paradigma des Selbstbewußtseins sei dasjenige des Selbstbezugs eines einsam erkennenden und handelnden Subjekts, er verkenne die kommunikative Vermittlung der Subjekte und ersetze ihre intersubjektive Vernunft durch eine Reflexionsbeziehung zwischen Subjekt und Objekt, verstelle sie also durch das einsame Welt- und Selbstverhältnis eines reflexiven Selbstbewußtseins, das sich monologisch, objektivistisch und vorsprachlich in sich selbst gründe.[52] An dieser abstrusen Auslegung Hegels durch Habermas ist kein wahres Wort. Schon Schelling hat klar gesehen, daß das menschliche Selbstbewußtsein nur im intersubjektiven Willensmedium der praktischen Vernunft möglich ist und die Existenz (in) einer gemeinsamen Welt miteinander lebender Individuen vorausgesetzt werden muß, da in der Abstraktion eines bloß fürsichseienden Bewußtseins dieses selbst verlorengeht.[53] An diese Überlegungen schließt Hegel an. Schon seine Kritik der sinnlichen Gewißheit, nach dem Vorbild des sokratischen Dialogs als ausfragende Widerlegung vorgetragen, ist von der erklärten Absicht geleitet, den Vorrang des sprachlich Allgemeinen vor dem gemeinten Einzelnen bewußt zu machen.

An der dialektisch hervortretenden Differenz des Seins zum (räumlich und zeitlich) Seienden, an dem es unmittelbar faßbar sein soll, zeigt sich, daß wir nichts sagen, was wir meinen. Nach Hegel ist dies kein Mangel, sondern ein Vorzug der Sprache, da ihre verkehrende Macht die an ihr selbst verborgene Wahrheit der sinnlichen Gewißheit, (sprachlich) vermittelte Unmittelbarkeit zu sein, aufdeckt. Sprachliche Seinsbestimmungen liegen der Erfahrung des sinnlich Seienden zugrunde. Weil die sinnliche Gewißheit verlangt, mitteilbare Wahrheit zu sein, verfällt sie der Kreisdialektik des begriffenen Anfangs, in der sich ihre sprachlichen Voraussetzungen zeigen. Im Sprechen, „welches die göttliche Natur hat, die Meinung unmittelbar zu verkehren[54], enthüllt sich die Unwahrheit des bloß Gemeinten, Vorgestellten. Das sinnliche Diese ist der Sprache nicht erreichbar. Da sich für Hegel die Sprache im Wahrheitsmedium des Allgemeinen (Aussagbaren) bewegt, läßt er diese Feststellung nicht als Einwand gegen sie gelten, sondern entnimmt ihr die Folgerung, individuelle Dinge seien Fiktionen eines sich selbst mißverstehenden Bewußtseins, die sich verflüchtigen sobald ihr sprachliches Unwesen durchschaut wird. Da also dasjenige, „was das Unaussprechliche genannt wird, nichts anderes ist als das Unwahre, Unvernünftige, bloß Gemeinte“[55], hat es kein substantielles Sein.

Für Hegel existiert Selbstbewußtsein nur in reflexiven Spiegelbeziehungen zu anderem Selbstbewußtsein.[56] Daher kann es nicht als isoliertes Handlungssubjekt verstanden und aus dem Interaktionsgefüge aufeinanderbezogener Handlungsteilnehmer herausabstrahiert werden. Das „Thun des Einen hat selbst die gedoppelte Bedeutung, eben sowohl sein Thun als das Thun des Andern zu seyn".[57] Daraus ergibt sich für Hegel, daß der „reine Begriff des Anerkennens, die Verdoppelung des Selbstbewußtseyns in seiner Einheit"[58] mit demjenigen des Selbstbewußtseins identisch ist. Daher erfüllt sich die anerkennungsvermittelte Selbstbewegung des vernünftig werdenden Selbstbewußtseins in der geistigen Einheit des Entgegengesetzten, dem „Ich, das Wir, und Wir, das Ich ist".[59] In diesem Begriff des Geistes hat das Bewußtsein den entscheidenden Wendepunkt gefunden, an dem es über sich hinausgeführt wird. Die geistigen Gestalten, die es organisieren, haben vernünftige Wirklichkeit und sind „statt Gestalten nur des Bewußtseyns Gestalten einer Welt".[60] Hegel bezeichnet die praktische Intersubjektivität, worin Selbstbewußtsein besteht, als verwirklichte Vernunft oder als Geist. Dessen weltgeschichtliche Selbstauslegung geschieht ihm zufolge im sprachlichen Medium der Wahrheit. Als „Daseyn des Geistes" ist die Sprache in ihrer jeweils historischen Gestalt „das für Andere seyende Selbstbewußtseyn, welches unmittelbar als solches vorhanden und als dieses allgemeines ist."[61] Sprache ist demnach Wirklichkeitsmedium des allgemein anerkannten Selbstbewußtseins, denn sie „tritt nur als die Mitte selbständiger und anerkannter Selbstbewußtseyn hervor, und das daseyende Selbst ist unmittelbar allgemeines, vielfaches und in dieser Vielheit einfaches Anerkanntseyn".[62] Für Hegel besteht das Ziel der Geschichte in der wechselseitigen Anerkennung verschiedener Selbstbewußtseine. Er denkt ihr die Teleologie der synthetischen Einheit ein, weil er begreiflich machen möchte, wie aus Entzweiung Versöhnung erwächst. Zu diesem Zweck verknüpft er die Intersubjektivität der sprachlich verwirklichten Vernunft mit derjenigen der interaktiven Selbstverwirklichung zu einer immanenten Synthese von spekulativer und praktischer Vernunft, die sich weltgeschichtlich entfaltet. Wie immer man zu diesem Geschichtsverständnis und seiner sprachphilosophischen Grundthese, das Unsagbare sei das Unwirkliche, weil Unvernünftige, stehen mag, sicher ist, daß die Auslegung dieser Philosophie als Bewußtseinsphilosophie nicht ernst zu nehmen ist.

Die geistige Versöhnung in der Sphäre des Absoluten erlaubt es Hegel, alles furchtbar Zerstörerische, alles mörderisch Gewalttätige und entsetzlich Grausame, von dem die Geschichte erfüllt ist, in eine philosophische Betrachtung aufzunehmen, die sie dennoch als Entwicklungsgang des sich verwirklichenden Begriffs der Freiheit ansieht und das darin sich abzeichnende Werden des Geistes als Rechtfertigung Gottes in der Geschichte anerkennt.[63] Gott ist Geist.[64] Dessen weltgeschichtliche Entwicklung ist daher der werdende Gott, der in der zeitwendenden Dialektik von Schöpfung und Erlösung, von der auch die christliche Religion erzählt, alles in sich zurücknimmt, was er aus sich hervorbringt. Seine religiöse Offenbarung, die sein geschichtliches Werden vorwegnimmt, wird im absoluten Wissen zur philosophisch begriffenen Vernunft des sich als Geist wissenden Geistes.[65] Diese Erinnerung des Geistes in der Entäußerung seiner Geschichte bezeugt die Macht des Negativen, die den Tod in das Ich einsenkt. Ihre rätselhafte Verbindung bildet die Bewegung des Denkens im Leben des Geistes.[66]

Hegels christlich gebundene Philosophie ist Philosophie des Absoluten, nicht des Bewußtseins, ihre geschichtsentfaltende Wahrheitsbewegung ist eine begriffliche Rekonstruktion der christlichen Vorstellung vom Tod Gottes und seiner erlösenden Wiederauferstehung[67], worin sich die Einheit des Denkens und der Zeit erfüllt[68], die in der Selbstbewegung des Geistes beschlossen liegt. Nur wenn die negative Unendlichkeit des Todes, jenes Abgrunds des Nichts, worin alles Endliche untergeht, sich als vernichtende Kraft enthüllt, die das geistige Wesen in die Wirklichkeit führt, worin alles Endliche in das Unendliche aufgenommen wird, kann die *negative Einheit des Ich und des Todes* verstanden werden als Bewegung des Geistes in der Zeit, die diese in ihn zurückholt. Nur die Kreisbewegung einer sich selbst negierenden Negation ermöglicht es, die Entäußerung des Geistes in die Zeit immanent umzuwenden, und in die Erinnerung der Zeit in den Geist zurückzuschließen. Weil die geistesgeschichtliche Dialektik von Entäußerung und Erinnerung ohne die *Logik der bestimmten Negation* nicht als Versöhnung der Gegensätze in ihrem Auseinandertreten darstellbar ist, bildet sie das methodologische Herzstück der *Vernunftgeschichte der Überwindung des Todes,* auf die Hegels Philosophie, wie die abendländische Philosophie überhaupt, abzielt.

Auch Hegels philosophische Überwindung des Todes ist trugschlüssig. Er beschreibt die geschichtliche Gestaltung einer geistigen Welt als Wahrheitsgeschehen, dessen Ziel in alles gegenwartsüberschreitende Werden eingerückt ist und es durch seine anwesende Abwesenheit in das ganzheitlich Absolute einbegreift, das sich in ihm ankündigt. Durch diese geschichtserhellende Wahrheitsverkettung integriert Hegel die dialektischen Figuren eines zerrissenen, mit sich und der Welt entzweiten Bewußtseins in die Selbstbewegung des absoluten Geistes, die es ihm gestattet, alle Erfahrung von Entzweiung und Entfremdung als Zerbrechen einer fiktiven Einheit und als Hervortreten der darin verborgenen Gegensätze auszulegen. Im konstruktiven Vorgriff auf die abwesend anwesende Wahrheit setzt er die Überwindung selbstdestruktiver Verabsolutierungen mit der Wiederherstellung der Einheit in der Entzweiung gleich und beansprucht, das dadurch in seiner Unwahrheit begriffene (negierte) Unwahre auf den Weg der Wahrheit zu bringen. Hegels Dialektik verlangt, daß die Negation der Wahrheit in der Wahrheit enthalten ist, zu der sie führt.

Hegel betrachtet die epochalen geschichtlichen Gestalten des Geistes, deren Erfahrungshorizont keine menschliche Selbsterkenntnis oder Weltdeutung überschreiten kann, sofern er sich nicht selbst wandelt, als Abstraktionsmomente des sich entfaltenden Wahrheitsganzen. „Der ganze Geist nur ist in der Zeit, und die Gestalten, welche Gestalten des ganzen Geistes als solchen sind, stellen sich in einer Aufeinanderfolge dar; denn nur das Ganze hat eigentliche Wirklichkeit und daher die Form der reinen Freiheit gegen Anderes, die sich als Zeit ausdrückt."[69] Hegels Beschreibung dieser Aufeinanderfolge ist bekannt. Sie braucht hier nicht ausführlich nacherzählt zu werden. Nur auf einen allerdings wesentlichen Grundzug muß hingewiesen werden: die Verbindung von geschichtlicher Entwicklung und Todeserfahrung. Sie bildet die bewegende Mitte nicht nur der Hegelschen Geschichtsphilosophie, sondern auch der spekulativen Dialektik des reinen Selbsterkennens im absoluten Anderssein, die sich in ihr aufschließt.

Hegels Darstellung der Geschichte der Dialektik von Vollendung, Untergang und Übergang, in der sich die Umgestaltung des Geistes vollzieht[70], will Kontinuität und Bruch, den allmählich sich ausbreitenden Fortgang weitläufiger Umwälzungen und den qualitativen Sprung des jäh sich Ereignenden miteinander verbinden. Hegel glaubt, durch diese Gestaltungsdialektik von Neuanfang und Erneuerung sei es möglich, in der Anerkennung epochaler Unterschiede doch die Einheit der Geschichte zu wahren, die darin unterzugehen droht. Seine Konstruktion der *Epochenfolge von Antike, Mittelalter und Neuzeit* als Ausfaltung des sich (in sich) selbst unterscheidenden Geistes zur wirklichen Gestaltung der Welt entwirft ein zweifellos eurozentristisches Schema der Weltgeschichte. In der Bewegungsform dieses geschichtlichen Gestaltungsprozesses, der Vermittlung von Veränderung und Verwirklichung, erblickt Hegel die Logik einer Wiederherstellung im Sichändernden, die eine Überwindung des Todes in der überschreitenden Rückgründung seiner Erinnerung in das intersubjektiv Allgemeine gewährleistet, worin sich alles menschliche Leben entfaltet.

Für Hegel ist jede geschichtliche Epoche durch eine Gestalt der Selbstentzweiung und eine ihr entsprechende Todeserfahrung charakterisiert. In seiner zweideutigen Stellung zur Erfahrung bildet der Tod den Inbegriff des negativ Begrenzenden und darin positiv Gestaltgebenden schlechthin. Einerseits ist er kulturstiftende Urerfahrung der Menschheit. Als organisierendes Zentrum aller menschlichen Realitätserfahrung ist er andererseits aber zugleich auch dasjenige, was sich aller Erfahrung entzieht. Allem Sterblichen inwendig, ist er gleichwohl allen Sterblichen unerreichbar. So verbindet sich die Unmöglichkeit seiner Vergegenwärtigung mit der Notwendigkeit seines Einprägens nur in der Antizipation des eigenen Todes in der Erinnerung des Todes von Anderen. Daher ist der Tod nur anwesend in *Todesbildern,* in denen er zugleich vorgestellt und verleugnet wird. Absolut ist, was über alle Gegensätze hinaus ist. Wird daher der Tod als *medialer Tod,* das heißt als Zwischenstadium oder Durchgangsmoment verstanden, das eine Lebensform in eine andere überleitet, dann wird die symbolische Ordnung des Todes in die Grammatik des absoluten Lebens eingetragen. Die sokratische Vorstellung einer Ablösung der unsterblichen Seele vom sterblichen Körper im Augenblick des Todes ist ein Beispiel für die Umwendung des schlechthin Negativen in ein unendlich Positives, die den Tod in eine Hoffnungsgestalt seiner durch ihn hindurchgehenden Überschreitung hüllt und auf diese (freilich illusionäre) Weise die Überwindung des Todes in den Weg der allesüberwindenden Wahrheit einfügt.

Der Mensch hebt sich durch die besonderen Existenzbedingungen seiner Lebensführung vom Vormenschlichen ab. Durch den Hinweis darauf wird seine tierische Herkunft nicht bestritten. Wohl aber wird angezeigt, daß er, soweit man seine Geschichte auch zurückverfolgt, diese Herkunft immer schon überschritten hat. Es gibt verschiedene Ansichten darüber, welches die wesentlichen Merkmale sind, deren Entwicklung den Menschen zum Menschen gemacht hat. Gleichgültig aber, ob man Sprache, Arbeit oder Sexualität als eigentlich bewegendes Moment im gattungsgeschichtlichen Übergangsfeld zwischen Natur und Kultur ansieht, so darf es doch keine Anthropologie versäumen, die auf der Grundlage derartiger Annahmen ausgearbeitet wird, auch die unübersehbare Verflechtung dieser anthropogenen Wesenszüge mit dem menschlichen Wissen um den Tod zu berücksichtigen, das sich an ihnen selbst zeigt.

Alles deutet darauf hin, daß erst in der Erinnerung des Todes, der sich die reflexive Stellungnahme des Menschen zu sich selbst verbindet, das menschliche Tun vom tierischen Verhalten abgelöst und ein eigenständiger Bereich des Kulturellen aus den vormenschlichen Bekundungen tierischen Lebens ausgegrenzt wird. Schon für Hegel bildet der Überlebenskampf, der menschliche Gruppen und Individuen einander feindlich entgegenstellt, den vorgeschichtlichen Anfang der Geschichte. Seine Geschichtsphilosophie kann gelesen werden als Versuch, aufzuzeigen, wie dieses Todesprinzip aller bisherigen Geschichte durch ein geschichtsumwälzendes Werden der Freiheit entmächtigt wird, das in der aufklärenden Erinnerung dieses Anfangs seine vernichtende Macht schöpferisch umbildet, seine gestaltende Kraft gegen ihn wendet und ihn dadurch Vernunftzwecken untertan macht, die ihm entgegengesetzt sind. Hegel ist davon überzeugt, durch eine Genealogie des vernünftigen Selbstbewußtseins, das aus der Dialektik des Begehrens hervorgeht, den Beweis für seinen Glauben antreten zu können, daß die Macht des Negativen geistig gebändigt sei. Dabei setzt er voraus, daß das menschliche Selbstbewußtsein anfänglich in die Antithetik von Freiheit und Selbsterhaltung auseinandergerissen ist, die sich in der herrischen Gleichgültigkeit gegen die (Anderen abverlangte) Notwendigkeit der Selbstbewahrung und in der knechtischen Furcht vor dem (von Anderen angedrohten) Tod manifestiert.[71]

Der Gegensatz von knechtischer Arbeit in empörenden Herrschaftsverhältnissen und herrischer Ungebundenheit ohne substantielle Sicherung in selbsterhaltender Vernunft stellt für Hegel das dialektisch notwendige Entzweiungsmoment im Übergang vom vernichtenden Begehren zur bildenden Arbeit dar. Der Mensch muß dazu gezwungen werden, sich zu entäußern, um selbsttätig existieren zu können. Nur die Furcht vor dem Tod, kein innerer Antrieb, nötigt ihn zur Arbeit, in der er zu sich selbst kommt. Nur das durch anderes Selbstbewußtsein objektivierte Selbstbewußtsein gewinnt fürsichseiende Subjektivität, die sich ihrer Wirklichkeit gewiß ist. Daher ist die Selbstverneinung in erzwungener Selbstverdinglichung für Hegel die Freiheitsbedingung einer ursprünglichen Rückkehr zu sich, das heißt, einer Rückkehr, die erst herausbildet, was zuvor nicht war. Hegel beschreibt diese Dialektik von Entäußerung und Erinnerung als dialektische Bewegung wechselseitig sich durchdringender Entgegensetzungen und unterscheidet in der polaren Einheit dualer Gegensätze, zu der sie sich zusammenfassen läßt, zwei Stufen, die als zeitliches Nacheinander vorgestellt werden können: die Ausbildung von entfremdeter Arbeit in gehemmter Begierde und die Herabsetzung unfreier Arbeit zum untergeordneten Moment einer sich frei wissenden Existenz.

Die geschichtlichen Gestalten der noch unvollendeten Vernunft werden von Hegel durch die unfreie Einstellung zum Tod gekennzeichnet, die sie beherrscht. Dies gilt für den *Zwiespalt des griechischen Lebens,* das in den Gegensatz zwischen patriarchalischem Staat und matriarchalischem Familienuntergrund aufgespalten ist, dessen sittliche Substanz daher in den schicksalsträchtigen Widerspruch von menschlichem und göttlichem Gesetz auseinandergesprengt wird. Dies gilt auch für die *mittelalterliche Welt der Entfremdung,* die dem unglücklichen Bewußtsein das Opfer seines eigenen Willens abverlangt und sein nichtiges Tun verwirft, weil in ihm die entzweigebrochene Wirklichkeit von diesseitiger und jenseitiger Welt nicht aufgehoben, sondern nur in unveränderter Gegensatzform wiederhergestellt wird. Erst recht gilt dies für das *Zeitalter der Aufklärung,* dem sich der Wille zur Freiheit am neuzeitlichen Vergegenständlichungsprinzip der Nützlichkeit zur Selbstverdinglichung des Menschen verkehrt, in der aller positive Sinngehalt zerstört und alles menschliche Leben einem verabsolutiert negativen Tun überantwortet wird, dessen unendliches Ziel, die absolute Freiheit, zur endlosen Vernichtung alles endlich Gestalteten anhält. „Kein positives Werk noch That kann also die allgemeine Freiheit hervorbringen; es bleibt ihr nur das negative Thun; sie ist nur die Furie des Verschwindens.“[72]

Keine positive Bestimmung vermag sich in dieser Verneinung alles Endlichen zu behaupten. Gerade in diesem Hervortreten des schrankenlos Negativen sieht Hegel seine paradoxe Hoffnung auf die in seiner Wiederkehr sich offenbarende Anwesenheit des Absoluten in der Geschichte bestätigt. Für ihn enthüllt sich die Wahrheit der Aufklärung in der französischen Revolution. Deren Versuch zur abstrakten Selbstverwirklichung im entfesselt Negativen, gegen alles Bestehende gerichteten Vernichtungswillen, muß in seinen Augen zwangsläufig zu seiner eigenen (napoleonischen) Selbstaufhebung führen. Schon im Verlust des Selbst, der im Todeswerk der absoluten Freiheit erfahren wird, ist diese Selbstaufhebung in ihrer ironischen Zweideutigkeit angelegt, zeigt sich darin doch „der reine Schrecken des Negativen, das nichts Positives, nichts Erfüllendes in ihm hat."[73]

Es sei dahingestellt, ob Hegels Deutung der französischen Revolution zutrifft. Entscheidend ist, daß er die Dialektik der Aufklärung, die er in ihrem umwälzenden Geschehen am Werk sieht, durch die *logischen Figuren einer sich durch sich selbst aufhebenden Negation* beschreiben und in seine Geschichtsphilosophie des absoluten Geistes eingliedern will. Hegel ist davon überzeugt, daß die Erfahrung des unverstellt Negativen schon seine Selbstaufhebung, die eigentlich die Selbstaufhebung seiner Selbstaufhebung ist, in sich birgt und deshalb an ihm selbst die Umwendung in eine geistige Wirklichkeit gewährleistet, worin individueller und allgemeiner Wille positiv versöhnt und vereint sind. Diesen reflexiven Begriff einer selbstbezüglich sich an ihr selbst aufhebenden Negativität wendet Hegel auf die geschichtlichen Erfahrungen des Todes an. Durch diese Einbindung des schlechthin Negativen in eine dialektische Logik der Wahrheit, die es zum Moment eines umgreifenden Ganzen herabsetzt, erscheint im negativen Begriff des Todes selbst schon das Versprechen der Unsterblichkeit.

Hegels Beweisführung beruht auf einer Erschleichung. Sie setzt nämlich den Zusammenhang von medialem Tod und bestimmter Negation wahrheitslogisch bereits voraus, den sie der Auslegung der Geschichte als Wahrheitsgeschehen erst zu entnehmen vorgibt. Damit verfällt Hegel selbst insgeheim dem Dogmatismus eines identitätslogisch vorausgesetzten Wahrheitsmaßstabs, dessen ursprungslogische Urteilsform er befehdet. Das Ich ist eine Lebensfigur des Todes. Hegel hat dies erkannt, aber nicht anerkannt. Er hat seine ganze philosophische Kraft dafür eingesetzt, die *antithetische Synthesis von Ich und Tod,* deren synthetische Differenz aller objektivierenden Identifikation als deren ermöglichende Bedingung vorausliegt, wieder in die überkommene Metaphysik der konstruktiven Vernunftwahrheit und die ihr zugehörige Logik der synthetischen Einheit zurückzuzwingen. Dieser vergebliche Versuch, den vor ihm schon Kant unternommen hatte[74], muß scheitern, weil er die Zeiterfahrung, die er selbst ist, aus dem Ich heraussetzt.

Für Hegel bildet die Dialektik der Begierde den Anfang des Selbstbewußtseins. In ihr macht das Ich die Erfahrung des Lebendigen, das danach strebt, sich selbst zu behaupten und daher nicht bloß als wahrnehmbare Gegenständlichkeit für ein bemächtigendes Begehren bereit liegt, sondern seine Selbständigkeit wahren will. Das Lebendige widersetzt sich der Gewalt des Begehrens. An seiner unverfügbaren Selbständigkeit bricht sich das selbstbezügliche Ziel des Begehrens, das sich von seiner eigenen Negativität, dem Mangel, nur befreien kann, indem es seine Abhängigkeit vom gegenständlich Begehrten abstreift. Um dies zu erreichen, muß es dessen widerständige Freiheit brechen. Daher trachtet der Begehrende nach dem Leben des Anderen. Den Tod, den er darin findet, muß er überwinden, um die gesuchte Erfüllung erreichen zu können. In der paradoxen Bewegung der Selbsterfüllung durch Selbstüberschreitung, die dadurch entsteht, ist das Überleben des Begehrens an den Tod des Begehrten gebunden, in dem es sich erfüllend erlöschen sollte.

Leider kann Hegels Genealogie des vernünftigen Selbstbewußtseins in der Dialektik der Begierde und ihrer Negationsverschränkung von Selbst und Anderem hier nicht ausführlich erörtert werden. In einer solchen Erörterung ließe sich zeigen, daß Hegels Versuch, den destruktiven Zug des Begehrens durch eine reflexive Wende zum Begehren des Begehrens aufzuheben und darin die Bewegung des Positiven im Negativen aufzuspüren, scheitern muß. Hegel will am Begehren selbst zeigen, daß ihm der Vernunftzusammenhang von Freiheit und Wahrheit als Ziel innewohnt, auf das hin es sich selbst überschreitet und dabei den Widerspruch zwischen Begriff und Wirklichkeit des Selbstbewußtseins wegnimmt. Die Unwahrheit der Begierde liegt für Hegel in ihrer Selbst-Differenz. Seine vermeintlich unwiderlegbare Beweisführung, die darlegen möchte, wie aus dem lebensverneinenden Leben ein selbstbewußtseinsbejahendes Selbstbewußtsein erwächst, ist jedoch nicht schlüssig. Nur durch die unhinterfragte Einführung des identitätslogischen Wahrheitsbegriffs und des dogmatisch vorausgesetzten Wahrheitsziels des absoluten Wissens wird die Bewegung des Begehrens als Verwirklichungsbewegung deutbar, die das Werden des Vernünftigen im (scheinbar) Unvernünftigen nachweist.

Hegel hat die Todestiefe des Begehrens nicht ausgelotet. Er hat die rätselhafte Todesverbindung von Ich und Zeit, die darin sichtbar wird, in den Kreisschluß der einheitsbildenden Rückkehr aus dem Anderssein zu bannen versucht. Wie Fichte und Schelling ist auch er gescheitert. Sein Vernunftziel, die Einheit des Absoluten in der Differenz der Zeit zu bewahren, erweist sich als metaphysische Unsterblichkeitsphantasie, die an der Negation des Todes zerbricht, die sie selbst zu sein glaubt.

Das Scheitern Hegels eröffnet die Möglichkeiten von Feuerbach, Kierkegaard, Marx und Nietzsche. Mehr noch gilt dies für Schelling, der entsetzt feststellen mußte, daß in der menschlichen Freiheit ein geistig Böses möglich wird, das sich nicht als sinnliche Naturabhängigkeit abtun läßt und daraus die schwermütige Schlußfolgerung ableitete, der ordnende Verstand sei nichts als geregelter Wahnsinn und im bewußtlos dunklen Grund der lichten Vernunft sei das zerstörerisch Böse heimisch anwesend. Der Einbruch des Dämonischen, den Schellings Philosophie christlich abzuwehren versucht, war schon in den verdunkelten Schicksalserfahrungen von Spätaufklärung und Frühromantik eingetreten. In ihm kündigte sich der Zusammenbruch des metaphysischen Glaubens an die wirklichkeitsbewegende Macht der Vernunft an, der erst die Frage erlaubt, worin denn der bewegende Grund der Vernunft selbst zu suchen sei.

Schopenhauer und Nietzsche verbindet der Gedanke, die Vernunftbestimmung des Willens sei eine Dienstbarkeit der Vernunft, deren sich der Wille bedient, um seine eigenen Ziele weiterzuverfolgen und keine Zügelung des blind drängenden Willens durch die Vorschriften einer eigenmächtig zielsetzenden Vernunft. Diese Ohnmacht der Vernunft einzugestehen ist erst möglich, nachdem sich der Glaube verflüchtigt hat, die Vernunft sei ihres eigenen Grundes mächtig. Seit Nietzsche ist es geläufig, die Geschichte der Vernunft als Geschichte des unbewußt (verdrängt) Anderen zu schreiben.[75] Nietzsche hat den Ursprung des Schuldbewußtseins durch seine Archäologie der Strafen aufzuklären versucht und die sadomasochistischen Wurzeln der Moral, die er darin freilegt, als Beweis dafür verstanden wissen wollen, daß das moralische Bewußtsein, zumindest in seiner abendländischen Ausgestaltung, eine Verstellung des Begehrens ist, dessen oberflächliche Affektverkehrung seinen machtzentrierten Willenskern nicht antastet.[76] Freud ist ihm insoweit gefolgt, als auch er die Ursprungsgeschichte des moralischen Subjekts an eine intersubjektive Formation des Begehrens knüpft, die im Zirkel von verdrängt Unbewußtem und unbewußt Verdrängendem das ödipale Begehren und seine Verbindung von Tod und Sexualität zur unverbrüchlichen Grundlage aller menschlichen Lebensäußerungen macht. Daher ist der moralische Zwang des Verbots ein affektives Abbild der erwarteten Strafe. Moralität gründet in der Furcht vor Vergeltung. „Nicht aus Liebe betritt der Mensch die ethische Welt, sondern aus Furcht.“[77] Moralität ist demnach Ausdruck einer Todesfurcht, die das ödipale Begehren selbst hervorbringt. Ihre Entstehungsgeschichte ist daher die Geschichte einer Negation des Begehrens, die dessen inwendiges Todesprinzip, der Kern des Realitätsprinzips, an ihm selbst zu vollziehen erlaubt.

Freud hat nicht nur die Dialektik des Begehrens über die Vernunftmetaphysik der geistigen Todesüberwindung hinausgetrieben. In Ergänzung zu Lacans umstrittenen Thesen, das Unbewußte sei das Begehren des Anderen und es sei strukturiert wie eine Sprache, könnte man sagen, das Unbewußte sei der Tod des Anderen. In der ichdezentrierenden Todesbeziehung von Sprache und Begehren, die darin hervortritt, zeigt sich auch, daß die vorgebliche Überwindung der todesbewegten Geschichte der Gewalt im geistigen Dasein der Sprache, wie sie von Hegel über Benjamin und Adorno bis zu Habermas immer wieder ausgedacht worden ist[78], durch Freuds Einsicht in die infantilen Trennungserfahrungen des Todes desillusioniert werden, die im ontogenetischen und phylogenetischen Ursprung von Sprache und Spiel aufzufinden sind.[79]

Die Geschichte der selbsterhaltenden Vernunft ist die Geschichte des Todes im Überleben. Man muß das Beharren der Selbsterhaltung als verschwiegene Arbeit des Todes entziffern, um aus ihrem Bann herauszutreten. Verdun, Auschwitz, Hiroshima und Tschernobyl sind Signaturen eines urtümlich messianischen Projekts der Moderne, das alle Zukunft in sich aufnehmen will (und sich deshalb unbewußt selbst zum Verschwinden verurteilt).

Anmerkungen

1 Kant: Grundlegung zur Metaphysik der Sitten, B 34
2 vgl. Kant, a.a.O., B. 36
3 vgl. Kant: Kritik der Urteilskraft, A 386 ff

4 vgl. Arthur O. Lovejoy: Die große Kette der Wesen, Frankfurt 1985
5 vgl. Urs Bitterli: Die „Wilden" und die „Zivilisierten", München 1976
6 vgl. Kant, a.a.O., A 386 ff, 407 ff, 433 ff
7 vgl. J. Habermas: Moralität und Sittlichkeit, in: W. Kuhlmann (Hg.): Moralität und Sittlichkeit, Frankfurt 1986, S. 16
8 vgl. J. Habermas, a.a.O., S. 31
9 vgl. G. Gamm: Eindimensionale Kommunikation. Vernunft und Rhetorik in Jürgen Habermas' Deutung der Moderne, Würzburg 1987
10 vgl. G. Kimmerle: Verwerfungen. Vergleichende Studien zu Adorno und Habermas, Tübingen 1986
11 J. Habermas, a.a.O., S. 28
12 J. Habermas, a.a.O., S. 30
13 J. Habermas, a.a.O., S. 30/31
14 vgl. J. Habermas: Theorie des kommunikativen Handelns, Frankfurt 1981, Bd. II, S. 60 ff, 125 f
15 vgl. J. Habermas, a.a.O., Bd. I S. 133 f, Bd. II S. 56, 64, 447
16 vgl. G. Kimmerle, a.a.O., S. 96 ff
17 vgl. J. Habermas, a.a.O., Bd. II, S. 560 f
18 J. Habermas, a.a.O., Bd II, S. 310
19 vgl. J. Habermas, a.a.O., Bd. II, S. 60 ff, 73 f
20 vgl. G. Kimmerle, a.a.O., S. 179 ff
21 vgl. G. Kimmerle: Anatomie des Schicksals, Tübingen 1986, S. 58 ff
22 Kant: Grundlegung zur Metaphysik der Sitten, A 112
23 vgl. Hegel: Phänomenologie des Geistes, in: G.W.F. Hegel, Sämtliche Werke, hrsg. von Hermann Glockner, Bd. II, Stuttgart ^{4}1964, S. 54
24 vgl. Hegel, PhdG, S. 55, 78
25 vgl. Hegel, PhdG, S. 75 ff
26 vgl. Hegel, PhdG, S. 27
27 vgl. Hegel, PhdG, S. 71/72
28 Hegel, PhdG, S. 71
29 Hegel, PhdG, S. 39
30 Hegel: Über die wissenschaftlichen Behandlungsarten des Naturrechts, in S.W. Bd. I, S. 455
31 vgl. Hegel, a.a.O., S. 464 ff
32 vgl. Hegel, a.a.O.. S. 468 f
33 Hegel, a.a.O., S. 466
34 vgl. Hegel, a.a.O., S. 456
35 vgl. Hegel, a.a.O., S. 466
36 vgl. Hegel, a.a.O., S. 475 ff
37 Hegel: Glauben und Wissen, in: S.W. Bd. I, S. 416
38 vgl. Hegel, a.a.O., S. 415
39 Hegel, a.a.O., S. 417
40 Hegel: Differenz des Fichteschen und Schellingschen Systems der Philosophie, in: S.W., Bd. I, S. 106
41 Hegel: Glauben und Wissen, S.W., Bd. I, S. 423
42 Hegel: Über die wissenschaftlichen Behandlungsarten des Naturrechts, in: S.W., Bd. I. S. 527

43 vgl. Hegel, PhdG, S. 462 ff, 474 ff
44 vgl. Hegel, PhdG, S. 466
45 vgl. Hegel, PhdG, S. 473, 477
46 Hegel, PhdG, S. 477
47 Hegel, PhdG, S. 477
48 Hegel, PhdG, S. 509
49 vgl. Hegel, PhdG, S. 509 ff
50 vgl. Hegel, PhdG, S. 507 ff
51 vgl. Hegel, PhdG, S. 484
52 vgl. J. Habermas: Der philosophische Diskurs der Moderne, Frankfurt 1985, S. 41 ff, 53, 345, 361 ff, 375, 432
53 vgl. G. Kimmerle, Verwerfungen, Tübingen 1986, S. 153 f
54 Hegel, PhdG, S. 92
55 Hegel, PhdG, S. 91
56 vgl. Hegel, PhdG, S. 147 ff
57 Hegel, PhdG, S. 149
58 Hegel, PhdG, S. 150
59 Hegel, PhdG, S. 147
60 Hegel, PhdG, S. 338
61 Hegel, PhdG, S. 449
62 Hegel, PhdG, S. 499/500
63 vgl. Hegel: Vorlesungen über die Philosophie der Geschichte, S.W. Bd. XI, S. 568 f
64 vgl. Hegel, PhdG, S. 579
65 vgl. Hegel, PhdG, S. 620
66 vgl. Hegel, PhdG, S. 34
67 vgl. Hegel: Glauben und Wissen, S.W., Bd. I, S. 432, PhdG, S. 598
68 vgl. Hegel, PhdG, S. 615
69 Hegel, PhdG, S. 521
70 vgl. Hegel, PhdG, S. 18 f
71 vgl. Hegel, PhdG, S. 156
72 Hegel, PhdG, S. 453
73 Hegel, PhdG, S. 457
74 vgl. G. Kimmerle: Kritik der identitätslogischen Vernunft. Untersuchung zur Dialektik der Wahrheit bei Descartes und Kant, Königstein 1982
75 vgl. G. Kimmerle: Die Aporie der Wahrheit. Anmerkungen zu Nietzsches „Genealogie der Moral", Tübingen 1983, S. 21 ff
76 vgl. G. Kimmerle, a.a.O., S. 130 ff, 161 ff
77 P. Ricoeur: Symbolik des Bösen. Phänomenologie der Schuld, Bd. II, Freiburg [2] 1988, S. 38
78 vgl. G. Kimmerle: Anatomie des Schicksals, Tübingen 1986, S. 61 ff
79 vgl. H. Weiß: Der Andere in der Übertragung, Stuttgart 1988, S. 44 ff
vgl. G. Kimmerle: Verneinung und Wiederkehr, Tübingen 1988, S. 28 ff

STEPHAN KÖRNIG

Nietzsches Moralkritik: Ein Beitrag zur Grammatik des Subjekts

Paradise
Is exactly like
Where you are right now
Only much much
Better

(Laurie Anderson: Language Is A Virus)

Wer von Nietzsche spricht, möchte dies nicht leise tun. Kaum ein Philosoph verlangt von uns in einem solchen Maße Parteinahme für oder gegen etwas – selbst dort, wo wir gegen ihn eingenommen sind – wie Nietzsche. Ob man ihn nun aber als den ‚Zerstörer der Metaphysik' oder ob man seine Moralkritik als das ‚stärkste Geschütz' gegen die christliche Moral ansehen will, in beiden Fällen wird Nietzsches Philosophieren um die Dimension *verkürzt,* welche seine Kritik für die Moderne so bedeutsam macht. Nur wer an Nietzsche den Philosophen der leisen Töne, den Meister der ‚Nuancen' wahrnimmt, wird zu seinen philosophischen Intentionen ein anderes als ein lautes Verhältnis einnehmen können. Dies gilt insbesondere von seiner Moralkritik. Auch hier, so meine ich, zeigt sich Nietzsches Radikalität nicht dort, wo er entschieden urteilt, sondern vor allem dort, wo er auf entscheidende Unklarheiten aufmerksam macht.

Gewiß: von der christlichen Moral spricht Nietzsche meist nur mit einem großen Widerwillen. Dabei bezieht er sich allerdings auf sie als eine bestimmte Lebens- und Wertungsweise und nicht auf das religiöse Verhältnis in einem ausgesprochenen Sinne.[1] Die hehren Ideale des Christentums beruhen Nietzsches Wertschätzung nach auf einer Verneinung des Daseins, an der das Leben krankt. Mit dem Wort *Nihilismus* möchte Nietzsche eine geschichtliche Bewegung bezeichnet wissen, deren Wurzeln er bis zum Sokratismus zurückverfolgt und als deren letzte Konsequenz die

‚Selbstaufhebung der Moral' anzusehen ist. Die Entschiedenheit, in der Nietzsche gegen die Wertungsweise der christlichen Moral angeht, kann deshalb im Kontext dieser Moral allein gar nicht angemessen beurteilt werden. Gegenstand seiner Moralkritik ist die Lebensform des modernen Menschen, die zwar aus der Moral erwächst, ihrer Ausrichtung nach aber auf eine Auflösung der Moral hindrängt. Seine Moralkritik ist von daher auch ungleich radikaler als etwa die Religionskritik Feuerbachs, in der das Christentum nicht in Beziehung zu seiner Epoche, sondern nur als das letzte Hindernis zu ihrer angemessenen Verwirklichung begriffen wird. Geht es Feuerbach darum, die ‚Stelle Gottes' anders zu besetzen, so wendet sich Nietzsche gegen die Anmaßung einer solchen Stelle, die ihm letztlich nur als eine Zumutung gilt.

Wollte man also den Gegenstand von Nietzsches Moralkritik bezeichnen, so wäre dies sicherlich nicht die ‚christliche Moral'. Dies wäre viel zu kurz gegriffen. Was in dieser Kritik zur Sprache kommt, müßte vielmehr in der Art von *Zeitkritik* verortet werden, wie sie Nietzsche durchführt: als eine Bestandesaufnahme der an ihren Grenzen anlangenden Moderne.

Nun kann hier gewiß nicht der gesamte Problemzusammenhang erörtert werden, in dem für Nietzsche die ‚Moderne' steht.[2] Ein Motiv, das die Beziehung von Moral und dem Selbstverständnis der eigenen Zeit in besonderer Weise betrifft, soll hier aufgegriffen werden. Diese Interpretation möchte ihren Ausgangspunkt von Nietzsches paradox anmutender Frage nach *Wert* und *Herkunft* der Moral nehmen. Es zeigt sich, daß diese Frage auf dem Boden der Wissenschaften gar nicht sinnvoll gestellt werden kann. Damit soll nicht behauptet werden, daß Nietzsches Philosophie den Standards wissenschaftlichen Forschens nicht genügen kann, sondern umgekehrt, daß eine solche Frage in einem methodisch präzisen Sinne deshalb gar nicht gestellt werden kann, weil sie den ‚Bezirk der Methode' verläßt, indem sie die Form der Gegenstandskonstitution in den Wissenschaften selbst in Frage stellt.

‚Kritik' muß seinem Wortsinn nach also auch hier um das ergänzt werden, was dieses Wort zur Zeit Kants noch wie selbstverständlich zum Ausdruck brachte: Kritik als ein Ausmessen und Erfassen dessen, was sie sich zum Gegenstand nimmt. Aber der Verweis auf Kant ist zugleich irreführend. Kritik meint bei Kant die Klärung des Gegenstandsbereichs im neuzeitlichen Sinne. Eine solche Kritik schließt aus dem Bereich möglicher Erkenntnisse (über den Gegenstand der Kritik) das aus, was von ihr nicht begründet werden kann. Auf ihrem Boden vollzieht sich das, was seit Descartes als das eigentliche ‚Geschäft' der Philosophie erscheint: das Bemühen, den Selbstbegründungsanspruch der Vernunft einzulösen. Einen solchen Gang der Begründung tritt Nietzsche nicht an. Im Gegenteil: diese heilige Allianz von ‚Vernunftgründen' und ‚vernünftiger Einsicht' sucht Nietzsche zu zersetzen. Er mutet unserem Denken einiges zu, wenn er unserem Wissen und unseren Wertschätzungen ihre *Herkunft* noch nachrechnet, wenn er sie nicht für beweisbar hält, sondern sie auf eine Wertungsweise bezieht, wie sie aller Vernunft voraus und zum Grunde liegt. Die „Genealogie der Moral" durchkreuzt damit alle Pläne einer Erkenntnistheorie: Sie sucht Voraussetzungen der Vernunft zu klären, welche diese sich selbst nicht verfügbar machen kann.

Zur Unhintergehbarkeit von Vernunft und Moral

> . . . und gar die Moral kritisiren, die Moral als Problem, als problematisch nehmen: wie? war das nicht – *ist* das nicht – unmoralisch?
> (M 3)

Die Moral und die Vernunft haben all die ‚guten Argumente' immer auf ihrer Seite. Das macht sie für Nietzsche gerade verdächtig. Wer etwa die Einsichten der Vernunft kritisieren will, der *muß dies doch* auf eine vernünftige Weise tun und Argumente hierfür vorzubringen haben. Und wer die Moral kritisiert, der kann dies doch alleine aufgrund anderer Wertsetzungen tun, von denen her eine geltende Form von Moral als verfehlt erscheint. So evident solche Sätze heutzutage auch wieder klingen mögen, sie sind selbst moralischer Natur. Als Sätze, die etwas über die ‚Unhintergehbarkeit' von Vernunft und Moral aussagen sollen, tragen sie nicht allzu weit. Wittgenstein hat dies am Beispiel eines Jemanden illustriert, der sich die Hand auf den Scheitel legt und sagt: „Ich weiß doch, wie hoch ich bin!" (vgl. PU279)[3]. Solche Sätze sind für Wittgenstein *grammatische Sätze.* Sie sagen etwas darüber aus, was wir z. B. unter Vernunft verstehen wollen, ohne daß wir hierbei über die Versicherung dessen, was wir an einem Wort verstanden zu haben glauben, hinaus gelangen. Wittgenstein unterscheidet zwischen einer *Oberflächengrammatik* der Sprache, deren Morphologie sich das philosophische Denken bisher entlang bewegt habe, und einer *Tiefengrammatik,* die es zu erschließen gelte. Diese Unterscheidung findet seine Entsprechung in Nietzsches kritischen Einwänden gegenüber den Ansprüchen ‚vernünftiger' Einsichtnahme in unser Tun. Ebenso wie bei Wittgenstein werden sie in der Sprachkritik des Autors besonders überzeugend begründet; sie weisen aber ebensosehr über den Bereich bloßer ‚sprachphilosophischer' Betrachtungen hinaus und liefern erste Ansätze zu einer – den methodischen Ansprüchen der Wissenschaft entgegengesetzten – Beschreibung der Lebensform des modernen Menschen[4].

Diese Entgegensetzung hat Nietzsche schon zu Lebzeiten den Vorwurf eingebracht, einen Irrationalismus zu betreiben, dessen letztes Ziel es sei, alle ‚anständigen Gefühle' abzuschaffen. Die Verquickung dieser beiden Motive ist nicht zufällig; sie bestimmt in der Tat die Ausgangslage von Nietzsches Moralkritik, aber so, daß in ihr ein pathologischer Zug im ‚Erkenntnisinteresse' der Wissenschaften verdeutlicht werden kann.

Ein intimes Verhältnis: Moral und Wissenschaft

Nietzsche beginnt seine Thematisierung dessen, was er „das Problem der Moral" nennt, in seinem späteren Werk *Jenseits von Gut und Böse* damit, daß er auf einen zwanghaften Zug in den bisherigen Bemühungen um die Moral aufmerksam macht. Die Forderung der bisherigen Beiträge zur Ethik bestand darin, Moral zu *begründen* und nicht schlicht darin, sie zu ergründen. Die Versuche der Wissenschaften, sich den Grundlagen der Moral zuzuwenden, sind selbst noch als „. . . ein Thatbestand . . . innerhalb einer bestimmten Moralität . . ." (JGB 186) aufzufassen. Hierbei handelt es sich nicht einfach um eine persönliche Schwäche oder um eine mangelnde Konsequenz in den Bemühungen der Moralhistoriker. Daß in der *Wissenschaft* von der Moral das *Problem* der Moral fehlt, – dies hat Methode.

Für Nietzsche gilt es als ausgemacht, daß wir uns ein Bild von der Wirklichkeit nur schaffen können, indem wir uns diese ‚zurechtfälschen'. Ihm geht es dabei weniger um eine Kritik des Täuschungsbetrags in der Vernunft. Das „Schematisieren" von Wirklichkeit ist für Nietzsche erst einmal Ausdruck lebendiger Bestrebungen und ihrer Aneignungsfähigkeit. In der ‚Historienschrift' spricht er von der „plastischen Kraft" des Lebendigen, Anderes in seinen Horizont einzuschließen und auf ihn hin auszulegen. Von daher kann es keine Beschreibung der Vorgänge im Einzelnen oder gar der Gesellschaft geben, die von einem objektiven Standpunkt aus geschieht. Der Horizont eines sozialen Gefüges wird hier als die sich gegenseitig vermittelnde Gegenwart *verschiedener* Horizonte gedacht. Die Wissenschaft erscheint vor diesem Hintergrund als der extreme Fall von einem Schematisieren, das Allgemeinverbindlichkeit beansprucht. Was in der Wissenschaft „Methode" genannt wird, gilt es in seinem imperativischen Charakter zu begreifen. Wer zum Fortschritt der Forschung beizutragen bereit ist, hat beständig Rechenschaft über sich abzugeben und sein Vorgehen als eine Allgemeinheit befördernde Form der Generalisierung zu bewähren.

Der Anspruch auf einen solchen Zugang zur Wirklichkeit, wie ihn die traditionelle Metaphysik ebnen zu können glaubt, muß selbst schon hinterfragt werden. Ihn gilt es, auf das ‚System von Wertschätzungen' zu beziehen, das sich in ihm einen Ausdruck verschafft. Nietzsche erörtert diesen Zusammenhang als den ‚Glauben an die Logik'. Seine These, die *Holger Schmid* unter dem Titel einer *Moral der Methode* behandelt, sei hierbei die, „. . . daß diese ganze Struktur des Fürwahrhaltens und Begründens ‚moralisch' sei." (Schmid 1984, 33)[5] Den moralischen Imperativ, der sich hier geltend macht, stellt Schmid auf folgende Weise dar:

> Dieser lautet also: Identität soll sein (verwirklicht werden). Das Zeichen soll seine Bedeutung durchhalten; das Beurteilte – „Seiendes" oder „Begriff" – durchgängig bestimmt, festgehalten werden. Darin ist der Satz, über das praktische, vom Erfolg bestimmte und modifizierte Bedürfnis des Gleich-Setzens hinaus, Grundsatz der Allgemeinheit und damit einer Wahrheit, die sich wesentlich durchsetzt, sich „Existenz verschafft", . . .
> (Schmid 1984, 34f.)

Die ‚moralische Ontologie', wie sie hier vorliegt, kennzeichnet nun den Zusammenhang von wissenschaftlichem Verfahren und einer Wertungsweise, die Nietzsche als ‚Herden-' oder ‚Sklaven-Moral' bezeichnet. An der Universalisierungstendenz wissenschaftlichen Urteilens macht Nietzsche einen Willen zur Gleichheit aus, in dem es zum Merkmal unbezweifelbaren Wissens wird, daß nicht mehr widersprochen werden kann. Dieser Wille zur Gleichheit hat die Übereinstimmung im praktischen Sinne zur Grundlage, –

„. . . weniger das Allgemeine als das Verallgemeinern ist Motiv und Maßstab der Methode.“(35)

Zur Naturgeschichte moralischen Bewußtseins

Nietzsches Kritik am Wahrheitsbegriff setzt also schon bei der anscheinend recht formal gehaltenen Forderung nach Übereinstimmung (adaequatio) von Beschreibung und Sachverhalt an. Der Zielpunkt der methodischen Sicherung von Wahrheit ist die „Fiktion“ oder die Axiomatik, die ihr zugrunde liegt. Indem Nietzsche „Erkennen“ durch „Schematisieren“ ersetzt, werden die Bedürfnisse, die sich im Schema Ausdruck verschaffen, zur Grundlage von „Wahrheit“. Die Wahrheit dieser Fiktion kann nicht anders ermessen werden, als daß sie zu der Art von Leben in Beziehung gesetzt wird, die auf diese Weise Wirklichkeit schematisiert. Von daher läßt sich das, was ‚Übereinstimmung‘ noch zu bedeuten vermag, nicht mehr im Sinne einer (binären) Entscheidbarkeit von ‚wahr‘ und ‚falsch‘ ausdeuten.

> Wahrheit ist die Art von Irrthum, ohne welche eine bestimmte Art von lebendigen Wesen nicht leben könnte. Der Werth für das Leben entscheidet zuletzt.
> (VII 3: 34,253)

Das wissenschaftliche Sicherungsinteresse und die methodische Zurichtung von Welt auf vergleichbare Zustände und ineinander überführbare Größen entspringt dem ‚Verkehrsinteresse‘ der Gemeinschaft. Der *Identitätssatz* erweist nach dieser Seite hin seine Zugehörigkeit zu einer moralischen Ontologie. Darüber hinaus kann festgestellt werden, daß die Herstellung von Identität kein so anspruchsloser Vorgang ist, wie dies oft angenommen wird; es bedarf einer Reihe von Voraussetzungen oder Schematisierungen, um etwas als mit etwas anderem gleich oder als von ihm unterschieden aussagen zu können[6]. Das Bewußtsein, das in diesem Allgemeinheitsgrad über Identitäten verfügt, gilt Nietzsche als ein *„Mittel der Mittheilbarkeit“* (VIII 2: 11,145), das nicht (als ein ‚Vermögen‘) den Zugang zu wahrer Erkenntnis verbürgt, sondern vielmehr die Teilhabe an dem vermittelt, was die Gemeinschaft zu sichern bemüht ist.

> Diess ist der eigentliche Phänomenalismus und Perspektivismus, wie ich ihn verstehe: die Natur des *thierischen Bewusstseins* bringt es mit sich, dass die Welt, deren wir bewusst werden können, nur eine Oberflächen- und Zeichenwelt ist, eine verallgemeinerte,

> eine vergemeinerte Welt, – dass Alles, was bewusst wird, ebendamit flach, dünn, relativ-dumm, generell, Zeichen, Heerden-Merkzeichen *wird,* dass mit allem Bewusstwerden eine gründliche Verderbniss, Fälschung, Veroberflächlichung und Generalisation verbunden ist.
> (FW V 354)

Nietzsches Kritik an dem ‚Glauben an die Logik' wird hier durch ein anthropologisches Argument abgesichert, das die Selektivität des Bewußtseins ins Spiel bringt: Umwelt wird immer auf die Zustandsgrößen zurechtgefälscht, mit der eine Art von Leben umzugehen versteht. Die hiermit verbundene Instrumentalisierung des „Intellects" muß als ein durchaus problematischer Zug in Nietzsches Vernunftkritik angesehen werden. Zum andern aber läuft diese Kritik auf eine Infragestellung ‚Objektivität' sichernder Erkenntnisbestrebungen hinaus, indem sie diese als einer Wertungsweise zugehörig erscheinen läßt. Nietzsche ordnet die Urteile der Wissenschaft ihren Grundoperationen nach einem System der Wertschätzungen zu, das ihnen vorläuft und als dessen Ausdruck sie nur angesehen werden können. Das hat zu seiner Konsequenz, daß die im philosophischen Urteil sorgsam gehütete Unterscheidung von *Genesis* und *Geltung* unterlaufen wird, gilt für Nietzsche doch, daß der Erkenntniswert eines Urteils nicht von der Wertungsweise abgelöst ‚beurteilt' werden kann, in dessen Umkreis es Bestand hat.

> Die Wertschätzung bestimmt sich als differentielles Element der entsprechenden Werte: ist kritisches und schaffendes Element in einem. Die auf ihr Element bezogenen Wertschätzungen bilden keine Werte, vielmehr Seins- und Existenzweisen derer, die urteilen und abschätzen (. . .) Dies ist das Wesentliche: Das *Hohe* und das *Niedrige,* das *Vornehme* und das *Gemeine* sind keine Werte, sondern stellen das differentielle Element dar, aus dem der Wert der Werte selbst sich erst ableitet.
> (Deleuze 1985, 5f.)[7]

In diesem differentiellen Element legt sich jeweils eine bestimmte Art von Leben aus. Moral wird damit zum Symptom eines Ausdeutungsgeschehens, das Nietzsche nicht mehr auf die Einheit ‚vernünftigen Urteilens' bezieht. Das hier zugrunde liegende Geschehen wird vielmehr entlang der Differenz-Erfahrungen, in denen ‚Leben' sich auslegt, bestimmt. Die Unterschiede in den philosophischen Welt-Ausdeutungen etwa müssen von den Seins- und Existenzweisen derjenigen her ausgelegt werden, die sie verfassen.

Das Ich als ein Oberflächenphänomen

Eine Bestimmung dessen, was diese Existenzweisen jeweils ausmacht, kann sich nun durchaus nicht an das halten, was unter ihrer Perspektive und in ihrem Horizont erkannt wird. Nietzsche gibt den Blick auf einen pluralen Bestimmungsgrund des Selbst-seins frei, der sich einer bewußten Zueignung entzieht.

> Unsre Handlungen sind im Grunde allesammt auf eine unvergleichliche Weise persönlich, einzig, unbegrenzt-individuell, es ist kein Zweifel; aber sobald wir sie in's Bewusstsein übersetzen, *scheinen sie es nicht mehr* . . .
> (FW V 354)

Hier erscheint das Verhältnis von Individuellem und Allgemeinem des Bewußtseins in einer anderen Ordnung als sie gewöhnlich aufgestellt wird. Die Einheit und Identität des Ich, dem wir unsere Handlungen zurechnen, bürgt allein für unser „Durchschnittliches“ (ebda.). Diese Einheit gehört in den Bereich der *nützlichen Fiktionen,* wie sie im Hinblick auf eine ‚rasche und feine Verständigung‘ nötig geworden sind. Für das Bewußtsein ist nur das „Nicht-Individuelle“ (ebda.) kommunizierbar. Nur vordergründig kann das Bewußtsein als ein mit sich selbst identisches Überblicken gemachter Erfahrungen aufgefaßt werden, das aus der Präsenz des ihm Vorstellbaren sich als ein vorausblickendes Planen (souverän) zu bestimmen weiß.

> Es zeigt sich, daß wir ständig *ergriffen, verloren, wiederergriffen* und *überrascht* werden: mal vom System unserer Triebbestimmungen und mal vom System alltäglicher Zeichen. Letzteres findet uns, dringt in uns ein und überdauert unsere Auflösung. Äußerlich sind wir wenig, viel oder gar nichts – je nachdem, ob der Alltagscode sich mit uns beschäftigt oder nicht.
> (Klossowski 1986, 70)[8]

Die ‚Persönlichkeit‘ kann den Regungen, auf die sie bezogen ist, nicht über- sondern nur nachgeordnet werden. Diese Impulse, denen das ‚Ich‘ ausgesetzt ist, gelten Nietzsche nicht als eine gestaltlose Masse, der ein Bereich autonomer Individualität erst abgetrotzt werden muß. Der Reichtum und die Vielgestaltigkeit einer Art von Leben verdankt sich vielmehr der Verschiedenartigkeit von Antrieben, welche sie unter sich zu befassen weiß.

Eine eingehende Erörterung, inwiefern es Nietzsche gelingt, von dieser Einschätzung aus zu einer positiven Bestimmung eines Selbstseins zu gelangen, das jenen Reichtum für sich zu entfalten weiß, kann hier nicht durchgeführt werden. Es sollte an dieser Stelle vor allem darauf hingewiesen werden, daß die Kritik an den ‚präsenzmetaphysischen' Unterstellungen nur eine Seite von Nietzsches kritischen Bemühungen ausmacht[9]. Nietzsches Moralkritik wird ihren Intentionen nach erst verständlich, wenn wir sie auf die *andere* Geschicht der Genese vernünftigen Selbstbewußtseins beziehen, wie er sie uns zu erzählen weiß. Mit Nietzsche läßt sich die *Verdrängungsgeschichte* des moralischen Bewußtseins rekonstruieren. Es handelt sich hierbei um eine Rekonstruktion des ‚pluralen Sinnes', – und auch dies in einem Doppelsinn: die eine Geschichte neuzeitlicher Vernunft zerfällt bei Nietzsche in eine *mehrfache*. Sie verdankt sich einer Umwertung im Ressentiment, sie hat zu ihrer Voraussetzung den der Selbstkontrolle zugeführten Leib der Askese, sie beruht auf den Ritualen des Strafens und sie ist in einer Sprache verfaßt, die in ihren grammatischen Strukturen einen Handlungsbegriff von ‚Täter und Tun' festschreibt. Diese Geschichte wird von mächtigen unterirdischen Strömungen getragen; sie bedarf der „Aktivität notwendig unbewußter Kräfte" (Deleuze 1985, 47), deren verkehrtes Bild erst das seiner selbst bewußte und vor allem: handlungsfähige Subjekt ist.

Die *Genealogie der Moral* gibt uns eine ausgearbeitete Darstellung dieser Zusammenhänge. Ich möchte mich zuerst mit der zweiten Abhandlung beschäftigen, welche die Voraussetzungen zu klären versucht, unter denen sich so etwas wie eine ‚souveräne Individualität' herausbilden kann. Es handelt sich hierbei um die Genese der Persönlichkeitsstruktur, welche eine Zurechenbarkeit von moralischem Verhalten erst erlaubt. Von hier aus werden wir uns mit der Ausweitung dieser Fragestellung bei Nietzsche zu befassen haben, in der er die Grundstellung neuzeitlichen Denkens thematisiert: Gegenstand seiner Kritik wird die Form des Selbst-seins, die, um bei sich zu sein, eine ‚bessere Welt' sich schaffen muß.

Stephan Körnig

Genealogie des souveränen Wollens

> Ein Thier heranzüchten, das versprechen darf – ist das nicht gerade jene paradoxe Aufgabe selbst, welche sich die Natur in Hinsicht auf den Menschen gestellt hat? ist das nicht das eigentliche Problem vom Menschen?
> (GdM II 1)

Der Mensch, der versprechen kann, muß über einen ‚freien Willen' verfügen, er muß in der Lage sein, sich in einer gleich bleibenden Weise auf solche Inhalte zu beziehen, denen gegenüber er Verpflichtungen eingeht. Er darf nicht von einer jeden Regung, etwa von einem anderen Wollen, fort- und mitgerissen werden. Ein solcher Mensch muß über ein Selbst verfügen, das Identitäten herstellt und das intendierte Resultat seinem Wollen aufzwingt.

Was aber erscheint daran paradox? Nietzsches hartes Wort von der Züchtung stellt heraus, daß es nicht einfach zum ‚Wesen' des Menschen gehört, auf solch eine Weise über sich zu verfügen. Von ‚Natur' aus ist der Mensch das ‚nicht fest-gestellte Tier', demgegenüber sich erst die Aufgabe stellt, es *„berechenbar, regelmässig, nothwendig"* (GdM II 1) zu machen. Soziale Gefüge müssen auf das hin angesehen werden, wodurch es ihnen gelingt, das Ungefähre, Unbestimmbare, das Flüssige im menschlichen Wesen in die Art von Verbindlichkeiten hineinzuzwingen, deren eine jede Sozial-Ordnung bedarf. Am Ende dieser langen Sozialisationsgeschichte kann dann so etwas wie das *„souveraine Individuum"* (GdM II 2) stehen, der Mensch, der in seinem Verhalten nicht mehr durch Konventionen, sozialen Druck und die Furcht vor Strafen bestimmt wird. Das Paradoxe an dieser Form von Individualität ist dies, daß die mühsam in ihm errungene Fähigkeit, sich in seiner Identität selbst zu setzen, sich beständig darin bewähren und als eine solche hervorbringen zu können, – daß diese Grundlegung nicht das ist, als was sie sich in ihm ausdrückt: als eine selbstbestimmte Tat. An ihr wird leicht der ungeheure Zwang übersehen, welcher dieser Identität voraus und zu Grunde liegt.

In der zweiten Abhandlung der Genealogie der Moral wird das ‚Subjekt' moralischen Verhaltens und die Weise, in der für es eine *Verbindlichkeit* in seinem Verhalten entsteht, behandelt: die Schuld, das schlechte Gewissen und „Verwandtes". Die Herausbildung eines moralischen Bewußtseins wird auf den Einschreibungsvorgang in den Leib hin ausgelegt. Entlang dieser anderen ‚Bildungsgeschichte' des moralischen Bewußtseins bestimmt Nietzsche die Entstehung einer Innenwelt, deren Genese und ihre Verfeinerung zur Empfindsamkeit der modernen Seele. Der ‚souveräne' Wille aufklärerischer Moralphilosophie, aufgrund dessen der Mensch sich in seiner Verantwortlichkeit gegenüber einem allgemeinen Willen autonom selbst zu ergreifen habe, dieser Wille wird gemäß seiner Herkunft aus den Einschreibungsvorgängen der Rituale des Strafens gedeutet. Die *„Selbstlosigkeit, Selbstverleugnung, Selbstaufopferung"* (GdM II 18) als Ideal selbst-bestimmten Tuns wird auf diesen mit Lust und Grausamkeit verbundenen Einschreibungsvorgang hin ausgelegt. Nietzsche klagt hier für das Selbstverständnis ‚moralischen Verhaltens' die Kosten einer Geschichte ein, als dessen (nicht intendiertes) Resultat sich der Mensch ergibt, der ‚*versprechen* darf'.

Nietzsche beginnt diese Abhandlung damit, daß er die *Vergeßlichkeit* zur Grundbestimmung der Form von Präsenz macht, welche das menschliche Bewußtsein kennzeichnet. Nietzsche bestimmt das Vergessen als ein aktives Hemmungsvermögen, dessen es bedarf, um in der Fülle des Erlebten nicht zu versinken. Keine Gegenwart ohne Vergessen, – die Vergeßlichkeit bezeichnet Nietzsche als eine „Thürwärterin" des Bewußtseins, die es gewährleistet, daß Zusammenhänge in ihm sich herstellen, daß Konturen gewinnt, was ansonsten ungehemmt auf es einströmen würde.

> Die Thüren und Fenster des Bewusstseins zeitweilig schliessen; von dem Lärm und Kampf, mit dem unsre Unterwelt von dienstbaren Organen für und gegeneinander arbeitet, unbehelligt bleiben; ein wenig Stille, ein wenig tabula rasa des Bewusstseins, damit wieder Platz wird für Neues, vor Allem für die vornehmeren Funktionen und Funktionäre, für Regieren, Voraussehn, Vorausbestimmen (denn unser Organismus ist oligarchisch eingerichtet) – das ist der Nutzen der . . . aktiven Vergesslichkeit, einer Thürwärterin gleichsam, einer Aufrechterhalterin der seelischen Ordnung, . . . (GdM II 1)

Die strukturierte Form von Wahrnehmung, die erst durch die Vergeßlichkeit gewährleistet wird, darf nun aber nicht in dem Maße als identitätsbildend angesehen werden, wie es der Begriff von Bewußtsein schon von vorneherein zu unterstellen scheint. Diese bewirkt noch nicht, daß hier ein Ich in einer gleich bleibenden Weise sich auf etwas bezieht, was es sich vor-stellt. Am Wollen des Menschen, der vergeßlich ist, tritt grundsätzlich erst einmal das Sporadische, d.h. ein Tun hervor, das von keinen durchgängigen Deutungsmustern getragen ist. Über einen freien Willen verfügen zu können, dies setzt eine Form von Verbindlichkeit voraus, welche diesem (‚oligarchisch' verfaßten) *Gliederbau vieler Seelen* erst aufgeprägt werden muß. Mit ihm stellt sich die Aufgabe, dem Menschen ‚ein Gedächtnis zu machen', er setzt ein *„Gedächtniss des Willens"* (GdM II 1) voraus,

> . . . so dass zwischen das ursprüngliche „ich will" „ich werde thun" und die eigentliche Entladung des Willens, seinen *Akt,* unbedenklich eine Welt von neuen fremden Dingen, Umständen, selbst Willensakten dazwischengelegt werden darf, ohne dass diese lange Kette des Willens springt.
> (GdM II 1)

Der archimedische Punkt in der Verantwortlichkeit

Die Form von Identität, wie sie dem *Selbst* fast schon analytisch zugesprochen wird, legt Nietzsche auf dessen verdrängte Geschichte hin aus. Am ‚Anfang' dieser Geschichte – so weit er freigelegt werden kann – stehen schon Einschreibungsvorgänge, deren Logik vielfach von einer Lust an Grausamkeit bestimmt wird und nicht nach Maßgabe ‚planvollen Handelns' verläuft. Gleiches gilt aber auch für die spezifischen Moralen, welche vor dem Hintergrund ihrer Vorgeschichte zu dechiffrieren sind. An den obersten Werten der christlichen Moral – *gut* und *böse* – legt Nietzsche eine Entstehungsgeschichte frei, von der her die Grundstellung neuzeitlichen Denkens in einem Gegensatz zu dem *Bild* charakterisiert wird, in dem die Welt durch sie zu stehen kommt.

Diese beiden obersten Werte werden in der ersten Abhandlung der *Genealogie* auf ihre Herkunft aus dem Gegensatzpaar ‚gut' und ‚schlecht' hin ausgelegt und erfahren hierdurch eine Verkehrung. Ihr Verhältnis zum wertschätzenden Tun wird der Zuordnung entgegengesetzt, in der sich das herrschende Verständnis von Moral bewegt. Wurde bisher das ‚böse' Tun als ein *negatives* Verhalten gegen das, was in den Werten positiv gesetzt ist, bestimmt, so gilt nun dagegen, daß die Bestimmung des moralisch ‚Guten' sich der Umwertung einer Rangordnung verdankt, in der die Unterlegenen oder die Ohnmächtigen sich in ihrem Urteil über die Vornehmen (und in diesem Sinne ‚Guten') zu erheben versuchen. Was nun als ‚gut' bewertet wird, leitet sich vom Werturteil über den ‚Bösen' ab. Die christliche Moral verdankt sich demzufolge nicht den durch sie *geschaffenen* Werten, sie tritt vielmehr die Erbschaft eines *Ressentiments* an. Ihre stärksten Impulse verdankt das moralische Bewußtsein dem ihr *Anderen,* das in der Konfrontationslinie, wie sie sich in den Gegensätzen von ‚gut' und ‚böse' ausprägt, *keinen Ort* mehr hat. Das Andere wird in den Tiefenströmungen eines Selbst versenkt, das hierdurch ‚tief und böse' (Nietzsche) wird. In diesem Identitäten einer eigenen Ordnung vermittelnden Tun wird das zur Freiheit umgemünzt, was als Folge eines langen Zwanges, der Zucht zum Gehorsam und der Furcht vor dem Strafen – dem ‚Fest' der Mächtigen – anzusehen ist.

Der Mensch, der in einem ausgesprochenen Sinne Werte sich schafft, ist für Nietzsche ein Mensch, der ohnmächtig ist. Der aus der Fülle seiner Macht heraus lebende Mensch *produziert* nicht, er nimmt keinen Standpunkt ein, von dem aus er auf die Dinge schaut, auf eine Welt, die es ‚aus den Angeln zu heben' gilt. Der Ohnmächtige aber, der sich als außerhalb dessen befindlich erfährt, was ihn bestimmt, bezieht sich negativ auf seinen Bestimmungsgrund, er setzt sich ihm entgegen.

Ein Leben, das sich durch Verneinung all der Willenskräfte zentriert, durch die es am Leibe seines Selbst-seins eine Auflösung erfährt, ist eins, das an seinem Dasein *krankt.* Willensverneinung ist das Steigerungsprinzip eines ‚ungesunden', sich schon erschöpfenden Lebens. Der asketische Priester bereitet dieser Lebensform, dieser ‚gefährlichen Daseinsart', den Boden vor. Er ist der „*Richtungs-Veränderer* des Ressentiments" (GdM II 15), durch ihn wird Ohnmacht zum archimedischen Punkt eines sich um die absolute Eigenverantwortlichkeit des Daseins zentrierenden ‚Subjekts'. Fluchtpunkt all der Lebensäußerungen eines solchen, von Leiden geprägten Daseins – das es schuldhaft an sich erfährt –, ist die *bessere Welt,* der zwanghafte Wille, eine Welt sich neu erfinden zu müssen, in der dann alles Leiden und alle Schuld getilgt sein werden. Der unbedingte „Wille zur Wahrheit", der zum Prinzip neuzeitlichen Wissens geworden ist, wird als der destruktive Impuls dieser Daseinsform gewertet. Alles Oberflächliche und ‚Scheinbare', durch das Leben sich interpretierend gegenseitig abschätzt und organisiert, muß zerbrochen und durchstoßen werden. Zu leben und ‚ungerecht' sein ist aber eins. Ein Leben, das nichts als gerecht sein will, wendet sich gegen das Leben selbst; vom Standpunkt entwerteten Lebens aus will es ins Nichts.

Unter diesem Aspekt sieht Nietzsche die eigene Zeit auf die nihilistische Grundtendenz in allen ihren Lebensäußerungen an. Alles, was in ihr geschieht, ist als ein Vorgang fortschreitender Entwertung zu begreifen: ihre ungeheure Aktivität, ihre Angst vor Stillstand und ‚beiseite' gehn, ihre Fortschrittsgläubigkeit und ihre Erfahrungsform, die, alle erfahrbaren Gehalte negierend, diese zu bloßen Produktionsmitteln herabsetzt. Die *Arbeit* wird zur einzigen Form gerechtfertigten Daseins, sie wird zu einem Schaffensprozeß, der auf nichts hinaus will, als daß durch ihn die Zeit in einen Zustand der Rastlosigkeit versetzt wird.

Externe Standpunkte

Mit dem Wort „Nihilismus" möchte Nietzsche den *Zerfallscharakter der Moderne* kennzeichnen. Diese Bewertung der eigenen Zeit erwächst bei ihm nicht aus einem Hang zu pathetischen Formeln und auch nicht nur aus einer Lust daran, herkömmliche Einschätzungen umzukehren. Es sollte angedeutet werden, daß Nietzsches Moralkritik nur in Beziehung zu der geschichtlichen Reflexion, aus der sie erwächst, angemessen beurteilt werden kann. Die genealogische Methode unterhöhlt die Grammatik ‚rationalen Argumentierens', indem sie gute Argumente dafür versammelt, daß wir uns hierbei nur an der Oberfläche und entlang der Morphologie eines bestimmten Systems von Wertschätzungen bewegen.

Nietzsches Perspektivismus erscheint in diesem Zusammenhang als der paradoxe Versuch, die Zentralperspektive der Vernunft aufzubrechen, indem diese potenziert wird. Die pluralen Bestimmungsgründe der Vernunft werden freigelegt, wobei es Nietzsche zuweilen schwerfällt, diese anders als die Vervielfachung der *einen* Perspektive zu denken. ‚Perspektive' meint hier die Art von Hinsehen, in der der Fluchtpunkt, auf den hin sich die Dinge wie von selbst zu ordnen scheinen, doch nur den externen Standpunkt bezeichnet: wirklich ist das, was ein Subjekt sich zum Gegenstand nimmt. Nietzsches Wort vom Philosophen, der Werte schafft, der den Dingen ein neues Schwergewicht verleiht, weist in diese Richtung. Immer geht es Nietzsche aber auch darum, externe Standpunkte als fiktiv auszuweisen und das neuzeitliche Denken auf den

Vorgang der Entwertung zu beziehen, durch den es Wirklichkeiten allererst *begründen* zu können glaubt.

Fast alle Beiträge zur Ethik fangen mit Kant an. Wir können einmal getrost mit Kant aufhören und sagen: Wenn, wie Kant es behauptet, der *gute Wille* das einzig wirklich Gute auf der Welt ist, so muß bemerkt werden, daß er in der Philosophie oft wenig nützt. Wer durch Nietzsches Moralkritik hindurchgegangen ist und hierbei seine Lehren aus dem zog, was er die ‚Schule des Verdachts' nennt, der bringt eine Art Unverständnis dafür mit, daß heute noch Versuche unternommen werden, ‚Ethik zu begründen'. Wir stehen dann mit einer gewissen Müdigkeit vor derartigen Bemühungen, sei es, daß uns das Gewissen zu schlagen hat (Weischedel), wir alle unsere gute Hoffnung zusammenzunehmen haben (Bloch), wir uns nicht vor unserer Verantwortung drücken dürfen (Jonas) oder mit einem Ausschluß aus der Kommunikationsgemeinschaft bedroht werden (Habermas). So viel uns selbst an manchen der Verhaltensweisen liegen mag, die derart umständlich begründet werden sollen, so *witzlos* erscheinen uns die hier unternommenen Anstrengungen doch zugleich. Wir glauben dann mit Nietzsche nicht mehr so recht daran, daß sie einer Begründung fähig sind, vor allem aber scheint es uns so, als ob sie gar nicht einer Begründung bedürften. Gewiß verfolgt Nietzsches Kritik der Moral aufklärerische Motive, darin aber verläßt sie doch zugleich den Boden der Aufklärung, daß sie nicht mehr annimmt, sie sei dazu da, daß durch sie die Menschheit ‚verbessert' werde.

Anmerkungen

1 So sagt Nietzsche an einer Stelle: „In jeder Religion ist der religiöse Mensch eine Ausnahme." (FW III 128) Dem religiösen Menschen als eine ‚Ausnahmeerscheinung' bringt Nietzsche durchaus eine gewisse Sympathie entgegen.
Zur *Zitierweise:* Bei den veröffentlichten Werken bemühe ich mich, möglichst unabhängig von der benutzten Textausgabe zu zitieren, d. h. unter Angabe des Buches (römische Ziffer) und des Aphorismus (arabische Ziffer). Fragmente werden entsprechend der Konventionen der benutzten Ausgabe wiedergegeben, der ‚Kritischen Gesamtausgabe', hrsg. von Georgio Colli und Mazzino Montinari, Berlin/New York 1967ff. Als Abkürzungen verwende ich die dort gebräuchlichen Siglen:
M = Morgenröthe
FW = Fröhliche Wissenschaft

JGB = Jenseits von Gut und Böse
GdM = Genealogie der Moral

2 Nietzsches ‚Standpunkt' kann (und will) als der einer *Unzeitgemäßheit* bezeichnet werden. Die Form von Reflexion auf die eigene Zeit, wie sie hierin intendiert wird, hat Georgio Colli sehr treffend in der folgenden Passage (aus dem Nachwort zu Bd. 6 der ‚Kritischen Studienausgabe') charakterisiert: „Der wesentliche Punkt liegt jedoch- . . . darin, daß man Nietzsches Unzeitgemäßheit in ihrer ganzen Radikalität anerkennt, in ihr nicht die Entfernung von irgendeiner theoretischen Position oder historischen Interpretation zugunsten irgendeiner anderen sieht, sondern die Entfernung von allem, was modern ist – mit einer schwindelerregenden Ausweitung des Bereichs der Modernität, wobei die Beziehung auf die Vergangenheit dazu dient, dessen Verhältnisse zu klären." (Colli 1980, 6:454)

3 Aus den „Philosophischen Untersuchungen" wird mit Angabe der Nummern zitiert, die Wittgenstein den einzelnen Abschnitten vorangestellt hat.

4 Dies kann hier in Bezug auf Wittgenstein nicht erörtert werden. Unmißverständlich sagt aber Wittgenstein, daß eine Sprache nicht anders als in Bezug auf die ihr zugehörige Lebensform vorgestellt werden kann (vgl. PU 19). An dem Wort „Sprachspiel" betont Wittgenstein zugleich, indem er es einführt, den zweiten Teil des Wortes, nämlich das ‚Spiel' als Teil einer Lebensform (vgl. PU 23).

5 Holger Schmid: Nietzsches Gedanke der tragischen Erkenntnis, Würzburg 1984

6 vgl. hierzu die Ausführungen von Castoriadis zum „legein" in: Cornelius Castoriadis: Gesellschaft als imaginäre Institution. Entwurf einer politischen Philosophie, Frankfurt a. Main 1984; S. 372-381.

7 Gilles Deleuze: Nietzsche und die Philosophie, Frankfurt a. Main 1985 (Erstausgabe: München 1976)

8 Pierre Klossowski: Nietzsche und der Circulus vitiosus deus, München 1986

9 Nietzsches ‚Perspektivismus' ist deshalb auch nicht nur eine Variante *skeptischen Philosophierens,* wie dies oft behauptet wird. Mit ihm ist die Forderung verknüpft, daß wir das Verhältnis von Selbst und Anderem nicht mehr entlang der Dichotomien von Ich und Nicht-Ich (Rationalität/Irrationalität, Innen/Außen, Bewußtsein/Sinnlichkeit, usf.) ausdeuten sollen. Holger Schmid bietet in seiner Darstellung der ‚esoterischen Lehre' Nietzsches einige Ansätze zu solchen Überlegungen.

HANS-ERNST SCHILLER

Brüderlichkeit und Moralprinzip
Zur politischen Ethik

I Einleitung: Moral und Politik

Es gab da einen Fall, verbunden mit dem Manne Uwe Barschel. Der war dem süßen Gift der Macht, für die ihn seine Herkunft nicht bestimmt hatte, noch mehr verfallen als dem Tavor, das er wohl aus eben jenem Grunde zu sich nahm. Um im Amt zu bleiben, brach er Gesetze. Macht korrumpiert, und auch bei uns ist ihre Kontrolle schwieriger als das schlußendliche Loblied auf die freie Presse glauben machen wollte. Der eigentliche Held hieß Pfeiffer und er wurde geschmäht, blieb aber auch undurchsichtig. Am Ende war die Unerläßlichkeit von Kontrolle und Gesetzestreue die nächste Lehre, die aus diesem Fall zu ziehen war. Die alte, allzu wahre Weisheit, daß die Macht per se nichts Gutes ist, reicht politisch nicht aus.

In unserem Staat wird Politik von Menschen gemacht, die etwas davon verstehen. Berufspolitiker lassen sich wählen und gehen dann ihren Geschäften nach, gezügelt durch die Besorgnis, nicht mehr gewählt zu werden. Der Souverän, das Volk, schaut zu – und zwar täglich zwischen 7 und ¼ 9 Uhr abends – um dann periodisch die Rechnung aufzumachen. Zuvor läßt er sich noch Versprechungen geben, von denen er weiß, daß sie nicht gehalten werden müssen. In Frankfurt, im republikbekannten Stadtteil Westend, verhökerte die Magistratsmehrheit vor einiger Zeit ein Grundstück, auf dem sich eine Bank ein Hochhaus errichten wird. Es war noch keine zehn Jahre her, daß alle Parteien feierlich versprochen hatten, nie mehr würden im Westend Bürotürme gebaut. Nach Art. 38 II des Grundgesetzes sind die Abgeordneten des Deutschen Bundestages – und im Prinzip gilt das für alle Parlamente – „an Aufträge und Weisungen nicht gebunden und nur ihrem Gewissen unterworfen“. Es wäre doch ganz schön, sie hätten eins. Oft aber erkennt man nur die riesige Verantwortung, die sie tragen.

Beide Beispiele zeigen, daß auf Moral in unserem System nicht verzichtet werden kann. Freilich gibt es auch wichtige Gründe, mißtrauisch gegen sie zu sein. Moralisieren kann zur Verteufelung des politischen Gegners führen, zur Aufhebung der faden, in mancherlei Betracht scheinhaften Trennung von Privatmensch und Politiker, die doch auch ein Reservat der Menschlichkeit ist. Moral wird oft zum bloßen Mittel der Politik – und eben damit hat sie ihren moralischen Charakter schon verloren. Das gilt für das Verhältnis der Parteien nicht weniger als für das von Staaten. Es ist das doppelte Maß, das wirkt, wenn den Leuten des eigenen Lagers Unfälle passieren, die des anderen – bei ähnlichen Fällen – Verbrechen begehen. Im Innern wie in den internationalen Beziehungen gilt, daß eine solche Moralisierung der Politik, die Moral politisch instrumentalisiert, beiden schadet: der Politik, weil sich Feindbilder verfestigen, die irgendwann die adäquate Einschätzung einer schwierigen Situation behindern können; und der Moral, weil man sich daran gewöhnt, nach dem Nutzen für die eigenen Leute, für das eigene Lager zu urteilen.[1]

Es gibt noch andere Gründe, einer Moralisierung der Politik zu mißtrauen. Die moralischen Gefühle, die Politiker in den Medien zur Schau stellen, müssen unglaubwürdig wirken. Trauer oder Empörung, Entsetzen oder Mitgefühl, die von Amts wegen aus Anlässen geäußert werden müssen, die konkret gar nicht erlebbar sind, können in der Regel nur gespielt sein. Wenn unser Bundeskanzler, breitschultrig und robust wie er ist, zum x-ten Mal in seiner Amtszeit vor Millionen Bürgern versichert, dies oder jenes sei „völlig unerträglich“, sieht man in Gedanken die Reste moralischen Ausdrucksvermögens, das der Politik dieses Landes gegeben ist, im sterbenden Rhein dem Meere zutreiben. Da die Protagonisten finster entschlossen scheinen, zu glauben, sie hätten die Gefühle, die sie nach menschlichem Ermessen gar nicht haben können, gerät ihre Inszenierung zudem noch stümperhaft. Das Mißtrauen gegen die Moralisierung der Politik speist sich also auch aus ästhetischen Quellen.

Ein weiterer Grund, die Politik von der Moral zu emanzipieren, ist spezifisch deutsch und rundheraus abzulehnen. Zu den politisch relevanten Begriffen der Moral gehört die Schuld. Nach mehr als 40 Jahren möchte man an die Vernichtungslager und Völkermorde nicht mehr erinnert werden. Das angeblich dauernde Gedenken schade einer normalen und unvoreingenommenen Wahrnehmung unserer nationalen Interessen. Aber gerade die Erhebung eines solchen Interesses zum höchsten Wert hat die Verbrechen jener Zeit ermöglicht. Wie weit die Verdrängung dieser Schuld, an der ein Großteil unserer Eltern und Großeltern partizipierte, unsere Grundsituation und die des heutigen „nationalen Interesses" mit definiert hat, braucht hier nicht diskutiert zu werden. Die Erinnerung für erledigt zu halten oder ins bloß Moralische, allgemein Menschliche abzuschieben, beruht jedenfalls auf einer Verkennung oder Verdeckung der Zusammenhänge, der bösen Überraschungen, die ein nationales Interesse bereit zu halten vermag.

Diese vorläufigen Überlegungen führen zu der These, daß Politik und Moral nicht ineinander aufgehen können, daß aber die Politik der Moral durchaus bedarf. In der Reflexion auf die Aporien des moralischen Bewußtseins wird sich diese Abhängigkeit als wechselseitig erweisen. Mich interessiert im folgenden ein libidinös zu nennender Begriff der politischen Ethik, die emotionale Form der Solidarität, Brüderlichkeit, sowie ihr Verhältnis zu wichtigen Versionen der politischen Ethik: Positionen moralischer Prinzipienphilosophie und ihrer materialistischen Kritik.

II Brüderlichkeit

Zum Gedächtnis der Errichtung der französischen Republik feierte man in London am 22. September 1845 ein „Fest der Nationen". Engels hat darüber berichtet, unter ausführlicher Zitation der Reden. Der Chartist George Julien Harney proklamierte:

> „Wir stoßen diese nationalen Antipathien weit von uns zurück; wir verachten, wir haben Ekel vor diesen barbarischen Lockspeisen und Ködern, wie ‚natürliche Feinde', ‚Erbfeind' und ‚nationaler Ruhm'. Wir hassen alle Kriege, ausgenommen die, zu welchen ein Volk gezwungen wird gegen innere Bedrückung und auswärtige Invasion. Ja, mehr als das, wir stoßen zurück das Wort ‚Ausländer' – es soll nicht länger in unserem demokratischen Wörterbuch existieren."[2]

Nach zwei Weltkriegen ist Trauer eine angemessene Reaktion auf solche Sätze. Sie sind aktuell geblieben, denn ihre Anlässe bestehen immer noch; aber ihr Enthusiasmus befremdet, denn er paßt nicht mehr in das moderne Leben. Das Bewußtsein, das in der internationalistischen Arbeiterbewegung erreicht war, wäre auch heute notwendig. Er scheint vergessen zu sein. Ihre politische Moral, Solidarität als Brüderlichkeit, scheint überholt. Wer könnte noch, ohne komisch zu wirken, zu dem Gefühl sich bekennen, das der deutsche Kommunist Weitling auf jenem „Fest der Nationen" pries: das „allgemeinsame Gefühl, dessen Wärme, konzentriert in dem Brennpunkt der allgemeinen Brüderlichkeit, ein Feuer des Enthusiasmus entzündet, das bald alle die hindernden Eisberge wegschmelzen wird, welche zu lange die Brüder getrennt gehalten haben."[3]

Auch die Brüderlichkeitsparole der Französischen Revolution hat eine internationalistische Dimension. Zu den Wörtern, die 1797 neu in das Wörterbuch der Französischen Akademie aufgenommen werden, gehört „fraternisation"; sie bezieht sich auf die Verbrüderung von Völkern.[3a] Dennoch ist „Brüderlichkeit" mit dem Begriff der „einen und unteilbaren Nation" verkoppelt, und in diesem, bürgerlich zu nennenden Sinn spricht auch das Deutschlandlied in seiner 3. Strophe vom brüderlichen Streben nach der Einigkeit des Vaterlandes. „Wir wollen sein ein einzig Volk von Brüdern/ in keiner Not uns trennen und Gefahr" – in diesem Schwur aus Schillers „Wilhelm Tell" erscheint die Brüderlichkeit geradewegs als Konstituens einer Nation. Sie darf gelten als die frühe Form der Solidarität, die der moderne Staat von seinen Bürgern fordern muß. Sie ist ihre gefühlsbetonte Variante, mit Bloch zu reden: ihr „Wärmestrom".

Der Brüderlichkeitsbegriff ist älter als der Nationalstaat der Moderne; er hat insbesondere christliche Wurzeln und spielte in den Mönchs- und Ritterorden des Mittelalters, in den Bauernaufständen und den frühneuzeitlichen Sekten, auch in den Freimaurerbünden eine wichtige Rolle.[4] Der politische Fraternitätsbegriff der Moderne hat demgegenüber ein eigenes Profil. Seine Basis ist die Gleichheit, der die Französische Revolution zum Durchbruch verhilft: die ökonomische und bürgerliche auf dem Markt und vor dem Richter sowie die politisch-republikanische in der Bestimmung des allgemeinen Wohls. Wo Staat und Gesellschaft sich reiben, vermittelt die Moral des Citoyen. Der Mensch der bürgerlichen Gesellschaft geht seinen privaten Interessen und Beschäftigungen nach, muß von ihnen aber absehen, wenn es um das Gemeinwohl geht. Was dem Ganzen nützt, nimmt auf den Nutzen des Einzelnen keine Rücksicht, steht zu ihm gar im Gegensatz. Die Kluft zwischen abstrakter Allgemeinheit und dem konkreten

Interesse der Privaten fordert in der Wirklichkeit von Steuer und Krieg die Bereitschaft zum Opfer; im Kopfe des revolutionären Bürgers überbrückt sie die Phantasie der antiken Tugend.

Der abstrakte Charakter, den die Brüderlichkeit als Staatsbürgertugend tragen muß, offenbart sich bereits in der Geburtsstunde der großen Losung, die zum Symbol der Französischen Revolution geworden ist. Liberté, égalité, fraternité – diese Parole erklang, so jedenfalls vermutet W. Schieder, zum ersten Mal auf dem Pariser Fest der Föderierten vom 14. Juli 1790[5]. Am Jahrestag des Sturmes auf die Bastille feierten Nationalgarden und Bürger die Versöhnung mit dem König, die Einheit der Nation und die Treue zur Verfassung.[6] Der Mann des Tages war LaFayette, Chef der Nationalgarden und Haupt der Kompromißpartei; zwei Jahre später, nach dem Sturz der Monarchie, wird er vor der plebejisch radikalisierten Revolution die Flucht ergreifen. Nationale Einmütigkeit und Versöhnungstaumel erwiesen sich als trügerisch. Schon an diesem ihrem Ursprung war die bürgerliche Parole der Brüderlichkeit, als was sie Marx zufolge die Februarrevolution von 1848 offenbaren wird: eine „gemütliche Abstraktion von den Klassengegensätzen", die durch Repression und Bürgerkrieg ersetzt wird, sobald die Illusion zerstiebt.[7]

Die Idee der Brüderlichkeit meint Frieden.[8] Unter den Bedingungen von Konkurrenz und sozialem Antagonismus gerät sie abstrakt und wird leicht zur Phrase. Andererseits gibt sie, vom Standpunkt des Bürgers aus gesehen, zu gefährlichen Mißverständnissen Anlaß. Während von Rousseau's volonté générale sich sagen läßt, sie sei „eher ein Konsensus der Herzen als der Argumente" gewesen[9], ist das Bürgertum in Hegel so vernünftig geworden, daß es die Lunte roch: „Die Vorstellung von einer frommen oder freundschaftlichen und selbst erzwungenen Verbrüderung der Menschen mit *Gemeinschaft der Güter* und der Verbannung des privateigentümlichen Prinzips kann sich der Gesinnung leicht darbieten, welche die Natur der Freiheit des Geistes und des Rechts verkennt(. . .)."[10] Inwieweit „das privateigentümliche Prinzip" der Freiheit, nicht zwar der eines scheinautonomen Geistes, sondern der realen in der materiell produzierenden Tätigkeit widerspricht, hat der junge Marx unter dem Titel der entfremdeten, einem fremden Eigentum dienenden Arbeit analysiert. In ihr wird die gemeinschaftliche Tätigkeit, das dem Gattungscharakter entsprechende Produzieren der Lebensmittel selbst zu einem Mittel der individuellen Existenz, die sich unterm Eigentumsprinzip privatisiert. Bei den kommunistischen Arbeitern aber, deren Organisation Marx im Pariser Exil des Jahres 1844 kennenlernt, sei die Gesellschaft, das selbstbestimmte Zusammensein mit Anderen, selbst zum Zweck geworden. So erst, sagt Marx, ist die Brüderlichkeit keine Phrase.[11]

Die Entgegensetzung zur entfremdeten Arbeit, in der der einzelne Arbeiter vereinseitigt und eingepaßt, in der er „angewandt" wird, zeigt, daß auch die Freiheit zu den notwendigen Bedingungen der Brüderlichkeit gehört. Die drei Bestandteile der großen Parole sind voneinander unablösbar[12] und gemeinsam Gegenstand des ideologischen Kampfes, der im 19. Jahrhundert zwischen Bürgertum und Arbeiterbewegung ausgefochten wird. Wie Freiheit und Gleichheit, so soll sich nach sozialistischer Ansicht auch die Brüderlichkeit in den materiellen Verhältnissen bewähren und damit konkretisieren. Sie ist v.a. auf die wirkliche Freiheit der gemeinsamen Bestimmung über Ziel und Art der Produktion angewiesen. Brüderlichkeit braucht Selbstbestimmung.[13] Im Gegensatz dazu trägt ihre bürgerliche Wirklichkeit manipulative Züge, die der Staatsbürgersolidarität gerade auch im Zeitalter der Massenmedien eigen sind. Aber schon beim Pariser Fest der Föderation „war das Volk zwar sichtlich begeistert, aber doch eher Zuschauer als Akteur."[14]

Abstrakt ist, wie vielleicht Schillers „An die Freude" belegen kann, das Brüderlichkeitspathos des Bürgertums nicht nur im politischen, sondern auch im emotionalen Gehalt. Das liegt – „Seid umschlungen Millionen!" – keineswegs an seinem universalistischen Charakter, den wir bei Wilhelm Weitling wiederfinden: das „Gefühl, das den Leidenden zu seinem Leidensgenossen, den Kämpfer für einen besseren Zustand zu seinem Mitkämpfer hinzieht", ist eben „eine allgemeine Brüderlichkeit".[15] Es ist bei Schiller wohl der Universalismus als Umfassung, der trotz der ungemein sympathischen Ansichten des Gedichts, den Eindruck der Unangemessenheit hervorruft, und sich mit der Kälte der Ausschließung des Nichtdazugehörigen verbindet. In der Brüderlichkeit als Mitgefühl scheint die Emotion konkreter, ihr Universalismus bekommt den Sinn der Offenheit.

Allerdings ist der Widerspruch nicht übersehbar, der in Weitlings Bestimmung zwischen den beiden Elementen besteht: dem im Prinzip nichts ausschließenden Mitgefühl und der notwendig durch Feindseligkeit mitbestimmten Solidarität des politischen Kämpfers. „Solidarität, Brüderlichkeit und Friede unter den Menschen", so formulierte Johann Philipp Becker, ein enger Freund von Marx und Engels, lassen sich „nicht durch Moralpredigten ins Leben rufen, sondern nur durch Gemeinbesitz, gemeinschaftliche Produktion, Bewirtschaftung und Nutznießung lebendig machen."[16] Das Ziel einer entsprechenden Veränderung der Gesellschaft sollte nur der konsequent geführte Klassenkampf erreichen können. In ihm aber muß Brüderlichkeit schon lebendig sein – darin liegt die Grundschwierigkeit jeder materialistisch revolutionären Moral.[17] Wird er nicht bewältigt, kann die Parole der Brüderlichkeit ideologisch werden. Die bessere Zukunft, die nie erreicht wird, kann der Legitimation gegenwärtiger Feindseligkeit dienen.

Nach der anthropologischen Ethik Arnold Gehlens ist dies notwendig der Fall. Ihr zufolge gehört Brüderlichkeit – von der allerdings nur nebenbei gesprochen wird[18] – zum Ethos des „Humanitarismus", der aus einer Erweiterung des althergebrachten Ethos der Großfamilie entstanden sei. In Verbindung mit einem zum Ethos des „Massenlebenswertes" erweiterten Hedonismus[19] habe die verallgemeinerte Familienethik die Autorität des Staates ausgehöhlt. Die Erweiterung eines Ethos über seine ursprünglichen Grenzen hinaus müsse in jedem Fall zur Freisetzung von Aggressivität führen, auch wenn, wie im Fall des familiär verwurzelten, ihm Werte wie Friedfertigkeit, Fürsorge und Rücksichtnahme angehören.[20] Die das Familienethos konstituierende Differenz von friedlicher Binnen- und kampfbereiter Außenmoral müsse durch politische Ausdehnung ihren Rahmen verlieren. Kann also ein aus Familienbeziehungen entspringendes Ethos, dem die Idee der Brüderlichkeit ja angehört, überhaupt erweitert werden, ohne Aggression zu erzeugen, die sie zugleich verleugnen und verbrämen muß?

Als Antwort kann die Überlegung dienen, daß das Bewußtsein, welches die Erweiterung vornimmt, nicht bloß den Anwendungsbereich des Ethos ausdehnt, sondern auch eine neue Qualität erhält, die die Widersprüche zu reflektieren gestattet. Mit Habermas[21] wäre ins Feld zu führen, daß sich die Erweiterung des Familienethos der Ausfaltung der in jeder Moral kraft ihrer Sprachlichkeit angelegten Universalität verdankt – und daß sie einhergeht mit der Internalisierung der moralischen Motive, der Ausbildung des Gewissens. Man braucht sicher kein Psychologe zu sein, um in der familiären Geschwisterbeziehung Elemente der Rivalität wahrnehmen zu können. Obwohl zudem deren Aggression teilweise nach außen gelenkt wird und das Familienethos auch instinktive Verhaltensweisen der Zuneigung zur Basis hat, kann es auf individuell reflektierte und sprachlich vermittelte Konfliktlösungen nicht verzichten. Es geschieht also keine Übertragung in ein völlig fremdes Element, wenn Einstellungen wie Rücksichtnahme und Fürsorge, die familiären Beziehungen entstammen, politische Bedeutung erhalten, und das Aggressionspotential der Verwandtschaftssymbolik abstrakten Kriterien der Konfliktbewältigung unterworfen werden muß.[22]

Es müssen humanistische, allgemeine Kriterien sein. Der politisierte Brüderlichkeitsbegriff dürfte nämlich, ganz anders als Gehlen es wollte, sein mit der ursprünglichen Trennung von Binnen- und Außenmoral verbundenes Aggressionspotential eher in Übereinstimmung mit dem nationalstaatlichen Wertesystem als in Distanz zu ihm entfalten.

Die Problematik der verleugneten Aggression hat jedoch, bezogen auf den Begriff einer brüderlichen Menschheit, noch eine andere Dimension, die heute weniger denn je ignoriert werden darf. Menschlichkeit konstituiert sich durch einen spezifischen Unterschied zu anderem Lebendigen, und im Zuge diese Ausgrenzung könnte sich die aggressive Rücksichtslosigkeit gegen den Rest der Natur, die uns zu ihren Herren gemacht hat, umso ungestörter austoben, als sie das gute Gewissen um die Sympathie der Menschheit begleitet. Freilich scheinen gerade die Gehalte der Familienmetaphorik geeignet, als Gegenkraft zu wirken. Wenn Wilhelm von Humboldt bemerkt, man hätte die ganze Menschheit als einen „nahe verbrüderten Stamm" zu betrachten;[23] wenn der junge Engels von der „großen und internationalen Familie der Menschheit" spricht[24] – so läßt sich damit zum Ausdruck bringen, daß die menschliche Gattung Teil eines übergeordneten, in Familien sich gliedernden Zusammenhanges der Natur ist. Wenn das Bewußtsein der Menschheit nicht durch Umschließung sondern durch Offenheit charakterisiert ist, kann sie auch dem Leben außerhalb ihrer mit Sympathie begegnen.[25]

Beziehung auf familiäre Metaphorik scheint, wie „Vater Staat" indizieren mag, für die politische Sphäre unerläßlich zu sein. Sie ermöglicht Veranschaulichung und Emotionalisierung. Insbesondere das emotionale Band, das die Gesellschaft auch auf der politischen Ebene zusammenhalten muß, kann nur nach den Mustern zustandekommen, die in der Sozialisation geprägt worden sind. Diese Muster sind, wie Sozialpsychologen glaubten bemerken zu können, einem Abstraktionsprozeß unterworfen, der die emotionalen Grundlagen der Gesellschaft tiefgreifend verändert. Abstrakter werden die familiären Beziehungen, indem die Bande des Blutes und ihre Werte durch die des Tausches, des Vertrags, der Effizienz ersetzt werden. Abstrakter werden sie durch das Abtreten ihrer Funktionen an die anonymer werdenden gesellschaftlichen Instanzen der Sozialisation: an Medien, Schule und Verbände.[26]

Diese Beobachtung paßt zu der Tatsache, daß die Brüderlichkeitsrhetorik, zunächst pervertiert durch „Brüder und Schwestern im Osten“, inzwischen obsolet geworden ist. Sie scheint, jedenfalls bei uns, durch den Begriff der Solidarität ersetzt worden zu sein, der seinerseits nunmehr ebenfalls die Verbundenheit der Staatsbürger zum Ausdruck bringen soll.[27] Natürlich sind solche Wortgeschichten, die hier nur angedeutet werden können, durch die Geschichte sozialer und politischer Kämpfe bestimmt. Gleichwohl ist eine Abhängigkeit von den erwähnten sozialpsychologischen Veränderungen nicht von der Hand zu weisen. Weder erzeugt die moderne Familie ein Vorbild der Brüderlichkeit noch kommt die Gesellschaft, von der die Klein-Familie bestimmt wird, einem solchen Ideal entgegen. Da sie kompetitives und aggressives Verhalten erzeugt und prämiert, den Einzelnen isoliert und ihn lehrt, vor allem seinen Vorteil zu suchen, muß die Parole der Brüderlichkeit den Geruch des Kitschigen und Unglaubwürdigen annehmen. Die Verhältnisse sind nicht so, das Gefühl – wie tendentiell alle Gefühle – wirkt verlogen. Dem entspricht das Abstrakterwerden der Familienbeziehungen, das Anonymerwerden der Sozialisationsinstanzen. Es bedeutet freilich nicht ein Rationalerwerden als Bewältigen der Emotion schlechthin, sondern eine Schwächung ihrer libidinösen Komponente.

Die sich entwickelnden Verhältnisse hat Alexander Mitscherlich vor über 25 Jahren mit dem Begriff der primären Vaterlosigkeit charakterisiert; als sekundäre Vaterlosigkeit wird die Entpersönlichung der politischen und sozialen Macht verstanden. Mit jener Vaterlosigkeit gehen Regressionsneigung und gesteigerte Aggressionsbereitschaft einher, ein „anlehnungsbedürftiges Neidverhalten“.[28] Statt Brüderlichkeit entfaltet sich Geschwisterneid.

Aber die Destruktion der väterlichen Autorität eröffnet nach Mitscherlich auch einen anderen, wenngleich unwahrscheinlicheren Weg, den der Ausbildung von Kritikfähigkeit, Verantwortungsbewußtsein und Vereinigung.[29] Dies wäre der Weg einer gelungenen Brüderlichkeit.

In der Vergangenheit war die Fraternitätsparole allgemein genug, um die entgegengesetzten Klassenziele von Bourgeoisie und Proletariat auszudrücken. Paternalistische Verhaltensweisen und Ideen hat sie bestätigt, aber auch attackiert.[30] So stammt denn die folgende, beispielhafte Bestimmung von einer Frau, Madame Roland, der leidenschaftlichen Republikanerin, ein Opfer der Terreur. Sie pries das „erhabene und köstliche Gefühl, das uns in unsresgleichen nur Brüder sehen läßt und das das allgemeine Wohlwollen mit der glühenden Liebe zur Freiheit vereinigt (. . .)."[31]

III Verantwortung

Nach Mitscherlich fördert die regressiv „vaterlose Gesellschaft" einen „Stil der unverbindlichen Fraternisierung".[32] Distanzlosigkeit und „Schwächung des Verantwortungsbewußtseins"[33] ergänzen einander. Aber auch ernstere Formen von Brüderlichkeit scheinen mit Verantwortung, ohne die keine Moral und v. a. keine politische Moral denkbar ist, wenig zu tun zu haben. Brüderlichkeit ist in erster Linie eine Angelegenheit der Gesinnung.[34] Wenn Max Weber Recht hat mit der These, Gesinnung und Verantwortung seien Prinzipien, die alternative Ethiken begründen, wäre Brüderlichkeit untauglich als politischer Begriff. Denn die Ethik der Politik könnte keine andere als die der Verantwortung sein.[35]

Nach Weber ist das unterscheidende Kriterium von Gesinnungs- und Verantwortungsethik die Bereitschaft, eigentlich „böse", gewaltsame Mittel zur Erreichung eines, wie immer begründeten Zwecks einzusetzen. Wer sein Handeln unter das Prinzip der Verantwortung stellt, darf keine Scheu vor schmutzigen Händen haben. Verantwortlich sein heißt, sich am Ergebnis, dem Erfolg und den Folgen zu orientieren und darum auch moralische Skrupel zu überwinden. Wer sich an die Bergpredigt und ihre „absolute Ethik" halten will – eben das wäre der Urtyp des Gesinnungsethikers – ist in der Politik fehl am Platze.[36]

Wenn diese Weisheit und Entgegensetzung, mit der Webers

Überlegungen zur politischen Ethik[37] beginnen, das letzte Wort geblieben wären, hätte der Text über „Politik als Beruf" seine hohe Berühmtheit kaum verdient. Nun ist das Auseinanderfallen von Gesinnungs- und Verantwortungsethik für Weber aber Grund einer tiefen moralischen Beunruhigung. Jeder Mensch ist fähig, bald die eine, bald die andere Position einzunehmen, „und wann das eine und das andere, darüber kann man niemandem Vorschriften machen."[38] Da die Gesinnungsethik gewaltfreie Allgemeinheit, die Verantwortungsethik gewaltbereiten Sonderstandpunkt bedeutet, führt die Verlegung des Gegensatzes der Moralprinzipien ins Innere der menschlichen Brust recht gut vor, was nach Horkheimer das Charakteristikum der moralischen Bewußtseinsform im spezifisch neuzeitlichen Sinne ausmacht: die Internalisierung des gesellschaftlichen Antagonismus von Privatinteressen mit der Maßgabe, der Einzelne solle das Allgemeine verwirklichen, das den sich befehdenden Interessen gegenüber eine formal -abstrakte Gestalt annehmen muß.[39] Natürlich bedeutet dieses Moralbewußtsein eine Überforderung – und von ihr zeugt noch die Schärfe, mit der Weber „die ethische Irrationalität der Welt" wahrnimmt: die Tatsache, daß gute Ziele mitunter Mittel fordern, die eigentlich böse sind, daß aus Bösem Gutes und aus Gutem Böses zu werden vermag.[40]

Weber entwickelt ein durchaus angemessenes, wohl tragisch zu nennendes Bewußtsein für die Unlösbarkeit moralischer Konflikte. Es ist bei linken Philosophen oft nicht weniger scharf. Vor allem ist das Bewußtsein von der schuldhaften Verstrickung politischen Handelns auch für eine revolutionäre Politik belangvoll, die, weil sie den Antagonismus der Klassen an der Wurzel zu beseitigen strebt, durch das Ziel der Selbstaufhebung zu definieren wäre. Weber verabsolutiert jedoch die ethische Irrationalität in der Politik; ihre Grundentscheidungen erklärt er zur Glaubenssache.[41] Indem er dem Antagonismus des Besonderen und Allgemeinen die Form der Entgegensetzung ethischer Prinzipien gibt, vollzieht er die Grundoperation der normativen Moralphilosophie: seine mehr oder weniger offene Bestätigung in der Wirklichkeit.

In „Politik und Beruf" geschieht sie recht konkret. Revolutionäre Politik versucht nach Weber eine unmögliche und verlogene Übertragung gesinnungsethischer Haltung auf das Gebiet des Politischen. Die Zielsetzungen einer solchen Politik seien, so die Voraussetzung, objektiv unmöglich, die Begründung der zur Verwirklichung getroffenen Maßnahmen notwendig ideologisch. Ihr Ergebnis kann nie dem Ziel entsprechen, um dessentwillen sie angeblich oder vermeintlich ergriffen werden.[42] Der Verfechter wissenschaftlicher Wertfreiheit kommt zu der Ansicht, die revolutionäre Überzeugung der Aktivisten könne in der Regel nie mehr als „ethische ‚Legitimierung' der Rache-, Macht-, Beute- und Pfründensucht" sein.[43] Gesinnungsethik, so läßt sich Webers Position zusammenfassen, ist dem Typus nach entweder radikal christlich, so die der Quäker, also unpolitisch und respektabel, oder aber revolutionäre Ideologie, die sich zwischen Selbstbetrug und Täuschung Anderer hin und her bewegt.

Dem entspricht ein Verantwortungsbegriff, der auf pragmatische Aspekte restringiert ist. Zum einen geht es um das „Geradestehen" für unerwünschte Folgen politischen Handelns oder Pannen des Apparats. Hier scheint sich der Begriff an den juristischen der Zurechenbarkeit anzulehnen; weil er aber eher an der repräsentativen Funktion als an wirklicher Verursachung orientiert ist, bekommt die ethische Darstellung politischer Verantwortung etwas Theatralisches: das Figurenopfer und der Verzicht auf Macht werden zur ethischen Großtat aufgedonnert. Andererseits geht es prospektiv um die Vermeidung unerwünschter Nebenfolgen bei der Verfolgung festgelegter Ziele. Deren Maß ist zweifellos, ob sie in den Rahmen des Gegebenen passen und in ihm Erfolge versprechen. Das aber sind eigentlich nur technisch-praktische Fragen, eine wirkliche ethische Orientierung gibt der Webersche Begriff der Verantwortung nicht zur Hand. Kein Wunder, daß ihr Etikett auch heute noch gern bemüht wird, wenn es Politikern darum geht, ihre bedenkenlose Anpassung an oft nur vermeinte Sachzwänge – und vielleicht auch diese oder jene Kellerleiche – zu rechtfertigen. Wegen seiner Trennung vom Gesinnungsbegriff ist der ethische Gehalt jener Verantwortung in Wahrheit recht mager.

Ein gehaltvoller Begriff wäre aber vonnöten. Hans Jonas zeigt in seinem „Prinzip Verantwortung", daß er möglich ist. Verantwortung erhält eine ontologische Basis, indem sie auf das Leben als Selbstzweck bezogen wird. Die Begründung des Prinzips ist historisch reflektiert: Verantwortung tritt ins Zentrum der Ethik, weil uns die technische Entwicklung geradewegs in die Katastrophe zu treiben droht und das Leben künftiger Generationen gefährdet. Die Voraussicht und Abwägung der Handlungsfolgen, Grundbedingungen von Verantwortung, werden immer schwieriger, aber eben auch immer dringlicher, weil die moderne Technik Fernwirkungen und Risiken mit sich bringt, die jenseits unseres gewohnten Erwartungshorizontes liegen. Die Technik des Industriezeitalters zwingt uns, die Grundlage der bisherigen Entwicklung – den Fortschrittsoptimismus, wie Jonas meint – in Frage zu stellen.[44]

Die ontologische Grundlage dieser Verantwortungsethik besteht in der gut begründeten Überzeugung, daß Zweck- und Subjekthaftes die ganze Natur durchzieht. Ihr ethisches Ziel besteht darin, die Erhaltung der Natur, für die wir verantwortlich sind, seit wir sie zerstören können, als Pflicht zu begründen. Das Sittengesetz „ist nichts anderes als die generelle Einschärfung des Rufes aller tat-abhängigen Güter und ihres Rechtes auf *meine* Tat. Es macht mir zur Pflicht, was die Einsicht als von sich her seinswürdig und meiner Leistung bedürftig aufweist."[45]

Der unzweideutig objektivistische Ansatz dieser Ethik scheint sie zu befähigen, der Herrschaft des Subjekts und v. a. der Naturzerstörung die Legitimation zu entziehen. Leider bleibt ihr konservativer Zug nicht auf die Haltung zur Natur beschränkt. Das „Heischen der Sache", die Begeisterung für die Pflicht und das „Sollen, das nicht von uns gemacht ist", lassen auch Jonas gegenüber den Verdacht aufkommen, daß die Suche nach objektiven äußeren Maßstäben, sich zur reflexionsfeindlichen Hingabe an das gesellschaftlich Vorgegebene verallgemeinert. Wenn im naturhaften Leben das Individuum der Gattung subsumiert, ihrer Reproduktion untergeordnet ist, so entspricht dem in Gesellschaft, in der jeder Einzelne als frei sich bestimmender Selbstzweck gilt, die Unterordnung unter Institutionen, die sich, ohne in Frage gestellt werden zu können, durch das Tun der Individuen hindurch reproduzieren. So wird etwa Brüderlichkeit von Jonas auf ihrer nationalen Schwundstufe konzipiert. Man ist „‚Sohn' seines Volkes und Landes (. . .) und hierin all den Anderen, die dazugehören (. . .) verschwistert."[46] Obwohl die Nationalstaaten Gebilde der Menschen sind, bestimmt eine, vom Individuum her gesehen blanke Willkür, wer dazugehört.

In einem an der Biologie gewonnenen Verständnis gesellschaftlichen Lebens sind die Einzelnen – das könnte auch das Beispiel Gehlens belegen – den Institutionen gegenüber entmündigt. Bei Jonas trägt das Verhältnis altmodisch-paternalistische Züge. Für ihn ist die Beziehung der Eltern zu den Kindern Urbild aller Verantwortung, sie selbst soll unabhängig vom Ethos der Gegenseitigkeit verstanden werden.[47] Verantwortung heißt: Handeln für Andere. Politisch gesehen kann dieser Begriff wieder nur zum moralischen Aufputz der Macht und ihrer Kalküle dienen, wenn er keine demokratische Kontrolle mit einschließt. Verantwortung für Andere zu tragen muß auch bedeuten, ihnen Rechenschaft schuldig zu sein.[48] Insofern sieht ihr Begriff von gegenseitiger Verpflichtung keineswegs von den Regeln gleichberechtigter Interaktion ab. Dies scheint nicht weniger für das Verhältnis zu künftigen Generationen zu gelten, denen wir zwar nie begegnen werden, denen wir aber in unserer Imagination durchaus gegenübertreten können.

Nun wäre diese Vorstellung der künftigen Menschheit für Jonas eine Hypothese, die nicht zu dem in Anspruch zu nehmenden, unbedingt geltenden Imperativ führen könnte. Die Existenz von Menschen wäre nämlich vorausgesetzt und überdies wäre die ganze Problematik der Gegenseitigkeit, von der der Verantwortungsbegriff doch emanzipiert werden soll, mitgegeben. Jener Imperativ soll besagen, daß wir, die Lebenden, verantwortlich sind für das künftige Dasein einer Menschheit. Um dieses Beweisziel nicht wieder mit Verhältnissen zu vermengen, die durch Gegenseitigkeit charakterisiert wären, bedarf es einer Fiktion. Tatsächlich wäre ja jede Handlung, die sich gegen die Lebensbedingungen oder, wie der nukleare Krieg, gegen das Leben der Menschheit richten würde, ein Unrecht gegen Menschen, die schlicht da sind. Eben davon muß abstrahieren, wer ihr Dasein als absolutes Sollen (und damit immer auch Verantwortung ohne Gegenseitigkeit im Verhältnis der Menschen) begründen will. Wie läßt sich gegen das Argument, es gäbe die Menschheit ja und sie pflanze sich munter, sogar allzu munter fort, die Notwendigkeit eines kategorischen Imperativs zum Dasein der Menschheit begründen? Jonas wählt die Widerlegung der Gegenposition, welche sei: es soll keine Menschheit geben.[49] Eine Beweisführung durch Widerlegung des Gegners ist zwar nicht so stark wie der direkte Weg, aber im allgemeinen durchaus akzeptabel. Jonas jedoch argumentiert an seinem Gegner vorbei. Dieser bestreitet gar nicht das Lebensrecht der Menschheit, sondern die Notwendigkeit, ihr Dasein als eine absolute Pflicht unter Abstraktion vom Dasein der Menschen zu begründen.

Ist schon die Konstruktion des Gegensatzes fehlerhaft, so nicht minder seine Widerlegung. Der fiktive Gegner würde den künftigen Generationen ihre Menschlichkeit bestreiten: ihr Verpflichtetsein, auch angesichts finsterster Umstände.[50] Sehen wir ab von der Fragwürdigkeit des zugrundeliegenden Menschenbildes und der Tatsache, daß natürlich auch hier die Existenz künftiger Menschen vorausgesetzt ist, so erhebt sich immer noch die Frage, was ethisch daraus zu folgern wäre. Soll aus dem Verpflichtetsein des Menschseins überhaupt folgern, daß wir verpflichtet sind, für das Dasein von Menschen Sorge zu tragen? Eben dieser Pseudoschluß wird uns wortreich und gewunden zugemutet: Es soll eine Menschheit sein, weil es das Sollen geben soll. Jonas statuiert, daß wir „im letzten“ weder das Wünschen noch das Recht der Späteren zu berücksichtigen haben „sondern ihr *Sollen,* das nicht von uns gemacht ist und über uns beiden steht. Ihnen ihr Sollen unmöglich machen ist das eigentliche Verbrechen (. . .).“[51] Wo es steht, das Sollen, ist schnell ausgemacht – im Paradies des Objektivismus, dem alten Ideenhimmel. „So sind wir denn“, schreibt Jonas, „gar nicht dem künftigen Menschen verantwortlich, sondern der *Idee* des Menschen, die eine solche ist, daß sie die Anwesenheit ihrer Verkörperungen (aufgrund des obigen Schlusses/H.-E.S.) fordert.“[52] Mit einem solchen steilen Platonismus haben wir dann einen Verantwortungsbegriff, der mit Reziprozität allerdings nichts mehr zu tun hat.

Für uns besitzt diese Letztbegründung einen anderen Vorteil. Sie spricht nämlich unbekümmert aus, was die Zauberformel aller moralischen Prinzipienphilosophie ist: daß es das Sollen geben soll.[53] In den konkreteren Gefilden, wo es wieder um die daseienden Menschen geht, lautet die geheime Forderung: das Sollen ist nur unbedingt, solange die Bedingungen, unter denen das Gesollte nicht wirklich ist, erhalten bleiben. Und mit seiner Allgemeinheit sorgt das moralphilosophische Prinzip auch unter dem Namen Verantwortung dafür, daß die konkreten Übelstände, gegen die es ersonnen wurde, nicht angegriffen werden können.

Die Grundsätze dieser Ethik sind, wie es bei den Prinzipienphilosophien der Moral meist der Fall ist, durchaus einleuchtend. Daß man sich die Vorstellung von den Fernwirkungen seines Handelns beschaffen und die dem Vorgestellten angemessenen Gefühle aufbieten soll,[54] sind Forderungen, die vor längerer Zeit und unter anderen Prämissen schon von Günther Anders erhoben wurden und denen man die Zustimmung schwerlich versagen kann. Verantwortlich handeln heißt, die Folgen bedenken, die Menschheit nicht in Gefahr bringen, immer den schlimmsten Fall kalkulieren.

Aber auch der Manager, der den Marktgesetzen folgt und ein Drittel seiner Belegschaft entläßt, handelt verantwortlich für den Rest. Auch daß er der Verwendung der Produkte seiner Firma nicht aufdringlich nachforscht, läßt sich mit der Verantwortung seinen Beschäftigten gegenüber vereinbaren. In einer als Konkurrenz der individuellen wie der kollektiven Egoismen strukturierten Welt bedeutet Verantwortung zwangsläufig, für die Überlegenheit der eigenen Leute, der eigenen Sache zu sorgen. Eben das ist der Mechanismus, der die Lebensgrundlagen der Gattung gefährdet.

Das Ziel der Selbsterhaltung muß, um zum ethischen Prinzip zu taugen, möglichst allgemein gehalten sein, so allgemein, daß es die alltäglichen Übungen und Haltungen, mit denen wir unsere bürgerliche Existenz aufbauen und erhalten, mit einschließt. In manchen Fällen läßt sich vielleicht klar entscheiden, was mit dem Ziel einer Selbsterhaltung der Gattung übereinstimmt und was ihr schadet, indem es nur den Interessen Einzelner dient. Aber im allgemeinen sind die Lebensbedingungen heute so verflochten, daß kaum einer von sich sagen kann, sein Handeln habe, wie vermittelt auch immer, mit der Untergrabung der Lebensbedingungen auf diesem Planeten nichts zu tun. Die Mechanismen dieser Verflechtung wären das eigentlich Interessante und sie führten in die geschichtliche Dimension unserer Gesellschaft, nicht zu platonischen Ideen mit kantianischem Ehrgeiz. Zwar ist auch Jonas der Auffassung, daß „die ‚freie' Wirtschaft der westlichen Industriegesellschaften gerade der Herd der Dynamik ist, die der Todesgefahr zutreibt";[55] aber er begreift diese Dynamik unter den viel zu schwammigen Stichworten „Meliorismus" und „Progressismus", statt sich analytisch dem Zwang zu dem, was Wachstum heißt, zu stellen: ohne also den regierenden Zweck jener Dynamik – die Produktion von Kapital –, ihre Verlaufsform – Konkurrenz und Krise – und Armut als ein Resultat zu betrachten, das unter solchen Bedingungen stets zugleich mit dem Reichtum produziert wird. Kein Wunder, daß Jonas die Produktion der westlichen Gesellschaften dämonisieren muß.[56] Kein Wunder auch, daß ihm der Zusammenhang entgeht, der zwischen rastloser Produktionssteigerung und jener Mittelstandsideologie des Tätigseins besteht, die er gegen die Utopie der Muße glaubt ins Feld führen zu können.[57] So können die Bedingungen, unter denen das Gesollte, die Verantwortung fürs Dasein der Menschheit, nicht verwirklicht werden, sondern Gesolltes bleiben kann, mühelos unberührt bleiben.

IV Moralkritik und revolutionäre Gewalt

Die Kritik an der Iteration des reinen Sollens, der auch Verantwortung als Prinzip unterfällt, geht auf Hegels Auseinandersetzung mit der Kantischen Moralphilosophie zurück.[58] Sie dürfte eine der Grundlagen auch von Marx' Stellung zur Moral sein, tritt aber als solche, in kategorialer Form, bei ihm nicht auf. Dennoch sind ihre Spuren unverkennbar. Moral ist für Marx eine Form abstrakter Subjektivität[59] – ihr bleiben die eigenen Voraussetzungen undurchsichtig. Das moralische ist Komplement des politischen Subjekts, das sich durch die Lösung von seinen materiellen Bedingungen in der bürgerlichen Gesellschaft konstituiert.[60] Die Widersprüche des moralischen Bewußtseins sind endlos, seine Schwierigkeiten reproduzieren sich, weil es den Widerspruch, der in seiner materiellen Basis liegt, nicht in den Griff bekommen kann.

Die Voraussetzung der abstrakten Subjektivität, die Freiheit der bürgerlichen Gesellschaft von unmittelbar staatlicher Strukturierung,[62] ist historischen Charakters. Die moralischen Grundbegriffe und Ideale beanspruchen aber durch ihren Abstraktionsgrad eine Allgemeinheit, die sie mit omnihistorischer Gültigkeit und der Fähigkeit zu begaben scheint, die gegebenen Verhältnisse von außen zwingend beurteilen zu können. In Wahrheit sitzt, wer diese Abstraktionen gegen die Wirklichkeit geltend machen will, nur dem Schein auf, den diese Wirklichkeit von sich selbst erzeugt: abstrakte Begriffe wie die allgemeine Gerechtigkeit sind der Zirkulation der Waren entnommen und insofern real; sie sind Schein, weil sie den dahinter liegenden Produktionsprozeß und die Besonderheit seiner Verhältnisse verbergen. Der Versuch, die bestehende Wirklichkeit im Namen ihrer Idealisierungen zu überwinden, ist zum Scheitern verurteilt.[63]

Der moralische Standpunkt erlaubt nicht die Erkenntnis, die nötig wäre, um mit Erfolg gegen das vorzugehen, was er verurteilt. Ohnmacht und Unangemessenheit des abstrakten, von außen herangebrachten Maßstabs erweisen sich nicht nur an der Verhüllung der Verhältnisse, der Strukturen. Sie werden an den Ereignissen offenbar, deren historische und eben damit auch praktische Bedeutung der Standpunkt moralischer Beurteilung verfehlen muß.[64] Ein herausgehobenes und recht interessantes Beispiel Marxscher

Moralkritik am konkreten Gegenstand bietet seine Beschäftigung mit der britischen Herrschaft in Indien. Ihre grausamen Formen und niedrigen Motive sind für Marx verabscheuungswürdig. Aber er rät, die Empörung zu zügeln, um erkennen zu können, ob und wie diese Verbrechen Bedingungen schaffen, die für ihre ursächliche Beseitigung notwendig sein könnten. Obwohl ihm sein materialistischer Begriff historischer Notwendigkeit und sein revolutionärer Optimismus die moralische Beunruhigung zu besänftigen gestatten, die das unfreiwillige Opfer der Vergangenheit für die Möglichkeit einer besseren Zukunft bereiten muß, sieht er im künftigen Glück doch keine Rechtfertigung für die gegenwärtigen und vergangenen Leiden. Die Spannung zwischen beiden bleibt letzthin unaufgelöst. Die tragischen Aspekte der Geschichte, ihre ethischen Irrationalitäten sind Marx nicht weniger bekannt als Max Weber.[65]

Zur Marxschen Moralkritik gehört eine Überlegung, die eher immanenter Natur ist: die Bloßstellung von Heuchelei und Ressentiment. Sie geben das Pendant zur objektiven Blindheit und Ohnmacht ab. Wie sich das moralische Subjekt in den Kategorien des Sollens und der Pflichten, des Guten und des Bösen, des Gewissens und der Verantwortung seine objektiven Voraussetzungen verstellt, so verstellt es in seinen Motiven die subjektiven. Jahrzehnte vor Nietzsche decouvriert Marx – in der Kritik von Eugène Sues „Die Geheimnisse von Paris"[66] – den Mechanismus der Heuchelei, mit der das moralische Subjekt „die Ausbrüche seiner schlechten Leidenschaften als Ausbrüche gegen die Leidenschaften der Schlechten vor sich selbst und anderen darzustellen weiß."[67] Der „Haß auf das Böse" besitzt all dessen Eigenschaften.[68] Er entspringt der „Dressur der moralischen Bildung",[69] der Erniedrigung, die das moralische Subjekt in seiner christlichen Gestalt sich antun soll und der es die Anderen dann zu unterwerfen trachtet. Jenseits der moralischen Abstraktion aber wäre „gut", was Dinge und Menschen als das sich offenbaren läßt, was sie ihrem Wesen nach sind und von sich aus sein wollen. Marx' Sympathie gilt einem Charakter, der „weder gut noch böse (ist), sondern menschlich."[70]

Moralkritik hindert Marx nicht daran, moralisch zu werten. Dies Paradox erklärt sich aus dem historischen Charakter seines Materialismus. Er ist nicht deterministisch: bis zu einem gewissen Grade sind die Menschen frei darin, ihren Leidenschaften und Einsichten zu folgen oder nicht. Der Marxsche Materialismus ist historisch, weil er dem Antagonismus der Interessen, der den Konflikt zwischen abstrakter Allgemeinheit und persönlichem Interesse erzeuge, nur als scheinbar notwendig und unaufhebbar anerkennt.[71] Er ist aber historisch auch darin, daß er die gegebene Wirklichkeit der moralischen Sphäre nicht einfach ignoriert, als wäre sie durch theoretische Kritik verschwunden. Guten Gewissens also spricht Marx von den Verbrechen gegen die Menschlichkeit als dem, was sie sind. Und das nicht nur in seinen journalistischen Opuscula, sondern auch in den theoretischen Werken, die jenseits der Moral Erkenntnis und Perspektive bieten wollen.[72]

Auch die analytischen Begriffe der Marxschen Theorie sind nicht wertfrei. Das erweist sich etwa am Begriff der Entfremdung, dem die Vorstellung eines wahrhaft menschlichen Zustandes entspricht. In ihrem Kern ist die Utopie eines durchgeführten Humanismus auf die Idee der Freiheit bezogen; sie meint die unbeschränkte Möglichkeit des Gegenstandsbezugs, die Aufhebung der Bornierung und Vereinseitigung, die das moderne Fabriksystem charakterisieren. Auch der Begriff der Gleichheit und mit ihm der der Gerechtigkeit spielen sowohl in der kritischen Analyse des Bestehenden wie in der abstrakten Skizze des zu realisierenden Zukünftigen ihre Rolle, und es ist eine unzweideutig wertende. Das freilich bedeutet nicht, daß eine allgemeine Vorstellung von Freiheit und Gleichheit vorausgesetzt würde, an der gemessen sich ihre kapitalistische Wirklichkeit als mangelhaft offenbarte. Ein solch abstrakter Maßstab bedürfte wohl einer Letztbegründung. Jedoch zwingt die Explikation der Marxschen Wertentscheidungen – die durchaus notwendig sein mag und selbstverständlich über das hinauszugehen hätte, was hier möglich ist – nicht dazu, ein Letztbegründungsverfahren anzustreben. Marx geht aus von der gesellschaftlichen Gültigkeit der zentralen normativen Begriffe wie Freiheit und Gleichheit, und das gilt, recht verstanden, auch von dem der Menschheit: die Geschichte „der Industrie (ist) das aufgeschlagene Buch der menschlichen Gattungskräfte“, umfassender: „das menschliche Wesen (ist) das ensemble der gesellschaftlichen Verhältnisse.“[73] Die Gültigkeit dieser Wertbegriffe bedeutet keine transzendentale Unhintergehbarkeit. Vielmehr gilt es, die Wirklichkeit jener Begriffe als materielle Voraussetzung des Denkens zu erkennen und zu studieren. Es ist nicht die Rede von einem „historischen Apriori“, sondern von der historischen Überschreitung der bestehenden Formen von Freiheit, Gleichheit und Menschlichkeit, die sich dem kritischen Analytiker der Wirklichkeit als widersprüchlich und selbstzerstörerisch erweisen. Die in die Zukunft projektierten Begriffe wahrer Menschheit, realer Freiheit, fundamentaler Gleichheit ergeben sich aus der Analyse ihrer gegenwärtigen Widersprüche als Skizzen, denen die revolutionäre Bewegung, die Marx vor sich sah, lebendige Gestalt geben sollte.

Zur Explikation der moralischen Dimension schon der Marxschen Analyse bedarf es nicht des Abschieds von den materialistischen Resultaten seiner Moralkritik. Die Antizipationen einer besseren Gesellschaft fungieren nicht als übergeschichtliches Ideal, das den Einzelnen unmittelbar verpflichten würde. Vielmehr sollte eine klassenlose Zukunft sogar die Aufhebung der Moral mit sich bringen. Da der Gegensatz von Privatinteresse und Allgemeinheit in „einer bisherigen materiell bedingten Daseinsweise der Individuen" produziert wird, würde er mit der Vernichtung dieser Daseinsweise verschwinden.[74] Mit Ernst Bloch läßt sich erläuternd sagen, daß dann der Wille „keine Kasuistik seiner allgemeingültigen Beurteilung mehr nötig haben" würde.[75] Die Konflikte, die zwischen den Menschen zweifellos bestehen blieben, verlören, so die marxistische Idee, den Charakter eines Widerspruchs von Privatinteresse und abstrakter Allgemeinheit. Eben darum freilich wäre die Aufhebung der Moral zugleich ihre Verwirklichung, ist doch, was sie fordert, nichts anderes, als daß nicht im Widerspruch zur Allgemeinheit gehandelt werde.[76]

Moral läßt sich nur gesellschaftlich verwirklichen, aber sie läßt sich auch nicht vertagen. Wenn sie einer erst zu entwickelnden Lebensform anheimgegeben ist – und Brüderlichkeit erscheint nun als deren begriffliche Chiffre – dann stellt sich unabweisbar die Frage, wie jene Lebensform sich anders entwickeln soll als im Kampf um ihre materiellen Grundlagen. Die Bewegung zum Ziel muß dasselbe antizipieren, denn: „Solidarität ist die Voraussetzung einer guten Gesellschaft. Ohne sie ändern sich bloß die Machthaber."[77] Wiederum war es Bloch, der als einer der ersten auf diese Zusammenhänge stieß, sie freilich in schwärmerischem Überschwang zunächst idealistisch akzentuierte. „Es fehlt Deutschland", so analysierte er im Mai 1919, „an Tradition der Güte, der Brüderlichkeit (. . .) nur unter gütigen, begeisterten, der Tiefe des Menschenbunds hingegebenen (. . .) Völkern ist die Magie der Brüderlichkeit möglich"; sie gehört zu den „Bedingungen des Anfangs wie (zum) dauernd sich steigernde(n) Bewußtseinsinhalt des Sozialismus (. . .).“[78]

Der Widerspruch der revolutionär-materialistischen Moral, der schon beim Brüderlichkeitsbegriff der Arbeiterbewegung bemerklich wurde, stellt sich zugespitzt als das Problem der revolutionären Gewalt dar. Merleau-Ponty hat es in seiner immer noch bemerkenswerten Studie über „Humanismus und Terror“ einleuchtend formuliert: „Der Marxismus öffnet sich einem Horizont der Zukunft, wo ‚der Mensch das höchste Wesen für den Menschen‘ ist. Wenn Marx diese Anschauung des Menschen nicht zur Regel der Politik macht, dann deshalb, weil man mit der Lehre der Gewaltlosigkeit die bestehende Gewalt konsolidiert, nämlich ein Produktionssystem, das Elend und Krieg unvermeidlich macht. Läßt man sich jedoch auf das Spiel der Gewalt ein, so besteht Aussicht, daß man darin hängen bleibt. Die wesentliche Aufgabe des Marxismus wird also sein, nach einer Gewalt zu suchen, die sich selbst überwindet in Richtung auf menschliche Zukunft. Marx glaubt, sie in der proletarischen Gewalt gefunden zu haben (. . .).“[79] Grundbedingung einer Gewalt, die sich nicht verselbständigt und auf ihre künftige Überflüßigkeit hin angelegt ist, wäre die maßvolle Beurteilung ihrer Notwendigkeit.[80] Die internationale Arbeiterbewegung gab Beispiele solcher Mäßigung, die sich im Vergleich zum konterrevolutionären Blutvergießen deutlich abheben. Sie gebar aber auch das Ungeheuer eines Terrors, dessen Auswirkungen unheilvoller waren, als die des jacobinischen je es hätten sein können. An seinem Ursprung stand eine unverkennbare Schwierigkeit. „Oft ergab es sich“, so berichtet Maxim Gorki, „daß ich mit Lenin über die Grausamkeit der revolutionären Taktik sprach. ‚Was wollen Sie denn?‘ fragte er erstaunt und zornig. ‚Ist etwa Menschlichkeit möglich in solch einer Schlägerei von nie dagewesener Grausamkeit? Wo ist hier Platz für Weichherzigkeit und Großmut? (. . .) Wir sollen nicht kämpfen, Widerstand leisten, haben wir nicht das Recht dazu (. . .)?‘ ‚Mit welchem Maß messen Sie die Menge der notwendigen und überflüssigen Hiebe bei einer Schlägerei?‘ fragte er mich nach einer lebhaften Unterhaltung. Auf diese einfache Frage konnte ich nur ausweichend antworten. Ich glaube, eine andere Antwort gibt es nicht.“[81]

Gorkis Reflexion besagt, daß es eine verbriefte Lösung des Problems revolutionärer Gewalt nicht geben kann. Sie steht zugleich ein für die Gültigkeit eines Bewußtseins, dem nicht auszureden ist, daß hier ein Problem der Moral besteht und nicht nur ein politisches. Als politisches erfordert seine Lösung demokratische Kontrolle. So stellt sich die Verselbständigung der Gewalt dar als ein Problem vom Schlage des Weberschen Verantwortungsbegriffs. Aber sie fordert zugleich die Reflexion auf den Abstand von Bewegung und Ziel, von Politik und Utopie, und ist insofern ein moralisches Problem. Weil Politik im marxistischen Verständnis eine Angelegenheit kollektiver Organe, der Klasse und ihrer Partei ist, hätte sich eigentlich die Gefahr vermindern müssen, die in Webers – am Bild des bürgerlichen Berufspolitikers orientierten – Verantwortungsbegriffs angelegt ist: daß politisch-pragmatische Überlegungen, bloße Machtfragen, unter dem Titel einer Verantwortungsethik zu moralischen aufgewertet werden. Statt dessen aber hat die marxistische Politik in ihrer wirkungsmächtigsten Gestalt zur Unterordnung des Einzelnen unter das Kollektiv geführt, einer Entmündigung, die moralische Stellungnahmen nicht mehr zuläßt. Dagegen hatte sich Ernst Bloch gewandt: „Es geht nicht an, für die Moral einen Ersatz zu suchen, dergestalt, daß bereits der Kampf für eine bessere Gesellschaft die Moral selber sei.“[82]

Überlegungen zur revolutionären Gewalt können in Westeuropa heute nur historisch sein. Jegliche Perspektive einer Systemüberwindung, nicht nur die revolutionäre, scheint illusorisch geworden. Auch der Begriff der Brüderlichkeit ist, als Utopie einer solidarischen Lebensform, hinfällig, zumindest depotenziert. Die neuere Sozialphilosophie, auch wenn sie sich in die Tradition der Gesellschaftskritik stellt, scheint aus dem nur die Konsequenz zu ziehen, wenn sie sich, wie die Habermas'sche, auf das Programm einer moralischen Prinzipienphilosophie zurückverweisen läßt. Dabei bezweifelt sie, daß eine Lebensform als ganze sich verändern ließe.[83]

V Diskursethik und Rationalisierung

Die im Diskurs fundierte Ethik entnimmt die Kriterien der Gültigkeit praktischer Regeln der Sprechsituation, in der die Normen begründet werden sollen. Ethische Wahrheit bemißt sich am argumentativ erzielten Konsens aller virtuell Betroffenen.[84] Die Argumentation ist geglückt, wenn sie einen Universalisierungsgrundsatz, das Moralprinzip als einzig kommunikativ realisierbare Argumentationsregel, zur Anwendung bringt.[85] Seinerseits ist jenes Prinzip in den Bedingungen begründet, die jede Argumentation voraussetzen muß. Solche Voraussetzungen wären wechselseitige Anerkennung, Abwesenheit von Repression und Privileg.[86] Es sind „unwahrscheinliche Bedingungen“, die eine „ideale Sprechsituation“ auszeichnen. Daß Konflikte kommunikativ bearbeitet und konsensuell gelöst werden sollen, ist nach Habermas keiner apodiktischen Begründung fähig. Aber es ergibt sich apagogisch, e contrario aus der Tatsache, daß kommunikatives, auf Verständigung beruhendes Handeln unverzichtbare Grundlage des menschlichen Lebens sei.[87]

Mit einigem Recht kann die normative Idee der Diskursethik als Erbe der revolutionären Utopie erscheinen. Sie konkretisiert eine Perspektive, die wesentlicher Bestandteil der Marxschen Utopie ist: die gemeinsame Bestimmung der Menschen über ihre gesellschaftlichen Belange, die Idee einer Assoziation freier Individuen. Darauf bezog sich die Absicht, die moralische Bewußtseinsform im spezifischen Sinn der internen Konfrontation von abstrakt Allgemeinem und isoliert Einzelnen aufzuheben.[88] Ohne Kommunikation und Konsens ist die „notwendige Solidarität der freien Entwicklung Aller“[89], durch die Marx die klassenlose Gesellschaft ausgezeichnet sehen wollte, jedenfalls nicht denkbar.

Andererseits ist die Diskursethik aber auch die Ratifizierung des epochalen Scheiterns der revolutionären Hoffnung. Schon das Programm der Begründung eines allgemeinen ethischen Prinzips beruht auf dem Abschied vom Ziel einer Änderung der Lebensweise als ganzer, deren untergeordneter, aber unerläßlicher Teil die Veränderung der Produktionsweise wäre. So realitätsgerecht jene Abkehr auch sein mag, sie scheint doch den Sinn zu verkennen, den eine Revolutionierung der Lebensform nur haben kann: den einer bestimmten Negation, die die rationalen Elemente der modernen Lebensform aus den kapitalistischen Fesseln der Verdinglichung und Partikularisierung befreien sollte. Diese betrifft v.a. die historisch erlangte objektive Universalität und Allgemeinheit, die durch ihren abstrakten Charakter eine eigene Existenz anzunehmen scheint. Sinn der Aufhebung von Moral sollte ja nicht die bloße Veräußerlichung des Gegensatzes von Allgemeinheit und Individualität im Kollektiv sein, sondern die Auflösung des abstrakten Charakters der Allgemeinheit und der ausschließenden Interessen der Einzelnen. Welche Bedeutung diese Auflösung haben könnte, ist Marx nicht zu entnehmen, aber es dürfte nicht abwegig sein, an jene sinnliche Vermittlung von Individualität und Allgemeinheit zu denken, als die Horkheimer das moralische Gefühl des Mitleids begriff.[91] Sie wäre die moralische Basis einer Lebensform der Brüderlichkeit. Der Verzicht auf eine solche Revolutionierung der Lebensweise, die eine Versinnlichung der moralischen Allgemeinheit einschließt, muß die theoretische Beschäftigung mit ethischen Problemen auf die Fundierung letzter Normen zurückverweisen.

Realiter scheint die konsensuelle Regelung von Konflikten immer notwendiger angesichts der Verheerungen, die ihre gewaltsame Austragung im Verhältnis der Staaten mit sich bringen kann. Auch erzeugt der moderne Alltag mit seiner Komplexität und Brutalisierung das, was man mit Habermas wohl einen Regelungsbedarf zu nennen hätte. Mit dem Zwang zur friedlichen Austragung der Konflikte gewinnt die Frage nach den Normen an Bedeutung. Aber es ist eines, dem pragmatischen Gebot vernünftig zu entsprechen, und ein anderes, ihm eine Fundierung zu geben, die zu harmonistischen Konstruktionen der Wirklichkeit führen muß.[92] Fundiert sei das Prinzip der Moral, der erwähnte Universalisierungsgrundsatz in einer Handlungstheorie, deren fundamentaler Dualismus die Funktion jeder Prinzipienphilosophie der Moral erfüllt: die Bedingungen dessen zu affirmieren (zu legitimieren oder zu verschleiern), wogegen sie sich in einem reinen, letztbegründeten oder unhintergehbaren Sollen wendet. Auch hier verdankt sich das Prinzip einer Selbst-Idealisierung der Wirklichkeit, ihrem Prinzipienschein, der dann gegen sie geltend gemacht werden soll. Das handlungstheoretische Fundament bei Habermas besteht in der strikten Unterscheidung von Arbeit und Interaktion, von instrumentellem und kommunikativem Handeln. Sie seien gleichursprüngliche Verhaltensweisen, die unterschiedliche Sphären der Gesellschaft charakterisieren. Ich habe an anderer Stelle zu zeigen versucht, daß dieser Dualismus einerseits idyllische Vorstellungen über das moderne Alltagsleben hervorbringt: es erscheint als eine nur von außen gestörte Sphäre der Anerkennung und Verständigung; daß er andererseits den Begriff der Produktion von den Beziehungen der Intersubjektivität soweit reinigt, daß „Produktionsverhältnisse" aufhören, Verhältnisse der Produktion zu sein. Ihre Wirklichkeit wird damit vor Kritik immunisiert.[93]

Die handlungstheoretischen Grundlagen der Diskursethik werden in ihrem Habermas'schen Begründungsprogramm dort thematisch, wo sich das volitive Element geltend macht. Der Sinn der Begründung des Moralprinzips kann nicht allein darin bestehen, die Situationsbedingungen eines idealen Diskurses über normative Fragen zu klären; vielmehr impliziert sie doch auch ein Sollen, das sich gegebenenfalls an den Einzelnen wendet und bestimmt, daß Interessenkonflikte diskursethisch zu lösen seien.

Wie aber könnte das Daß diskursiver Behandlung praktischer Widersprüche begründet werden? Nach Habermas ist auch hier keine starke apodiktische (oder transzendental deduktive) Begründung möglich, sondern nur eine apagogische, die sich durch die Annahme des Gegenteils vollzieht. Dessen Vertreter trägt den Kriegsnamen „der Skeptiker". Nachdem er, so Habermas' Szenario, die Begründung des Moralprinzips mittels der allgemeinen Unterstellungen des Argumentierens akzeptieren mußte, verlegt er sich auf die Position der Argumentationsverweigerung.[95] Die Widerlegung soll erfolgen durch den Nachweis, daß die Unterstellungen des Argumentierens ebenso in der kommunikativen Alltagspraxis vorhanden, in ihr sogar verwurzelt sind. Argumentationen sind die „Reflexionsform des verständigungsorientierten Handelns".[96] Wie aber soll die Reflexion, ein Moment der Spontaneität, aus ihrer Voraussetzung, der selbstverständlichen Unmittelbarkeit des Seins kommunikativen Handelns als notwendig abgeleitet werden können? Dieses eigentlich Hegelsche Kunststück schrumpft im vorhandenen Rahmen, dessen Skizzenhaftigkeit freilich in Rechnung gestellt werden muß, auf die Erkenntnis, daß man aus der kommunikativen Alltagspraxis langfristig und im Prinzip nicht aussteigen kann – es sei denn auf dem Wege von Schizophrenie und Selbtmord.[97] Habermas müßte jedoch beweisen, daß man sich keiner Argumentation entziehen kann, die eigentlich, durch das Vorliegen widerstreitender Interessen, gefordert wäre. „Die Möglichkeit, zwischen kommunikativem und strategischem Handeln zu wählen", sei „nur aus der zufälligen Perspektive des einzelnen Aktors gegeben".[98] Um diese Perspektive des Einzelfalles aber geht es, wenn Moralphilosophie irgend mit der moralischen Wirklichkeit zu tun haben und nicht ein gänzlich fiktives Unternehmen werden soll. Habermas versichert, daß „der Anwendungsbereich einer deontologischen Ethik sich nur auf die praktischen Fragen (erstreckt), die rational und zwar mit Aussicht auf Konsens erörtert werden können."[99] Aber diese Aussicht kann doch nicht so schwach gefaßt sein, daß sie von dem abhängt, wogegen der Beweisgang aufgeboten werden müßte: der Beliebigkeit, mit der ideale Bedingungen der Argumentation von Fall zu Fall gewährt werden können oder auch nicht.

Offenbar kommt hier eine Grenze moralischer Prinzipienphilosophie in Sicht. Parteilichkeit für Vernunft erfordert die Selbstreflexion ihrer Grenzen, und Habermas verweigert diese Reflexion keineswegs.[100] Sie bleibt jedoch, worauf ich hier nicht näher eingehen kann, im Rahmen seiner prinzipenphilosophischen Prämissen. Die Beziehung zum Gefühl, das in der Ethik üblicherweise das motivationale im Unterschied und in Ergänzung zum rationalen Moment vertritt, klingt nur an in der Reflexion auf die Beschränkungen des moralischen Diskurses durch seinen internen Zusammenhang mit ästhetischer und therapeutischer Kritik. Damit kann nicht bedeutet sein, was etwa Horkheimer im Begriff des moralischen Gefühls oder des Impulses dachte. Die emotionale Komponente aber muß uns interessieren, wenn es um die Idee der Brüderlichkeit geht. Nach Habermas sind die moralischen Gefühle – es ist nur von Gefühlen wie Schuld und Empörung, nicht von Mitleid und Liebe die Rede[101] – moralisch nur durch ihre Beziehung auf Normen.[102] Die Betonung einer inneren Relation auf moralische Begriffe ist zunächst sicher richtig. Sie bestreitet die bloße Entgegensetzung von Vernunft und Gefühl, die zu dessen Erniedrigung beiträgt, auch wenn sie als Kritik einer einseitigen Vernunft vorgetragen wird.[103] Daß der ethische Irrationalismus zur Barbarei tendiert, wußte schon Hegel; freilich ahnte er nicht, daß Konsens einmal zum formalen Kriterium der Vernunft erhoben würde. Wer sich, so die „Phänomenologie des Geistes“, „auf das Gefühl, sein inwendiges Orakel beruft, ist gegen den, der nicht übereinstimmt, fertig; er muß erklären, daß er dem weiter nichts zu sagen habe, der nicht dasselbe in sich finde und fühle; – mit anderen Worten, er tritt die Wurzel der Humanität mit Füßen. Denn die Natur dieser ist, auf die Übereinkunft mit anderen zu dringen, und ihre Existenz nur in der zustande gebrachten Gemeinsamkeit der Bewußtseine.“[104]

Der unverkürzten Dialektik wird die Habermas'sche Sicht des Verhältnisses von Gefühl und Begriff nicht gerecht. Sie berücksichtigt nur die Vermittlung des Gefühls, eines an der Basis somatischen Moments, durch den Begriff, aber nicht umgekehrt die somatische Konstitution des moralischen Geistes durch ein Impulsives. Moral hat es mit der Bestimmung des Willens zu tun und dieser zielt auf Praxis. Praxis aber, so heißt es bei Adorno, „bedarf auch eines Anderen, in Bewußtsein nicht sich Erschöpfenden, Leibhaften, vermittelt zur Vernunft und qualitativ von ihr verschieden."[105] Die Grenze praktischer Vernunft bedeutet die Angewiesenheit auf ein Materielles, Nichtidentisches: „wäre die motorische Reaktionsform ganz liquidiert, zuckte nicht mehr die Hand, so wäre kein Wille." Dieses Impulsive, dessen Wahrnehmung Gefühl ist, tritt zur rationalen Bestimmung des Richtigen nicht nur hinzu. Es geht in die praktische Kognition selber ein: „Nicht bloß hat Vernunft genetisch aus der Triebenergie sich entwickelt: ohne jenes Wollen, das in der Willkür eines jeden Denkakts sich manifestiert (. . .) wäre dem eigenen Sinn nach kein Denken."[106]

Daß die moralische Erkenntnis selbst durch Gefühl (und seine Deformationen) vermittelt ist – eine Vermittlung, die sich von der korrespondierenden des Gefühls durch den Begriff unterscheidet[107] – verortet sie im Augenblick, situativ. Impuls ist das „jäh Herausspringende"[108] der wirklichen Handlung, Spontaneität als materiell fundierte. Die Erkenntnis dieses moralischen Augenblicks hat aufgehört, formal zu sein. „Moralische Fragen stellen sich bündig, nicht in ihrer widerlichen Parodie, der sexuellen Unterdrückung, sondern in Sätzen wie: Es soll nicht gefoltert werden; es sollen keine Konzentrationslager sein (. . .)". Ihre prinzipienphilosophische Einordnung würde dem negativen Charakter des Moralischen, der in der Dringlichkeit des jeweiligen Falles und Augenblicks, seiner Forderung der Abhilfe am deutlichsten ist, widersprechen. Zugleich und aus demselben Grund: der Abstraktion vom Situativen, negieren der Rückgang aufs Prinzip und seine formelle Begründung, daß jene Sätze „wahr sind als Impuls, wenn gemeldet wird, irgendwo sei gefoltert worden. Sie dürfen sich nicht rationalisieren (. . .). Der Impuls, die nackte physische Angst und das Gefühl der Solidarität mit den, nach Brechts Wort, quälbaren Körpern, der dem moralischen Verhalten immanent ist, würde durchs Bestreben rücksichtsloser Rationalisierung verleugnet (. . .).[109] Philosophie hat in der Anwendung des Moralprinzips kein bloß technisches Problem, das die Kasuistik einer gewitzten Urteilskraft lösen könnte, sondern ein selber prinzipielles.

Horkheimer hatte aus solchen Erwägungen den Schluß gezogen, daß Moral kein Begründungsverfahren, sondern eine psychologische Verfassung sei.[110] Das bedeutet nicht, sie bliebe Argumenten verschlossen oder ihr mehr oder weniger beschädigtes Dasein sei einfach hinzunehmen. Allerdings, wenn das moralische Gefühl unerläßlich und mehr als ein Appendix ist, dann besteht die Aufgabe des Denkens nicht in einer prätentiösen Letztbegründung, sondern darin, die materielle Basis der Moral mittels der Reflexion der Grenzen praktischer Vernunft freizulegen und den Verstellungen des durch Formalisierung hypostasierten Begriffs zu entwinden. Mehr – und das scheint mir viel zu sein – wird Denken hier nicht leisten können, der Glanz des Normativen verblaßt. Gefühle lassen sich nicht gebieten, und der Versuch, sie zu propagieren, ist mit Vergeblichkeit nicht weniger als mit Eitelkeit geschlagen – es sei denn, er wolle in krasseste Manipulation übergehen. Die materielle Basis der Moral läßt sich nicht herstellen oder dekretieren, sondern in der Selbstreflexion praktischer Vernunft nur sichtbar machen.

Wilhelm Weitling hatte auf dem „Fest der Nationen" Mitleid und Kampf als die beiden Elemente der Brüderlichkeit behandelt. Seine Bestimmung erinnert an Horkheimers Ansicht, Mitleid und revolutionäre Politik seien in der antagonistischen Gesellschaft die zwei Erscheinungsweisen des moralischen Gefühls.[111] Es scheint, als könne die mit Brüderlichkeit bezeichnete Form der Solidarität, eine Einstellung, die sich in Aktionen und Institutionen verwirklichen kann, in besonderer Weise Moral und Politik vermitteln. In ihrem Ursprung wirkt dieselbe materielle Spontaneität, die allem Moralischen zugrundeliegt.

Anmerkungen und Nachweise

1 Beim historisch wichtigsten Fall eines solchen Verkommens der Moral, dem faschistischen Deutschland, sprach Ernst Bloch vom „Schandpragmatismus, der als wahr und sittlich ansieht, was dem deutschen Volke (. . .) nützt." (Über Wurzeln des Nazismus, in: Ernst Bloch, Politische Messungen, Pestzeit, Vormärz (Gesamtausgabe Bd. XI), Frankfurt 1980, S. 312–321, S. 313)

2 Friedrich Engels, Das Fest der Nationen in London, in: Marx-Engels-Werke, Berlin (DDR) (MEW) Bd. 2, S. 611–624, S. 620

3 ebda., S. 622

3a Vgl. Paul Lafargue, Die Französische Sprache vor und nach der Revolution, hg. von J. Baumgarten, Hamburg 1988, S. 92 f.
Der von den Rettern der Republik verfolgte Republikaner Condorcet

fand sie tröstlich, die „Idee von der Brüderlichkeit des Menschengeschlechts, dessen schöne Harmonie kein nationales Interesse mehr stören sollte." (Condorcet, Entwurf einer historischen Darstellung der Fortschritte des menschlichen Geistes, hg. von W. Alff, Frankfurt 1976, S. 160)

4 Vgl. Wolfgang Schieder, Artikel: Brüderlichkeit . . ., in: Geschichtliche Grundbegriffe, Historisches Lexikon zur politisch-sozialen Sprache in Deutschland, hg. von O. Brunner, W. Conze, R. Koselleck, Bd. 1 Stuttgart 1972, S. 552–581

5 ebda., S. 566, Anm. 73

6 Vgl. Lynn Hunt, Symbole der Macht/ Macht der Symbole. Die Französische Revolution und der Entwurf einer politischen Kultur, Frankfurt 1989, S. 49, sowie Michel Vovelle, Die Französische Revolution. Soziale Bewegung und Umbruch der Mentalitäten, Frankfurt 1985, S. 11 f.

7 Karl Marx, Die Klassenkämpfe in Frankreich 1848–1850, MEW 7, S. 9–107, S. 21

8 Vgl. Bloch, Naturrecht und menschliche Würde (GA Bd. VI), Frankfurt 1972, S. 192 f.

9 Jürgen Habermas, Strukturwandel der Öffentlichkeit, Darmstadt/ Neuwied 1983 (14.A.), S. 121

10 Hegel, Grundlinien der Philosophie des Rechts, Frankfurt 1970, §46, S. 108

11 Vgl. Marx, Ökonomisch-philosophische Manuskripte, MEW Ergänzungsbd. I. S. 465–588, S. 553 f.

12 Vgl. auch Bloch a.a.O., S. 188 f.

13 Vgl. Peter Brückner, Freiheit, Gleichheit, Sicherheit. Von den Widersprüchen des Wohlstands. Berlin 1989 (Neuausgabe) S. 87

14 Albert Soboul, Die Große Französische Revolution, Frankfurt 1973, S. 145 – Bezeichnenderweise fand die Jahrhundertfeier der III. Republik im Jahr 1890 statt, zum Jubiläum des Föderationsfestes. (nach François Furet in: Die Zeit Nr. 21, 19. Mai 1989, S. 58)

15 in Engels a.a.O., S. 621

16 in Schieder a.a.O., S. 579

17 Der IV. Abschnitt dieser Arbeit geht näher darauf ein.

18 Vgl. Arnold Gehlen, Moral und Hypermoral, Frankfurt 1973, S. 89

19 ebda., S. 148

20 ebda., S. 41, 68, 180 etc.

21 Habermas, Nachgeahmte Substantialität, in: Philosophisch-politische Profile, Frankfurt 1981, S. 107–126

22 Recht gut läßt sich diese Problematik an Thomas Manns Joseph-Roman studieren.

23 Wilhelm von Humboldt, Über die Verschiedenheiten des menschlichen Sprachbaues, in: Werke Bd. III, Darmstadt 1963, S. 144–367, S. 148

24 Engels, Die Lage der arbeitenden Klassen in England, MEW 2, S. 225–506, S. 230

25 Das bringt in liebenswerter Überspanntheit auch Schillers „An die Freude" zum Ausdruck.

26 Vgl. Alexander Mitscherlich, Auf dem Weg zur vaterlosen Gesellschaft, München 1973 (Neuausgabe) sowie Max Horkheimer, Autorität und Familie in der Gegenwart, in: Zur Kritik der instrumentellen Vernunft, Frankfurt 1967, S. 269–287

27 Nach Schieder a.a.O., S. 578 verbreitete sich der Solidaritätsbegriff ursprünglich zu dem Zweck, den klassenkämpferischen Charakter proletarischer Brüderlichkeit zu betonen.

28 Mitscherlich a.a.O., S. 328

29 Vgl. ebda., S. 366 f.

30 Vgl. Hunt a.a.O., S. 44, 47, 50 f. sowie Vovelle a.a.O. S. 122

31 Nach Brückner a.a.O. S. 76 f.

32 Mitscherlich a.a.O. s. 337

33 ebda., S. 329

34 Vgl. Gehlen a.a.O., S. 168 sowie das obige Zitat aus Hegels Rechtsphilosophie

35 „Wir müssen uns klar machen, daß alles ethisch orientierte Handeln unter *zwei* voneinander grundverschiedenen, unaustragbar gegensätzlichen Maximen stehen kann: es kann ‚gesinnungsethisch' oder ‚verantwortungsethisch' orientiert sein. Nicht daß Gesinnungsethik mit Verantwortungslosigkeit und Verantwortungsethik mit Gesinnungslosigkeit identisch wäre. Davon ist natürlich keine Rede. Aber es ist ein abgrundtiefer Gegensatz, ob man unter der gesinnungsethischen Maxime handelt – religiös geredet –: ‚der Christ tut recht und stellt den Erfolg Gott anheim', oder unter der verantwortungsethischen: daß man für die voraussehbaren *Folgen* seines Handelns aufzukommen hat." Max Weber, Politik als Beruf, Berlin 1977, S. 57 f.

36 Vgl. ebda., S. 64

37 – sie machen nur den letzten Teil des Vortrags aus, knapp ein Viertel –

38 ebda., S. 68

39 Vgl. Horkheimer, Materialismus und Moral, in: Kritische Theorie, Frankfurt 1968, S. 71–109, v.a. S. 74 ff.

40 Weber a.a.O., S. 60

41 ebda., S. 53 f.

42 ebda., S. 58 f., 61 ff.

43 ebda., S. 63 Inspiriert ist Weber offenbar weniger von der Kenntnis der revolutionären Arbeiterbewegung als von der Großinquisitor-Erzählung aus Dostojewskijs „Die Brüder Karamasow"; Weber erwähnt sie S. 59. Seine Bewunderung bestätigt im übrigen, daß er gegen Ideologien als solche nichts hat. Zu des Großinquisitors Programm einer weltlichen Herrschaft der Kirche gehört die Täuschung, es ginge noch ums jenseitige Reich.

44 Hans Jonas, Das Prinzip Verantwortung. Versuch einer Ethik für die technische Zivilisation, Frankfurt 1984. Einige Zeit vor Jonas hat Günther Anders eine ähnliche Diagnose gestellt, die von den Schwächen, die wir bei Jonas finden, allerdings frei ist. Vgl. Die Antiquiert-

heit des Menschen, München 1980 sowie: Off limits für das Gewissen. Der Briefwechsel Claude Eatherly-Günther Anders, hg. von Robert Jungk, Reinbek 1962 (2. Aufl.)

45 Jonas a.a.O., S. 162

46 ebda., S. 193

47 Vgl. ebda., S. 177

48 Vgl. Anders, Off limits . . . a.a.O., S. 157: „Schließlich bedeutet doch Demokratie, daß man sich nicht nur für die eigene Tätigkeit oder für die Tätigkeit verantwortlich fühlt, die man in seinem Beruf gewissenhaft ausübt, sondern auch für deren Folgen, die alle Mitbürger und Mitmenschen betreffen. Die Demokratie selber widerspricht der Spezialisierung und Arbeitsteilung, die heute zu einer Verantwortungsteilung umgewandelt worden ist."

49 Vgl. Jonas a.a.O., S. 88

50 ebda., S. 89

51 ebda.

52 ebda., S. 91

53 Das ist die kritische Diagnose schon bei Hegel. In der „Phänomenologie des Geistes" spricht er von einer „Aufgabe, die Aufgabe bleiben und doch erfüllt werden soll." (Frankfurt 1970, S. 447)

54 Vgl. Jonas a.a.O., S. 64 f.

55 ebda., S. 254

56 Vgl. ebda., S. 253

57 Das ganze 6. Kapitel von „Das Prinzip Verantwortung" ist der Auseinandersetzung mit Ernst Bloch gewidmet.

58 Vgl. – neben Anm. 53 hier – die Kritik an der Endlosigkeit des fortlaufenden Sollens in Hegels Wissenschaft der Logik Bd. 1, Frankfurt 1970, S. 144 ff.

59 Marx, Zur Kritik der Hegelschen Rechtsphilosophie, MEW 1, S. 201–333, S. 313

60 ders., Zur Judenfrage, MEW 1. S. 347–377, S. 354 ff.

61 entfällt

62 ebda., S. 367 f.

63 Vgl. Das Kapital Bd. 1, MEW 23, S. 99 Anm. 38 sowie: Grundrisse der Kritik der politischen Ökonomie (Reprint o.J.) S. 915 f.

64 Vgl. Hegel, Vorlesungen über die Philosophie der Geschichte, Frankfurt 1970, S. 90 f.

65 Eine in unserem Zusammenhang geradezu klassische Stelle enthält der Aufsatz „Die britische Herrschaft in Indien" (MEW 9, S. 127–133, hier S. 133): „Gewiß war schnödester Eigennutz die einzige Triebfeder Englands, als es eine soziale Revolution in Indien auslöste, und die Art, wie es seine Interessen durchsetzten, war stupid. Aber nicht das ist hier die Frage. Die Frage ist, ob die Menschheit ihre Bestimmung erfüllen kann ohne radikale Revolution der sozialen Verhältnisse in Asien. Wenn nicht, so war England, welche Verbrechen es auch begangen haben mag, doch das unbewußte Werkzeug der Geschichte (. . .)." Wenig später schrieb Marx: „Alle

Maßnahmen, zu denen die englische Bourgeoisie möglicherweise genötigt sein wird, werden der Masse des Volkes weder die Freiheit bringen noch seine Lage wesentlich verbessern, denn das eine wie das andere hängt nicht nur von der Entwicklung der Produktivkräfte ab, sondern auch davon, daß das Volk sie selbst in Besitz nimmt. Auf alle Fälle aber wird die Bourgeoisie die materiellen Voraussetzungen für beides schaffen." (Die künftigen Ergebnisse der britischen Herrschaft in Indien, MEW 9, S. 220–226, S. 224)

66 Marx/Engels, Die heilige Familie, MEW 2, S. 3–223, VIII. Kapitel (S. 172–221)

67 ebda., S. 218

68 ebda., S. 220

69 ebda., S. 174

70 ebda., S. 180

71 Vgl. Marx/Engels, Die deutsche Ideologie, MEW 3, S. 227 ff.

72 Etwa so: „Das Kapital kommt zur Welt von Kopf bis Zeh, aus allen Poren, blut- und schmutztriefend." „Die Expropriation der unmittelbaren Produzenten wird mit schonungslosestem Vandalismus und unter dem Trieb der infamsten, schmutzigsten, kleinlichst gehässigsten Leidenschaften vollbracht." (MEW 23, S. 788 und 790)

73 Vgl. Ökonomisch-philosophische Manuskripte a.a.O., S. 542 sowie: ad Feuerbach, These 6 (MEW 3, S. 6)

74 Marx/Engels, Die deutsche Ideologie, MEW 3, S. 229

75 Ernst Bloch, Das Prinzip Hoffnung (GA V), Frankfurt 1977, S. 1142

76 Von Engels bis Adorno ist dieser Gedanke ein Grundmotiv der an Marx sich anschließenden Theorie. Vgl. Anti-Dühring MEW 20, S. 1–303, S. 88 sowie: Negative Dialektik, Frankfurt 1970, S. 292

77 Horkheimer, Gesammelte Schriften Bd. 14, hg. von G. Schmid-Noerr Frankfurt 1988, S. 438

78 Bloch, Wie ist Sozialismus möglich? in: Kampf, nicht Krieg. Politische Schriften 1917–1919, hg. von M. Korol, Frankfurt 1985, S. 563–569, S. 566 und 569

79 Maurice Merleau-Ponty, Humanismus und Terror, Frankfurt 1966, Bd. 1, S. 12

80 Vgl. Herbert Marcuse, Ethik und Revolution, in: Kultur und Gesellschaft Bd. 2, Frankfurt 1965, S. 130–146. Übrigens fand schon in Marx' Schrift über die Pariser Kommune von 1871 eine Prüfung der Notwendigkeit ihrer Gewaltanwendung statt. Vgl.: Der Bürgerkrieg in Frankreich, MEW 17, S. 313–362, S. 357 ff.

81 Maxim Gorki, Erinnerungen an Zeitgenossen, Frankfurt 1973, S. 205

82 Bloch, Naturrecht . . . a.a.O., S. 272

83 Die „Theorie des kommunikativen Handelns" zielt ab auf eine „Ergänzung" der „einseitigen" Formen moderner Rationalität durch die verschütteten Potentiale kommunikativen Handelns. (Frankfurt 1982, Bd. 1, S. 485) Im selben sachlichen Zusammenhang erwähnt Habermas die Brüderlichkeitsethik der radikalen religiösen Sekten zu Beginn der Neuzeit. (Vgl. Die neue Unübersichtlichkeit, Frankfurt 1985, S. 188) Soweit ich sehe, ist er selbst dieser Andeutung nicht

weiter nachgegangen. Sie ist auch zu verwirrend dadurch, daß Habermas auf Max Webers Untersuchungen zum Protestantismus fixiert bleibt. In ihnen wird die Brüderlichkeitsethik der Sekten als Moment im Prozeß der Durchsetzung kapitalistischer Rationalität begriffen. Eine solche Funktion konnte ihnen nur zukommen durch die rigide Form, in der sie die Trennung von Binnen- und Außenmoral durchführten. (Vgl. Max Weber, Die protestantischen Sekten und der Geist des Kapitalismus, in: Die protestantische Ethik, hg. von J. Winckelmann, München und Hamburg 1969, S. 279–317) Die Aufhebung eben dieser Trennung wäre aber Voraussetzung für einen emanzipatorischen Charakter der politischen Brüderlichkeit.

84 Vgl. die Formulierung des „diskursethischen Grundsatzes D" in: Diskursethik – Notizen zu einem Begründungsprogramm, in: Moralbewußtsein und kommunikatives Handeln, Frankfurt 1983, S. 53–125, S. 76: „Der Diskursethik zufolge darf eine Norm nur dann Geltung beanspruchen, wenn alle von ihr möglicherweise Betroffenen als Teilnehmer eines praktischen Diskurses Einverständnis darüber erzielen (bzw. erzielen würden), daß diese Norm gilt." Dieser Grundsatz setzt voraus, „daß die Wahl von Normen begründet werden kann", daß sie einer Argumentationsregel subsumierbar ist. – Vgl. S. 103

85 Es „muß jede gültige Norm der Bedingung genügen, daß die Folgen und Nebenwirkungen, die sich jeweils aus ihrer *allgemeinen* Befolgung für die Interessen eines *jeden* Einzelnen (voraussichtlich) ergeben, von *allen* Beteiligten akzeptiert (und den Auswirkungen der bekannten alternativen Regelungsmöglichkeiten vorgezogen) werden können." (ebda., S. 75 f. – vgl. S. 103)

86 ebda., S. 98

87 Nach Habermas berechtigt diese Beweisart dazu, den Anspruch auf „Letztbegründung" fallen zu lassen (ebda., S. 54, 88, 104 ff.) Theoretisch folgenreich ist dieser Entlastungsschritt nach eigenem Bekunden nicht.

88 Auch Adorno sah den Widersinn, zu dem Kants Moralphilosophie führe, in der „monadologischen Konstruktion" der Moral begründet. (Negative Dialektik a.a.O. S. 232)

89 Marx/Engels, Die deutsche Ideologie, MEW 3, S. 424

90 Habermas, Diskursethik a.a.O., S. 114

91 Vgl. Horkheimer/Adorno, Dialektik der Aufklärung, Frankfurt 1969, S. 108 f.

92 Schon der Begriff der Moral als solcher ist bei Habermas harmonistischer und versteckt die Widersprüchlichkeit der Moral: Mittel zugleich der Aufrechterhaltung des Antagonismus gesellschaftlicher Interessen und seiner Milderung zu sein. „Moralisch" möchte Habermas „alle die Institutionen nennen, die uns darüber informieren, wie wir uns am besten verhalten sollen, um durch Schonung und Rücksichtnahme der extremen Verletzbarkeit von Personen entgegenzuwirken. Unter anthropologischen Gesichtspunkten läßt sich

nämlich Moral als eine Schutzvorrichtung verstehen, die eine in soziokulturelle Lebensformen strukturell eingebaute Verletzlichkeit kompensiert." (Moralität und Sittlichkeit, in: W. Kulmann (Hg.), Moralität und Sittlichkeit. Das Problem Hegels und die Diskursethik, Frankfurt 1986, S. 16–37, S. 20)

93 Vgl. Vf., Zurück zu Marx mit Habermas. Eine Aktualisierung, in: Krise und Kritik. Zur Aktualität der Marxschen Theorie, hg. von G. Schweppenhäuser u.a. Lüneburg 1987, S. 92–123

94 entfällt

95 Habermas, Diskursethik a.a.O., S. 109 ff.

96 ebda., S. 110

97 ebda., S. 110, 112

98 ebda., S. 111

99 ebda., S. 114

100 Allerdings sperrt er sich dagegen, in einer solchen Reflexion die leitende Idee der „Dialektik der Aufklärung" zu sehen. Anders ist die Behauptung schwer verständlich, in der „Dialektik der Aufklärung" liege eine „sarkastische Zustimmung zum ethischen Skeptizismus vor." (Habermas, Der philosophische Diskurs der Moderne, Frankfurt 1985, S. 136)

101 Vgl. Jonas a.a.O., S. 194: „Es ist schwer Verantwortung zu tragen für etwas, das man nicht liebt." Vgl. S. 164

102 Vgl. Habermas, Diskursethik a.a.O., S. 58 f. Auf derselben Linie liegt die Restriktion des Begriffs Mitleid. Es ist nach Habermas ethisches Motiv nur insoweit „als es sich auf die spezifische Verletzbarkeit der Ich-Identität als solcher (. . .) und erst mittelbar auf die verwundbare Integrität des Leibes bezieht." (Nachgeahmte Substantialität a.a.O., S. 118) Bezieht sich demnach das Mitleid auf Individualität als allgemeine, so scheinen die Traditionen mittlerweile soweit verkehrt, daß es die allgemeinen Grundlagen von Individualität als solcher betreffen soll. „Moralität und Sittlichkeit" (a.a.O., S. 20 ff.) schlägt die Mitleidslehren den Güterethiken zu und bestimmt als ihren Gegenstand das allgemeine Wohl. Individualität scheint anders nicht ethisch denkbar denn als durch Interessen bestimmte.

103 Vgl. Horkheimer/Adorno, Dialektik . . . a.a.O., S. 98 f.

104 Hegel, Phänomenologie . . . a.a.O., S. 64 f.

105 Adorno, Negative Dialektik a.a.O., S. 226

106 ebda., S. 227

107 jedenfalls zufolge der These, die Vermittlung des Unmittelbaren und die Vermittlung des Begriffs seien nicht dasselbe. Vgl. ebda., S. 171 sowie meinen Beitrag: „Selbstkritik der Vernunft. Zu einigen Motiven der Dialektik bei Adorno", in: M. Löbig/G. Schweppenhäuser (Hg.), Hamburger Adorno-Symposion, Lüneburg 1984, S. 99–120

108 Adorno, Negative Dialektik a.a.O., S. 227

109 ebda., S. 279

110 Horkheimer, Materialismus und Moral a.a.O., S. 93

111 ebda., S. 95 ff.

Autoren

GERNOT BÖHME, Jg. 1937, Professor für Philosophie an der Technischen Hochschule Darmstadt. Veröffentlichungen u.a.: *Das Andere der Vernunft* (mit H. Böhme), 1983; *Anthropologie in pragmatischer Hinsicht,* 1985; *Philosophieren mit Kant,* 1986; *Der Typ Sokrates,* 1988

ALFRED DREES, Jg. 1930, Prof. Dr. med., Psychiater und Psychoanalytiker, Chefarzt der Klinik für Psychiatrie und Psychosomatik in Duisburg-Rheinhausen, Lehrbeauftragter an der Med. Hochschule Hannover. Forschungsschwerpunkte: Stimmungs- und Fantasieprozesse als Defokussierungs-Strategien in institutionellen Konflikten und Therapien. Veröffentlichungen u.a.: Befindlichkeit, Gestimmtheit und Phantasien in Balintgruppen, in: Psychosomatische Medizin 1/13-1985 Schweiz 3–33; Patienten- und prozeßorientierte Selbstinstrumentalisierung in der Balint-Gruppe, in: Die Balint-Gruppe in Klinik und Praxis, Band 2. Springer-Verlag Berlin-Heidelberg, S. 94–119 (1988)

HELMUT FLEISCHER, Jg. 1927, ist seit 1972 Professor für Philosophie an der Technischen Hochschule Darmstadt. Neueste Buchveröffentlichung: *Ethik ohne Imperativ.* Zur Kritik des moralischen Bewußtseins (1987)

GERHARD GAMM, Jg. 1947. Promotion in Philosophie. Dipl. Psychologe. Forschungstätigkeit. Lehrbeauftragter für Philosophie an der Technischen Hochschule Darmstadt. Letzte Buchveröffentlichungen: *Angesichts objektiver Verblendung* (Herausgeber), 1985; *Wahrheit als Differenz,* 1986; *Eindimensionale Kommunikation,* 1987

KLAUS GÜNTHER, Jg. 1957, Promotion in Rechtswissenschaft, wiss. Mitarbeiter an einem rechtstheoretischen Forschungsprojekt (DFG) am Fachbereich Philosophie und Lehrbeauftragter am Fachbereich Rechtswissenschaft der Universität Frankfurt/Main. Veröffentlichungen u.a.: *Der Sinn für Angemessenheit* – Anwendungsdiskurse in Moral und Recht, 1988

GERD KIMMERLE, Jg. 1947, Promotion in Philosophie, lebt in Tübingen als Autor und Verleger. Veröffentlichungen u.a.: *Kritik der identitätslogischen Vernunft.* Untersuchung zur Dialektik der Wahrheit bei Descartes und Kant, 1982; *Verwerfungen.* Vergleichende Studien zu Adorno und Habermas, 1986

STEPHAN KÖRNIG, Jg. 1960. Studium der Philosophie, Ethnologie und Religionswissenschaft in Marburg, Basel und Tübingen

PHILIPP RIPPEL, Jg. 1939, freier Publizist und Übersetzer, veröffentlichte zuletzt als Herausgeber: *Der Sturz der Idole,* 1985; Nietzsches Utopie des dionysischen Menschen, in: P. Kemper (Hg.) *Macht des Mythos – Ohnmacht der Vernunft?,* 1989

HANS-ERNST SCHILLER, Jg. 1952, Studium der Philosophie, Geschichte, Germanistik und Soziologie in Erlangen und Frankfurt. 1981 Promotion. Lehraufträge für Philosophie und publizistische Tätigkeit. Lebt in Frankfurt. Veröffentlichungen u.a.: *Metaphysik und Gesellschaftskritik.* Zur Konkretisierung der Utopie im Werk Ernst Blochs, 1982; Essays zur Philosophie und Gesellschaftstheorie.

VOLKER SPIERLING, Jg. 1947, gelernter Schriftsetzer, Dr. phil., Forschungs- und Lehrtätigkeit, Textkompositionen. Veröffentlichungen u.a.: *Schopenhauers transzendentalidealistisches Selbstmißverständnis* (1977), Arthur Schopenhauer: Philosophische Vorlesungen, 4 Bände (Hrsg., 1984–1986), Schopenhauer im Denken der Gegenwart (Hrsg., 1987), Textkompositionen z.B. zu Platon, Hegel, Schelling (ab 1984).